EXCEL 2010 工程应用实例

刘炳仓 编著

兰州大学出版社
LANZHOU UNIVERSITY PRESS

内容简介

本书共分七个部分，主要通过工作中的实用案例全面讲述了EXCEL公式、一二级下拉列表、突出显示设置、格式设置、图表插入、宏公式等方面的应用，涉及工程项目的标高计算、坐标计算、计量支付、预算编制、成本测算、路基填筑等方面的内容，对工程施工有一定的指导作用。本书讲述的案例均为独立的没有删减的实用案例，每个案例都能应用到实际工作中。

本书适合掌握了EXCEL基本知识的读者学习，对工程中经常处理数据的读者更有帮助。

图书在版编目（CIP）数据

EXCEL2010工程应用实例 / 刘炳仓编著. -- 兰州 : 兰州大学出版社, 2017.10
ISBN 978-7-311-05256-0

Ⅰ. ①E… Ⅱ. ①刘… Ⅲ. ①表处理软件 Ⅳ. ①TP391.13

中国版本图书馆CIP数据核字(2017)第262672号

策划编辑 田小梅 刘 欢
责任编辑 佟玉梅
封面设计 陈 文

书 名 EXCEL2010工程应用实例
作 者 刘炳仓 编著
出版发行 兰州大学出版社 (地址:兰州市天水南路222号 730000)
电 话 0931-8912613(总编办公室) 0931-8617156(营销中心)
0931-8914298(读者服务部)
网 址 http://www.onbook.com.cn
电子信箱 press@lzu.edu.cn
印 刷 虎彩印艺股份有限公司
开 本 710 mm×1020 mm 1/16
印 张 12.5
字 数 228千
版 次 2017年10月第1版
印 次 2017年10月第1次印刷
书 号 ISBN 978-7-311-05256-0
定 价 32.00元

(图书若有破损、缺页、掉页可随时与本社联系)

前 言

大多数工作人员对EXCEL很熟悉，工作中处理数据及做各种报表都离不开它。虽然现在很多行业都有自己的行业软件，但是这些软件并不能处理行业中的所有数据及报表，没有EXCEL，工作中许多繁杂的数据可以说无法处理。虽然每个行业应用EXCEL有所差别，运用的侧重点也不一样，但对数据统计计算的目的都是一样的。EXCEL处理数据的功能强大，实际工作中诸多数据的统计都离不开它，但要得心应手地运用EXCEL处理数据却不是很容易，尤其在工程应用方面，需要处理的数据大多数相当复杂，运用起来就更有难度。大多数的用户对EXCEL只是停留在一个表层的应用，一旦面对复杂数据，往往会出现一些棘手的问题，而自己却不知道问题出现在什么地方。

熟练应用EXCEL，一方面要具备一些计算机编程的基础知识，另一方面要熟悉自己所从事的行业。如果没有编程基础，就不会应用EXCEL公式安排流程，不能灵活地进行函数引用，也就无法对大型数据进行处理。EXCEL中的很多函数是可以互相嵌套使用的，在EXCEL中每个单元格可以看作是一个小的编程体，其实已经是计算机语言的语句了，基本上形成了一个小的程序；在其他单元格中处理数据的时候，又可以把它看作是一个单一的数据进行处理，按照这种方式可以对多个表的多个单元格进行综合处理。当然，对于工程数据的处理，仅熟练应用EXCEL是不能实现的。如果对工程施工工艺没有掌握，就搞不清楚数据的来龙去脉，即使对EXCEL能熟练应用，也不能对行业数据进行合理的处理。

本书用EXCEL编写了一系列的综合表格，在工程应用中能起到事半功倍的效果。书中将实际应用中创建的部分工程表格以案例的形式介绍给大家，以求达到相互学习、相互交流、相互提高的目的。本书所讲述的案例均为经过实际应用后未经删减的实用性案例，创建完成之后就能投入到实际应用中。

创建一个综合的EXCEL表格，首先要清楚这个表格的用途，然后要想到从哪些方面得到基础数据，最后会出现什么样的结果。功能的实现是根据所创建的表格的流程和思路利用函数和公式来实现的。本书的案例在讲述的过程中对出现的公式仅做简单的说明，类似的公式可以作为参照，书中未做详细解释，所有公式的详细说明在EXCEL帮助中都能查到，本书对表格的样式设置没有具体说明，样表在百度上下载。

由于本人水平有限，书中难免有疏漏之处，敬请广大读者批评指正。

编 者

2017年6月

目 录

第1章 路基填筑高程处理系统 ······1

1.1 系统设计 ······1

1.2 系统的数据处理 ······2

第2章 标高计算系统 ······7

2.1 竖曲线参数表 ······7

2.2 标高计算 ······12

第3章 成本测算系统 ······18

3.1 材料单价 ······18

3.2 工程量清单（清单） ······19

3.3 劳务费（劳务） ······20

3.4 材料费（材料） ······23

3.5 计日工费用（计日工） ······29

3.6 其他直接费 ······30

3.7 临时设施（临设） ······31

3.8 间接费 ······32

3.9 配合比 ······33

3.10 其他费用 ······36

3.11 调整中报审核表（成调表） ······37

3.12 调整汇总表（成调总表） ······38

3.13　圬工成本分析（砼成本） ……39
3.14　圬工材料数量计算表（圬工材料） ……45
3.15　劳务费（劳务中转） ……49
3.16　材料费中转表（材料转） ……51
3.17　直接费测算表（直接费） ……52
3.18　工程测算汇总表（成本） ……53

第4章　工程数量计算系统 ……55

4.1　材料库 ……56
4.2　下拉列表 ……57
4.3　材料项目列表（材料项目） ……63
4.4　分项计算 ……69
4.5　分项列表 ……74
4.6　材料列表 ……78
4.7　对应表 ……79
4.8　清单汇总 ……81
4.9　工程量汇总 ……84
4.10　材料汇总 ……88
4.11　工程数量分类汇总表（标签名1～20的表格） ……89

第5章　计量支付系统 ……102

5.1　设置 ……102
5.2　计量支付报表传递单（支表1） ……103
5.3　清单 ……104
5.4　计量支付台账 ……105
5.5　图名图号 ……108
5.6　中间计量表（支表8） ……109
5.7　工程变更一览表（支表5） ……120
5.8　中间计量支付汇总表（支表9） ……122
5.9　工程进度表（支表2） ……125
5.10　财务中期支付报表（支表3） ……131
5.11　清单中期支付报表（支表4） ……133
5.12　扣回动员预付款一览表（支表7） ……135

5.13 附表 ······137

第6章 铁路预算编制系统 ······138

6.1 下拉列表 ······138
6.2 价差系数 ······139
6.3 材料定额 ······139
6.4 预算定额 ······142
6.5 机械定额 ······142
6.6 定额消耗 ······145
6.7 工程取费 ······146
6.8 设置中转 ······146
6.9 单价修改 ······149
6.10 预算编辑 ······150
6.11 造价计算 ······152
6.12 个别概算 ······166
6.13 材料汇总 ······170

第7章 道路坐标计算系统 ······173

7.1 曲线参数 ······174
7.2 坐标计算 ······182

第1章　路基填筑高程处理系统

路基施工中，如果按照规范施工，路基回填高程的计算整理并不麻烦，没有必要设计一个专门的计算表来处理。但在实际施工中，由于原地面高差较大，路面设计标高有一定的坡度，要按照规范施工并不是一件简单的事。即使每层回填没有超出规范要求，可是在回填后的高程测量中，实际高程与设计高程往往有一定的差异，这个差异在很多情况下又超出了规范要求，做资料的时候就需要把这些不符合规范要求的数据处理成符合规范要求的数据。一段路基的设计高程与实际高程出现问题，这段路基的所有资料都会出现问题。另外，通过本系统的计算，可以显示出来每个里程段的填土层数和包括的里程范围，这样在实际施工中也就清楚应该怎样进行回填，避免凭借感性认识盲目施工。

1.1　系统设计

路基填筑高程处理系统是针对以上问题设计的。下面是路基填筑高程计算样表（如图1-1-1）。

路基填筑前碾压完成之后，测量人员应当按照路基设计断面里程点对填筑前标高进行测量。填筑前标高是计算回填高程的原始数据，这些原始数据按照路基断面里程输入到计算表中，在C列填入路基填筑顶面高程，E列填入填筑层厚，数据输入后每一层的实际填筑高程已经计算出来，照着表中的标高数据做资料就非常方便了。这里的每一层层厚是路基填筑高程处理系统处理后填写资料的层厚，得出的标高并非设计高程。按照实际情况测量出来的结果很难达到规范要求，有很多地方可能超出规范。路基填筑高程计算表中把约90%左右的测点标高处理在合格范围之内，用于做资料，至于实际施工过程中，对于不合格的部分要进行返工处理，与资料有一定的差别。做资料的时候利用计算的高程与对应的桩号进行填写就可以了。

	A	B	C	D	E	G	I	K	M	O
1–2	路基填筑高程计算表									
3										
4	序号	桩号	填筑顶面高程(m)	原地面高程(m)	层厚(m)	每层填筑后标高				
5						1	2	3	4	5
6	1	XK49+643.5	1651.147	1642.508	0.3	1642.808	1643.105	1643.402	1643.68	1643.986
7	2	XK49+659.5	1651.632	1644.382	0.3	1644.382	1644.382	1644.382	1644.382	1644.473
8	3	XK49+679.5	1652.227	1644.577	0.3	1644.577	1644.577	1644.577	1644.772	1645.069
9	4	XK49+699.5	1652.808	1645.758	0.3	1645.758	1645.758	1645.758	1645.758	1645.758
10	5	XK49+719.5	1653.377	1646.127	0.3	1646.127	1646.127	1646.127	1646.127	1646.197
11	6	XK49+742	1654.001	1645.951	0.3	1645.951	1645.97	1646.272	1646.562	1646.835
12	7	XK49+762.5	1654.555	1647.457	0.3	1647.457	1647.457	1647.457	1647.457	1647.457
13	8	XK49+775	1654.886	1647.586	0.3	1647.586	1647.586	1647.586	1647.586	1647.721
14	9	XK49+782.5	1655.083	1647.233	0.3	1647.233	1647.233	1647.331	1647.634	1647.901
15	10	XK49+784.5	1655.135	1648.285	0.3	1648.285	1648.285	1648.285	1648.285	1648.285
16	11	XK49+799.5	1655.521	1649.071	0.3	1649.071	1649.071	1649.071	1649.071	1649.071
17	12	XK49+819.5	1656.022	1651.772	0.3	1651.772	1651.772	1651.772	1651.772	1651.772

图1-1-1　路基填筑高程计算样表

1.2　系统的数据处理

路基填筑高程处理系统处理的数据是通过随机数处理的，任一单元格的修改及表格的关闭打开，表格中的标高数据都在改变，一段路基的数据处理好了之后，必须把它打印出来使用。

表格中有红色字体浅红色（书中为灰色）填充的部分，是EXCEL的突出显示格式设置，它的作用是对不需要填土的里程部分突出显示。总段落的各里程点中如果某一点在某一层上有填土层，则单元格正常显示；如果某一点在某一层上没有填土层，则单元格就用浅红色（书中为灰色）填充显示，字体为红色。使用这一设置，目的是让电子表自动划分出填筑层所包括的里程范围，不需要人工一一查找，也就不会出现人工查找的错误。

表格中A列为序号列（在本书中，只要是序号列，序号必须连续），B到E列为用户输入区，E列之后到AA列，每隔一列就有一隐藏列，隐藏的部分为计算层高的控制列，它的作用是计算每一层填土前的总填土高度。现在对公式设置进行说明。

F6公式：=C6-D6

公式作用：计算对应桩号的剩余填土高度。F6单元格的公式只对F列通用，本列是计算对应桩号下一层填土前的填土高度。

G6公式：=IF(B6="","",IF(MAX(F:F)-F6>E6,D6,D6+E6-(MAX(F:F)-F6)))

公式作用：计算里程点是否进入填土层，如果进入填土层，则计算回填后的高程。

G6单元格的公式只对G列适用，公式中引用了IF和MAX函数。IF是个条件函数，含义是判断一个条件是否满足，如果满足返回一个值，如果不满足则返回另一个值。例如，如果A1大于10，公式=IF(A1>10，"大于10"，"不大于10")将返回“大于10”，如果A1小于等于10，则返回“不大于10”。MAX函数的功能是返回一组值中的最大值，这里的作用是返回F列中的最大值。

本书中公式的解释多数来源于EXCEL帮助文件，不清楚的地方，可在EXCEL帮助文件中详细查阅。

公式解释：如果B6（桩号）为空，则G6等于空；如果F列的最大值（为最大填土高度）减去F6（每一层填前高差）大于E6（层厚），则G6等于D6（原地面高程）；否则G6等于“D6+E6-(MAX(F:F)-F6”[原地面高程+层厚-F列最大值-F6（对应桩号的填土高度）]的返回值。

以上两个公式设置好了可以向下拖动。但是现在不需要向下拖动，待公式全部设置好了之后一起向下拖动。

H6公式：=IF(ISERR($C6-G6)=TRUE,"",$C6-G6)

公式作用：计算第1层回填完成后剩余的填土厚度。

H6单元格的公式与F列的公式功能一样，都是计算下一层填筑前路基高程的公式，不同的是这个公式中引用了ISERR函数和TRUE参数。ISERR函数的功能是判断计算结果是否为除“#N/A”的任意错误值；TRUE参数的作用是判断ISERR函数返回结果是否为真。

这里用了“$”字符，这个字符放置在“C”前面的作用是单元格向右拖动时，限制参数C(对C列的引用)的改变，即单元格在拖动的过程中单元格对C列的引用不会改变。关于“$”字符的应用在下文中也有说明。

公式解释：如果ISERR函数返回除“#N/A”之外的任何错误值，则H6单元格值等于空，否则等于“$C6-G6”（设计高度-回填后高程）的返回值。

I6公式：=IF(ISERR(IF(MAX(H:H)-H6>$E6,G6,IF($C6-G6<$E6,"层厚:"&ROUND($C6-G6,3),G6+$E6-(-1)^ROUND(RAND(),0)*ROUND(1.5*

RAND()/100,3)-(MAX(H:H)-H6))))=TRUE,"",IF(MAX(H:H)-H6>$E6,G6,IF($C6-G6<$E6,"层厚:"&ROUND($C6-G6,3),G6+$E6-(-1)^ROUND(RAND(),0)*ROUND(1.5*RAND()/100,3)-(MAX(H:H)-H6))))

公式功能：计算回填后实际标高。公式中引用了随机数公式“(-1)^ROUND(RAND(),0)*ROUND(1.5*RAND()/100,3)”，它的作用是给每一层的回填后的设计高程产生一个随机偏差值。如果每层回填层厚均为同一个值，没有偏差，这是设计标高了。但在实际施工中不可能没有偏差，故增加了一个偏差值公式。在高速公路路基填筑过程中，每层标高规范偏差值为±20mm，RAND函数生成的随机数在0～1之间，如果只用随机数生成的值并不符合要求，在RAND函数前面乘以“1.5”，它的作用是让偏差值控制在规范之内，即不能让它太小，也不能让它超出规范；除以100的作用是把偏差值换算成以米为单位的数据；“(-1)^ROUND(RAND(),0)”公式作用是处理的偏差值有正也有负，“ROUND(RAND(),0)”的数值不是“0”便是“1”，而“-1”的0次方为“1”，“-1”的一次方为“-1”。

另外公式还设置了计算最后一层填土厚度的公式“"层厚:"&ROUND($C6-D6,3)”，中间填土层均按照一定厚度计算并加入相应的偏差值，当回填到最后一层时，填土厚度就不是中间的那些固定层厚了，最后一层的填土厚度一般不应小于15cm，如果出现小于15cm这种情况，在路基回填的时候就需要对最后两层的填土厚度进行调整，使每层回填厚度不应小于15cm。设置这个公式是为了指导现场施工使用，避免盲目作业，致使回填到最后一层时出现层厚太薄而无法压实的情况。

公式中要注意“$”字符的应用，公式中引用了ROUND、RAND函数和“^”符号。ROUND函数的作用是将数字四舍五入到指定的位数，这里ROUND函数的最后一个参数是“0”，表示计算结果四舍五入到整数；RAND是个随机函数，它的功能是返回大于等于0及小于1的均匀分布随机实数，工作表中任意一个单元格进行一次计算，表中所有的RAND函数均返回一个新的随机实数；“^”字符，它是次方运算符，“(-1)^ROUND(RAND(),0)”表示“-1”的“ROUND(RAND(),0)”次方。这里ROUND函数作用是对RAND随机函数的返回值进行四舍五入处理，让它的返回值为“0”或者是“1”，利用“(-1)^ROUND(RAND(),0)”公式，对随机数处理的偏差值进行正负处理，即出现的偏差值有正也有负。

公式解释：首先对ISERR函数中的公式“IF(MAX(H:H)-H6>$E6,G6,IF($C6-G6<$E6,"层厚:"&ROUND($C6-G6,3),G6+$E6-(-1)^ROUND(RAND(),0)*ROUND(1.5*RAND()/100,3)-(MAX(H:H)-H6)))”解释：如果H列的最大值减去H6大于E6

(层厚)，则I6单元格的值等于G6（上一层标高），说明还没有进入本里程的填土层，做资料时不应当包括此里程，否则进入下一个IF函数；如是C6（设计顶面高程）减去G6（上一层顶面高程）小于E6（层厚），则I6单元格的值等于“"层厚:"&ROUND($C6-G6,3)”，说明已进入最后一层回填，否则等于“G6+$E6-(-1)^ROUND(RAND(),0)*ROUND(1.5*RAND()/100,3)-(MAX(H:H)-H6)”的返回值，这个公式是正常层厚标高计算公式，其中“(-1)^ROUND(RAND(),0)*ROUND(1.5*RAND()/100,3)”公式作用是利用随机函数RAND产生一个偏差值。

现在对整个公式进行解释：如果ISERR函数的返回值为真，即有错误的情况下，则I6单元格的值等于空；否则进入下一个IF函数，这个IF函数包括的内容即为上面解释的部分，这里不再重复。

公式设置已经完成，现在进行格式设置：

（1）选中F6到I6单元格。

（2）进入EXCEL菜单|【开始】|【条件格式】|【突出显示单元格规则】|【等于】。

（3）单元格的设置格式如图1-2-1。

（4）点击【确定】按钮。

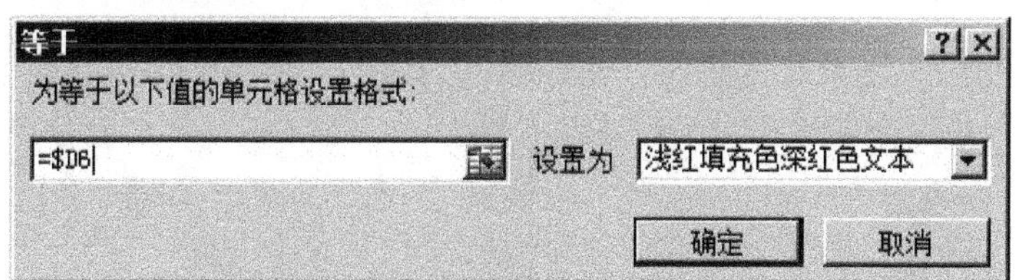

图1-2-1　回填格式设置对话框

以上单元格中格式设置的作用是让EXCEL表格自动找出没有进入填土层的里程段，减少了人工查找的麻烦，同样也减少了错误。

在EXCEL中，格式的设置用得好，可以起到事半功倍的作用，它可以减少表格处理过程中的好多工作。关于这一方面的内容，请大家在学习过程中仔细体会。

格式设置完成，现在进行第1次对选定区域拖动：同时选中H6与I6单元格，鼠标移到选中单元格的右下角待鼠标出现黑实线十字的时候压住鼠标左键向右拖动，需要多少列就拖动到多少列，这里拖动到AA列。第2次拖动，同时选中F6到AA6单元格，鼠标移到选中单元格的右下角待鼠标出现黑实线十字的时候压住鼠标左键向下拖动，需要多少行就拖动到多少行。

图1-1-1的设置已经完成，此表并不复杂，但是对“$”字符的使用很有讲究，做表时一定要注意，否则设置的公式在单元格拖动后会出现问题。“$”字符

在参数中的作用是限制参数随着单元格的拖动而变化，如$D6，单元格在拖动的过程中行号随着拖动时行号变化而变化，列号并不随着拖动时列的变化而变化；D$6，单元格在拖动的过程中行号不随着拖动时行号变化而变化，列号随着拖动时列的变化而变化；$D$6，单元格在拖动的过程中行列均不变。

第2章　标高计算系统

标高计算在公路工程中属于测量方面的工作，这个工作并不难，但是比较麻烦。计算某一个里程的标高，只要查出相关参数，计算标高就不会出现问题。但是在实际工作中每次查找相关的参数比较麻烦，难免出现差错。在公路施工中，测量工作者在标高方面出现问题的现象并不少见，这对工程进度和成本都会造成损失。标高计算系统是为了减少这些方面的工作错误而编写的。使用标高计算之前，首先把图纸竖曲线参数表中的竖曲线参数输入到竖曲线参数表中，检查无误后保存。以后要计算某一里程点的标高，只在标高计算表中输入计算里程，中桩的设计标高就会自动计算出来。算出了中桩高程，同一里程的其他高程就是简单的加减工作，出现问题的概率就小多了。

要说明的是标高计算系统不能对路线设计中出现的长短链进行自动处理，遇到长短链的地方，需要重新建表，在长短链处把线路分开计算。

设计这个表格之前，让我们先看看竖曲线的两个计算公式。

直线段计算公式：

$$H = i \times \left(l_1 - l_q\right) + h_1$$

抛物线的计算公式：

$$H = -\frac{\left(l_1 - l_q\right)^2}{2R} + \left(l_1 - l_q\right) \times i + h_1$$

注：H为需要计算点的高程；i为坡度；l_1为计算点里程；l_q为竖曲线（直线）起点里程；h_1为起点高程；R为竖线参数。

2.1　竖曲线参数表

竖曲线参数表如图2-1-1。

	A	B	C	D	E	F	G	H	I	J	K	L	M
1	竖曲线参数												
2	(本页只能用复制粘贴功能，不能用插入和删除行列和剪切功能)												
3–4	序号	曲线类型	曲线顶点或起点里程(km)	曲线半径凸(+)凹(-)(m)	切线顶点或起点标高(m)	切线长或直线长度(m)	曲线起点坡度	起点里程	起点标高(m)	结束点里程	结束点标高(m)	长度(m)	数据检测
5	1	直线	K10+072.190		6	519.011	0.71%	K10+072.190	6	K10+591.201	9.66	519.011	
6	2	抛物线	K10+852.190	20000	11.5	260.989	0.71%	K10+591.201	9.66	K11+113.179	6.529	521.978	
7	3	直线					-1.90%	K11+113.179	6.529	K11+113.179	6.529		
8	4	抛物线	K11+272.190	-16696.153	3.5	159.011	-1.90%	K11+113.179	6.529	K11+431.201	3.5	318.022	
9	5	直线					0.00%	K11+431.201	3.5	K11+664.661	3.5	233.46	
10	6	抛物线	K11+812.190	-190709.81	3.5	147.529	0.00%	K11+664.661	3.5	K11+959.719	3.728	295.058	
11	7	直线					0.15%	K11+959.719	3.728	K11+959.720	3.728		
12	8	抛物线	K12+200.000	150000	4.1	240.28	0.15%	K11+959.720	3.728	K12+440.280	3.702	480.56	
13	9	直线					-0.17%	K12+440.280	3.702	K12+440.279	3.702		

图2-1-1　竖曲线参数表

图2-1-1为竖曲线参数表，计算一条线路的标高之前，首先要输入线路的竖曲线参数。图2-1-1中从A列到G列的参数是用户输入的，输入时要注意参数的输入格式：

（1）【曲线顶点或起点里程】栏，曲线起始点为直线起点的里程，之后就是曲线顶点的里程。

（2）【曲线起点坡度】栏：上坡为正，下坡为负。

（3）【切线长或直线长度】栏：起始点必须换算到直线部分，起始单元格数据是从起点到抛物线起点的直线长度。起始点以后的单元格填写的内容为抛物线的切线长度，直线段所对应的单元格不填数据。

（4）在【曲线类型】栏内输入参数时，必须是“直线|抛物线|直线|抛物线|……”这种循环方式填写，即使是两条抛物线相接，中间也要插入假想直线段，插入的直线段长度为“0”，如果是两条不同坡度的直线相接，中间也要插入一条假想抛物线，抛物线的长度也为“0”。

（5）曲线类型结束点的曲线半径填写值为“1”，切线长或直线长度栏填写值为“0”，这是本系统结束点的标志设置。

（6）如果遇到长短链，需另建文件重新填写，不能在一个表中连续填写，本系统不能自动处理线路长短链的问题。

上面讲了竖曲线参数表的使用方法和注意事项，下面对公式的设置进行说明。

【起点里程】

H5公式：=IF(G5="","",IF(AND(B5="直线",C5<>""),C5,IF(AND(B5="直线",C5=""),J4,IF(B5="抛物线",C5-F5,""))))

公式作用：通过已知函数计算出曲线的起点里程。

公式中引用了AND函数，AND在英文中是“并且”的意思，在条件语句中是满足所有条件的意思。在IF函数的嵌套设置中，IF函数的条件有前后顺序，不能打乱。

公式解释：如果G5（坡度）为空，则H5（起点里程）为空；如果B5（曲线类型）等于“直线”并且C5（曲线顶点或起点里程）不等于空，则H5等于C5，即AND函数中的两个公式同时满足要求时才能进入这一条件；如果B5等于“直线”并且C5等于空，则H5等于J4（上一曲线结束点里程）；如果B5等于“抛物线”，则H5等于“C5-F5”（曲线顶点或起点里程-切线长或直线长度），否则为空。

【起点标高】

I5公式：=IF(G5="","",IF(AND(B5="直线",E5<>""),ROUND(E5,3),IF(AND(B5="直线",E5=""),ROUND(K4,3),IF(B5="抛物线",ROUND(E5-F5*G5,3),""))))

公式作用：通过已知参数计算出曲线起点标高。

公式解释：如果G5等于空，则I5等于空；如果B5等于“直线”并且E5（切线顶点或起点标高）不等于空，则I5等于E5；如果B5等于“直线”并且E5等于空，则I5等于K4（上一曲线结束点标高）；如果B5等于“抛物线”，则I5等于“E5-F5*G5”（切线顶点或起点标高—切线长或直线长度×曲线起点坡度）。

以上是一连串的条件函数，它的作用是判断表中的数据满足哪一个条件，然后按照对应的条件对数据进行处理。不管是用EXCEL表处理数据还是用计算机语言处理数据，IF函数（语句）的用途很广，读者需要好好领会，熟练掌握。在编程的过程中，很多情况是通过寻找处理对象的特点，设置筛选条件，然后通过设置的条件进行处理数据，达到用户要求的目的。

【结束点里程】

J5公式：=IF(G5="","",IF(AND(B5="直线",F5<>""),H5+F5,IF(AND(B5="直线",E5=""),H6,IF(B5="抛物线",C5+F5,""))))

公式作用：通过已知参数计算出曲线结束点的里程。

公式解释：如果G5等于空，则J5等于空；如果B5等于“直线”并且F5不等于空，则J5等于“H5+F5”（起点里程+切线长或直线长度）；如果B5等于“直线”并且E5等于空，则J5等于H6（下一曲线起点里程）；如果B5等于“抛物线”，则J5等于“C5+F5”（曲线顶点或起点里程+切线长或直线长度），否则J5等于空。

【结束点标高】

K5公式：=IF(G5="","",IF(B5="抛物线",ROUND(I5+(J5-H5)*G5-(J5-H5)^2/(2*D5),3),IF(B5="直线",ROUND(I5+(J5-H5)*G5,3),"")))

公式作用：通过已知参数计算出曲线结束点的高程。

公式中引用了“^”次方运算符。“(J5-H5)^2”的意思是“(J5-H5)”的2次方。这个公式利用前面讲到的两个标高计算公式计算出结束点里程的标高。

公式解释：如果G5等于空，则K5等于空；如果B5等于“抛物线”，就利用抛物线方程计算结束点高程；如果B5等于“直线”，就利用直线方程计算结束点里程的高程，否则K5等于空。

【长度】

L5公式：=IF(OR(H5="",J5=""),"",IF(ABS(J5-H5)<0.01,"",J5-H5))

公式作用：通过已知参数计算出曲线长度。

【数据检测】

M6（注意不是M5，M5为起点行，本单元格中没有公式）公式：=IF(I6="","",IF(ABS(I6-K5)>0.005,"错误",""))

公式作用：通过计算上一曲线结束点高程与下一曲线起点里程的差值，检查输入参数的正确性。如果输入的参数有错误，利用这个公式可以检查出来一部分，但不是全部，在输入参数时用户必须仔细核对。

M6单元格公式中引用了ABS函数，这个函数的作用是取绝对值。

公式解释：如果曲线起点标高为空，则“检测”单元格的值等于空；如果曲线起点高程减去上一条曲线结束点高程的绝对值大于0.005，说明输入的参数有“错误”，否则显示为空。

以上所列公式在各自对应的列中是通用的，设置好后按照前面讲述的办法根据需要向下拖动，向下拖动之后要保证A列序列号的连续性，否则标高无法计算。注意M列单独操作。竖曲线参数表中公式作用是通过已知参数计算出每一条竖曲线的相关参数，以备标高计算表计算数据时调用。

竖曲线参数表的B列【曲线类型】栏中有下拉列表，下拉列表的创建如下：

（1）选中B5。

（2）EXCEL菜单|【数据】|【数据有效性】|【数据有效性】。

（3）单击【设置】选项卡。

（4）在【允许】栏选择“序列”，【来源】栏填写“直线，抛物线”，如图2-1-2。

（5）单击【确定】按钮。

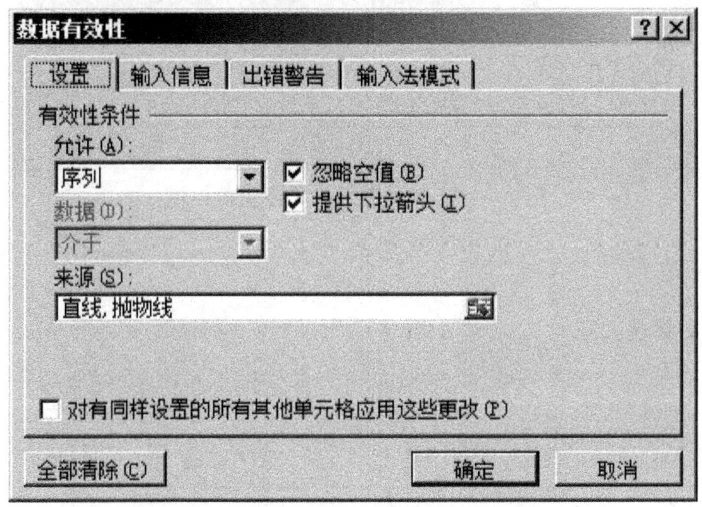

图2-1-2　曲线类型下拉列表设置对话框

【来源】中填写的项目之间用“,”分开，设置好后选中B5单元格，需要多少行就向下拖动多少行。

在竖曲线参数表的C、H、J列有关于里程的格式设置，如输入的数据是“19830”，但显示格式为“K19+830.000”，格式的设置方法：

（1）选中单元格点击右键|【设置单元格格式】。

（2）【分类】栏选择“自定义”，【类型】栏输入“K###+##0.000”，如图2-1-3。

（3）点击【确定】按钮。

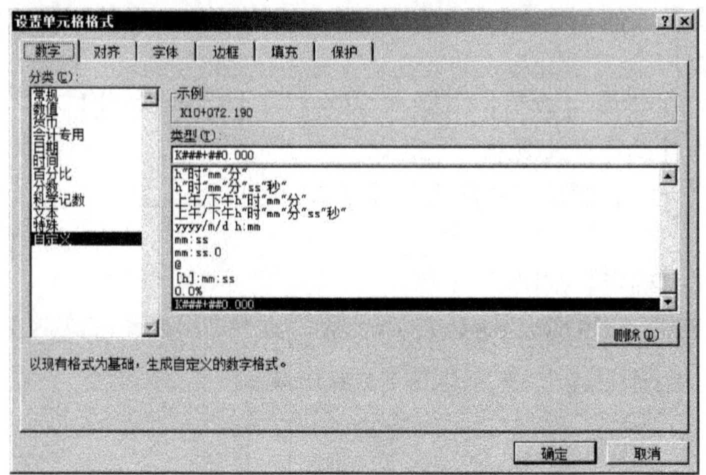

图2-1-3　里程显示格式设置对话框

2.2　标高计算

标高计算表的设置如图2-2-1。

	A	B	C	D	E	F	G	H	I	J	K	L	M	N	O	P	Q	R	S	T
1–2	标 高 计 算										对应参数									
3–4	编号	里程	偏距(m)	中央分隔带宽度(m)	偏向	横坡	调整值(m)	中桩标高(m)	调整后标高(m)	序号	曲线类型	曲线顶点里程(m)	曲线半径(m)	切线顶点标高(m)	切线长(m)	曲线起点坡度	起点里程(m)	起点标高(m)	结束点里程(m)	结束点标高(m)
5	1	K12+350.000						3.824	3.824	8	抛物线	12200	150000	4.1	240.28	0.15%	11959.72	3.728	12440.28	3.702
6	2	K24+500.000						3.57	3.57	47	直线						22893.889	3.57	25036.67	3.57
7	3	K24+152.325						3.57	3.57	47	直线						22893.889	3.57	25036.67	3.57
8	4	K25+300.000						4.992	4.992	48	抛物线	25225	-24376	3.57	188.33		25036.67	3.57	25413.33	6.48
9	5	K54+120.000						4.526	4.526	170	抛物线	54000	-21522.222	4.5	153.235	-1.42%	53846.765	6.682	54153.235	4.5
10	6	K45+360.000						9.807	9.807	130	抛物线	45135	23000	14.413	377.456	1.46%	44757.544	8.904	45512.456	7.534
11	7	K20+330.000						4.406	4.406	36	抛物线	20222.19	-29084.486	3.45	233.051	-0.97%	19989.139	5.702	20455.241	4.933
12	8	K40+125.000						4.825	4.825	108	抛物线	40100	-55898.822	4.6	197.737	-0.88%	39902.263	6.334	40297.737	4.266
13	9	K38+245.000						6.082	6.082	100	抛物线	38283.32	-14576.207	5.527	142.807	-0.47%	38140.513	6.199	38426.127	7.653
14	10	K17+328.000						7.477	7.477	28	抛物线	17232.19	20000	9.1	241.667	1.28%	16990.523	6.012	17473.857	6.348
15	11	K19+265.000						7.381	7.381	34	抛物线	19482.19	20000	10.6	243.99	1.47%	19238.2	7.004	19726.18	8.242
16	12	K33+263.000						6.077	6.077	78	抛物线	33167.34	21553.85	6.9	172.641	0.89%	32994.699	5.372	33339.981	5.662
17	13	K44+378.000						7.604	7.604	126	抛物线	44337	36781.145	7.998	185.456	0.74%	44151.544	6.623	44522.456	7.502
18	14	K28+362.000						10.342	10.342	57	直线					0.66%	28142.159	8.901	28499.683	11.245
19	15	K33+487.000						4.608	4.608	79	直线					-0.72%	33339.981	5.662	33583.375	3.917
20	16	K36+528.000						7.116	7.116	92	抛物线	36625	20000	9.2	262.458	1.44%	36362.542	5.413	36887.458	6.099
21	17	K30+331.000						6.346	6.346	64	抛物线	30318	25016.254	7.947	282.701	1.13%	30035.299	4.755	30600.701	4.75
22	18	K18+552.000						3.998	3.998	31	直线					-0.01%	17866.142	4.088	18821.799	3.963
23	19	K39+393.000						5.116	5.116	104	抛物线	39245	-14514.071	3.9	181.13	-1.70%	39063.87	6.979	39426.13	5.341
24	20	K42+450.000						5.25	5.25	118	抛物线	42538	-12000	3.6	110.949	-1.85%	42427.051	5.652	42648.949	3.6

图2-2-1　标高计算表

竖曲线参数表中处理了竖曲线的相关参数，标高计算表通过调用竖曲线参数表中的参数计算任意里程的标高。为了学习方便，把标高计算表分成了两部分，一部分是标高计算，另一部分是计算里程点的对应参数。【中桩标高】栏的标高是通过对应参数表中的对应参数计算出来的。计算表的B、D到H列为用户填写部分，填写的内容分别是里程、偏距、中央分隔带宽度、偏向（左偏还是右偏）、横坡（上坡为正，下坡为负）、调整值（本表计算出的中桩标高为路面设计标高，计算某一个部位的标高时，需要计算出该填筑高度与路面的差值即为要调整的数据），其余部分均为自动计算。标高计算表A、C、I到T列的公式分别是：

A5公式：=IF(B5<>"",ROW(B5)-COUNTIF($B$5:B5,"")-4,"")

公式作用：在A列自动生成序列号，即B列任意一个单元格出现数据，对应的A列就产生一个相应的序号，A列序列号的产生与B列数据是否连续性出现没有关系，只要B列任一单元格不为空时A列对应的单元格就产生相应的序列号，在B列空单元格处不产生序号。

A5单元格的公式中引用了ROW和COUNTIF两个函数：ROW函数的功能是返回引用单元格的行号；COUNTIF函数的功能是对区域中满足指定条件的单元格进行计数。

注意COUNTIF函数中的“$”的使用，用“$”符号的作用是在A5单元格中的公式设置好后，向下拖动的过程中，指定区域的前一个参数“$B$5”不发生变化，第2个参数“B5”随着单元格的拖动而变化，即这个函数指定区域的上限不变，下限随着向下拖动而改变。例如第10行，这个公式就变更成“=IF(B10<>"",ROW(B10)-COUNTIF($B$5:B10,"")-4,"")”，COUNTIF函数区域的上限没有变化，仍为“$B$5”，下限发生了变化，变化成对所在单元格行号的引用，即对“B10”（第10行）的引用。

公式解释：如果B5（里程）不等于空，则用ROW函数返回所在的行号，减去用COUNTIF函数统计的空格数量再减去4。因为标高计算表中数据统计是从第4行开始的，故需要减去“4”。

C5公式：=IF(AND(K5="直线",B5<>""),ROUND(SUM(R5)+(SUM(B5)-SUM(Q5))*SUM(P5),3),IF(AND(K5="抛物线",B5<>""),ROUND(SUM(R5)+(SUM(B5)-SUM(Q5))*SUM(P5)-(SUM(B5)-SUM(Q5))^2/(2*SUM(M5)),3),""))

公式作用：通过K列单元格中的参数判断计算的曲线类型是“直线”还是“抛物线”，并套用相应的公式进行计算。

R5、B5、Q5等单元格用求和公式“SUM()”的原因是有些单元格中因公式使用“""”产生了非数字格式，看似没有数据，但是两个单元格相乘时会出现“#VALUE!”的错误值，使用SUM函数可以解决这个问题。

I5公式：=IF(C5<>"",ROUND(C5+(D5−E5/2)*G5+H5,3),"")

公式作用：通过已知的【中桩标高】【偏距】【中央分隔带宽度】【横坡】【调整值】计算出所需点的高程。

J5公式：=IF(B5="","",IF(B5<竖曲线参数!C$5,"",IF(B5>竖曲线参数!C$5+SUM(竖曲线参数!L$5:L$3000),"",MATCH(B5,竖曲线参数!H:H,1)−4)))

公式作用：判断B5单元格输入的里程在竖曲线参数表中的区间范围所在的行号，然后减去“4”，减“4”的作用是让MATCH函数返回的数值由所在的行号变为表格计算对应的序列号。

公式中引用了MATCH函数，其功能是在单元格区域（区域：工作表上的两个或多个单元格。区域中的单元格可以相邻或不相邻）中搜索指定项，然后返回该项在单元格区域中的相对位置。这个函数中第3个参数为“1”，它的作用是在指定的区域内无精确匹配项时，此函数将返回指定区域中最接近的下一个最小值的位置。

公式解释：如果B5（里程单元格）等于空，则J5等于空；如果B5的值小于“竖曲线参数!C$5”单元格的值（竖曲线参数的起点里程），则J5等于空；如果B5大于“竖曲线参数!C$5+SUM(竖曲线参数!L$5:L$3000)”的值（结束点的里程），则J5等于空，否则J5等于“MATCH(B5，竖曲线参数!H:H，1)−4”的值，即里程点在曲线参数中对应的序号。

K5公式：=IF(J5="","",VLOOKUP(J5,竖曲线参数!A:K,2,FALSE))

公式作用：从竖曲线参数表中提取计算点的曲线类型。

公式中引用了VLOOKUP函数和FALSE参数：VLOOKUP函数的作用是利用第1个参数做控制，搜索指定单元格区域的第1列与第1个参数匹配的值，然后返回所在行上指定列单元格的值；FALSE是VLOOKUP函数的range_lookup参数（第4个参数），它表示VLOOKUP函数在执行过程中使用的是精确匹配。如果VLOOKUP函数的最后1个参数是TRUE，它表示VLOOKUP函数在执行过程中使用的是近似匹配。

L5公式:=IF(J5="","",IF(SUM(VLOOKUP(J5,竖曲线参数!A:K,3,FALSE))=0,"",VLOOKUP(J5,竖曲线参数!A:K,3,FALSE)))

公式作用：从竖曲线参数表中提取计算点的曲线顶点里程。

M5公式:=IF(J5="","",IF(SUM(VLOOKUP(J5,竖曲线参数!A:K,4,FALSE))=0,"",VLOOKUP(J5,竖曲线参数!A:K,4,FALSE)))

公式作用：从竖曲线参数表中提取计算点的曲线半径。

N5公式:=IF(J5="","",IF(SUM(VLOOKUP(J5,竖曲线参数!A:K,5,FALSE))=0,"",VLOOKUP(J5,竖曲线参数!A:K,5,FALSE)))

公式作用：从竖曲线参数表中提取计算点的切线顶点标高。

O5公式：=IF(J5="","",IF(SUM(VLOOKUP(J5,竖曲线参数!A:K,6,FALSE))=0,"",VLOOKUP(J5,竖曲线参数!A:K,6,FALSE)))

公式作用：从竖曲线参数表中提取计算点的切线长度。

P5公式：=IF(J5="","",IF(SUM(VLOOKUP(J5,竖曲线参数!A:K,7,FALSE))=0,"",VLOOKUP(J5,竖曲线参数!A:K,7,FALSE)))

公式作用：从竖曲线参数表中提取计算点的曲线起点坡度。

Q5公式：=IF(J5="","",VLOOKUP(J5,竖曲线参数!A:K,8,FALSE))

公式作用：从竖曲线参数表中提取计算点的起点里程。

R5公式：=IF(J5="","",VLOOKUP(J5,竖曲线参数!A:K,9,FALSE))

公式作用：从竖曲线参数表中提取计算点的起点标高。

S5公式：=IF(J5="","",VLOOKUP(J5,竖曲线参数!A:K,10,FALSE))

公式作用：从竖曲线参数表中提取计算点的结束点里程。

T5公式：=IF(J5="","",VLOOKUP(J5,竖曲线参数!A:K,11,FALSE))

公式作用：从竖曲线参数表中提取计算点的结束点标高。

K到T列公式作用是利用VLOOKUP函数通过J列生成的序列号的控制，从竖曲线参数表中提取相应的竖曲线参数，表中的公式设置好后均可向下拖动。

在B栏中有数据格式设置，设置方法与竖曲线参数表中C、H、J列设置相同。B栏中输入数据时，不能输入“K”和“+”。

数据输入时经常会出现错误输入或输入的数据超出范围，为了防止里程输入超出范围，在B栏进行输入限制设置。设置方法：

（1）选中B5:B3000。

（2）EXCEL菜单|【数据】|【数据有效性】|【数据有效性】(如图2-2-2，图2-2-3)。

（3）点击【设置】选项卡，【允许】栏选择“小数”，【数据】栏选择“介于”，【最小值】栏填写“=竖曲线参数!$H$5”，【最大值】栏填写“=竖曲线参数!$H$5+SUM(竖曲线参数!L$5:L$3000)”，如图2-2-2。

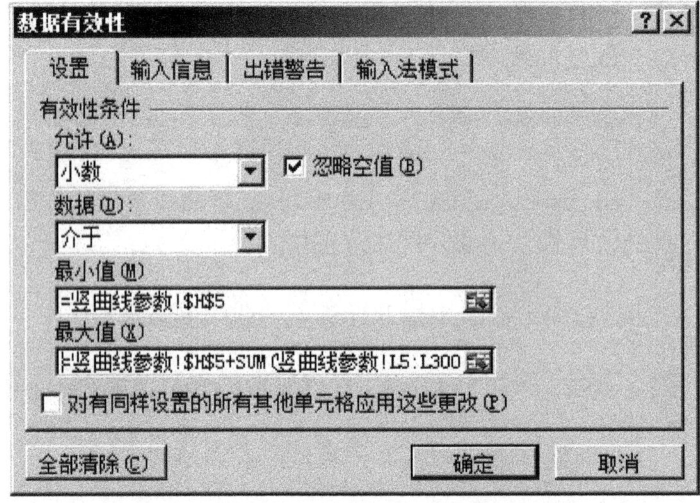

图2-2-2　【里程】栏输入范围设置对话框

（4）点击【出错警告】选项卡，在【样式】栏选择“警告”，在【标题】填写“错误警告”，如图2-2-3。

（5）设置完成后单击【确定】按钮。

说明：VLOOKUP()函数：搜索某个单元格区域（区域：工作表上的两个或多个单元格。区域中的单元格可以相邻或不相邻）的第1列，然后返回该区域相同行上任何单元格中的值。例如，假设区域A2:C10中包含员工列表，员工的ID号存储在该区域的第1列，如图2-2-4所示。

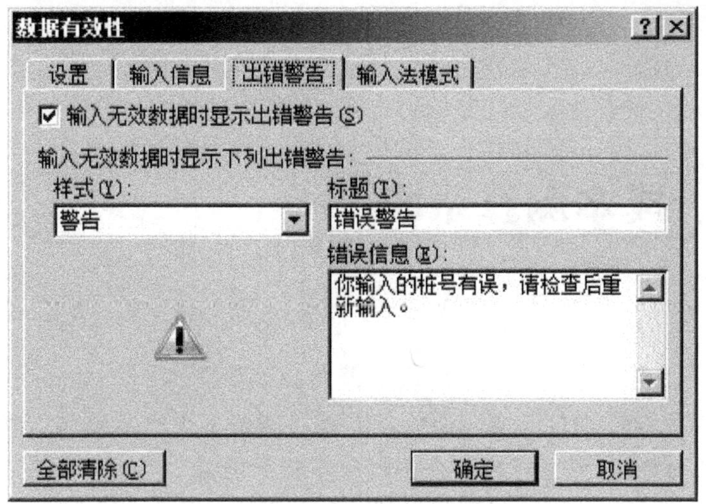

图2-2-3 【里程】栏出错警告对话框

	A	B	C
1	员工 ID	部门	姓名
2	35	销售	张颖
3	36	生产	王伟
4	37	销售	李芳
5	38	运营	郑建杰
6	39	销售	赵军
7	40	生产	孙林
8	41	销售	金士鹏
9	42	运营	刘英玫
10	43	生产	张雪眉

图2-2-4 VLOOKUP函数说明示例表

如果知道员工的ID号，则可以使用VLOOKUP函数返回该员工所在的部门或其姓名。若要获取38号员工的姓名，可以使用公式“=VLOOKUP(38,A2:C10,3,FALSE)”。此公式将搜索区域A2:C10的第1列中的值38，然后返回该区域同一行中第3列包含的值作为查询值（“Axel Delgado”）。

标高计算系统设置不太复杂，创建完成后即可进行标高计算。输入参数时要计算出整段竖曲线的起点高程、起点的直线长度，这个数据在数据参数表中没有，参数表中给定的数据是以抛物线的形式给定，没有起点的里程和标高。

第3章 成本测算系统

成本测算系统的功能是测算所管理的项目需要多少实际成本，也就是说这个项目需要多少资金能把它完成。在工程成本测算方面，主要费用是人工、材料、机械，另外还有一些关于项目部建设费、项目部人员工资和福利、业务招待费等费用。学习下面内容之前，先打开样表，然后根据讲述的内容在样表中进行设置。由于成本测算方面各项目部没有统一规定，承包方式也多种多样，而且好多项目都在试行阶段，所以对于没有成本测算方面经验的用户来说学习起来难度较大。学习之前，要仔细学习样表，领会材料等相关名称的命名方式。一般情况下，同一种材料不能有多种命名方式，但考虑到承包方式的不同，有些材料进行不同的命名反而有利于计算，如光圆钢筋，为了汇总到不同的地方，可以命名光圆钢筋，也可以命名为Ⅰ级钢筋；必须清楚，这种不同命名必须是不同的计算方式和承包方式，同一种承包方式和计算方式命名必须相同。下面将按照由简单到复杂的顺序对每个表格逐个进行说明。

3.1 材料单价

材料单价表如图3-1-1。

做成本测算之前，首先要对材料单价进行市场调查了解。有了材料单价，才能对工程实体进行成本测算，如每吨水泥、每吨钢材的材料单价是多少等。材料单价表是一个成本测算的基础表，表格的数据来源于市场调查。表中材料命名要考虑到计算汇总的方便，同一种材料命名必须相同，前后一致，根据各自的作业特点，删除材料名称中不影响理解的字符。如：GJZF4_250mm×350mm×54mm橡胶支座，可以命名成GJZF4_250mm×350mm×54mm，也可以命名为GJZF4_250×350×54，因为作业人员很清楚此类橡胶支座的标注单位是毫米。

名称	单位	单价(元)
32.5R	t	440
42.5R	t	520
52.5R	t	0
中砂	m³	78
碎石	m³	78
砾石	m³	50
粉煤灰	t	165
矿渣粉	t	243
硅粉	t	0

(表头：材料单价)

图3-1-1　材料单价表

3.2　工程量清单（清单）

本书中所有小标题括号内备注的是工作表标签名，工作表表头名称与标签名相同的没有括号的备注。工程量清单表如图3-2-1。

工程量清单

编号：　　货币单位：元

清单第100章总则

子目号	子目名称	单位	数量	单价(元)	合价(元)
204-1-j	借方或利用方超运	$m^3 \cdot km$	101974	1.1	112171
204-2	改河、改渠、改路填筑				
204-2-c	借土填筑	m^3	4470	22	98340
204-3	半填半挖、填挖交界加筋处治				
204-3-a	土工格栅	m^2	12620	9	113580
204-3-b	Φ10钢筋	kg	378	3.2	1210
205-5	湿陷性黄土处理				
205-5-c	强夯	m^2	26240	20	524800
205-5-g	换填8%灰土	m^3	7872	84	661248
205-5-h	防水土工膜	m^2	26240	15	393600

图3-2-1　工程量清单表

工程量清单中各细目对成本测算的计算过程没有多大用处。对成本测算来说，只要有各章节合价或清单总价就可以了。加入工程量清单表，其目的是与成本测算的结果进行对比，看一看本工程有多少个利润点，能盈利多少。要做成本测算，必须熟悉清单。

表中只有F列有计算公式，其他单元格均来自甲方给定的清单。

F6公式：=IF(SUM(D6)*SUM(E6)=0,"",ROUND(SUM(D6)*SUM(E6),0))

公式解释：如果D6单元格数值与E6单元格数值相乘等于“0”（数量×单价），则F6相应单元格的值为空，否则就等于D6乘以E6。

F6单元格设置好之后，选中F6单元格，然后向下拖动，需要多少行就向下拖动多少行。尾行设置一个合计行，合计行F191单元格的公式是：=SUM(F6:F190)。汇总值在成本测算汇总表中使用。

3.3 劳务费（劳务）

劳务费表如图3-3-1。

	A	B	C	D	E	F	G	H	I	J	K
1	XXXX 项目劳务费										合计
2											71308630
3	序号	细目号	细目名称	单位	工程数量	损耗系数	合理用量	单价（元）	合价（元）	工作内容	圬工计算标志
4	1	HNTBHYS	混凝土拌和运输	m³	91902.4		91902.4	48	4411315	此行不能改变	
5	2	202-1	清理与掘除								
6	3	202-1-a	清理现场	m²	113047		113047	0.5	56524		
7	4	202-1-b	砍伐树木	棵	9246		9246	5	46230		
8	5	202-1-c	挖除树根	棵	22242		22242	5	111210		
9	6	203-1	路基挖方								
10	7	203-1-a	挖土方	m³	1380112		1380112	5	6900560		
11	8	203-1-b	挖石方	m³	243763		243763	15	3656445		

图3-3-1 劳务费表

劳务费是指完成清单所列项目所用的人工、辅助材料和机械费用。这里的劳务费不仅有人工费，还有机械和辅助材料费。由于各项目分包形式不一样，所以包含的内容也有所区别，进行成本测算时要特别注意。另外，劳务费表中所列的项目不仅是劳务单价，如浆砌片石，这个项目一般是综合单价分包的，但是为了计算统一和减少表格数量，这些内容都放置到劳务费表中，没有另行创建表格。

劳务费表表头右侧有个合计单元格，合计下面单元格的公式（K2单元格）：=ROUND(SUMPRODUCT(E:E,H:H),0)

一般情况下合计公式都在表格的结尾，这里把合计放在表头，是为了查看方便，目的是在修改劳务费数据的同时能随时看到合价的变化。

公式中用到了SUMPRODUCT函数，这个函数的功能是在给定的几组数组中，将数组间对应的元素相乘，并返回乘积之和。

劳务费表第4行，是计算混凝土的搅拌费的，与下面各行的公式不同，不能拖动。

E4公式：=SUMIF(圬工材料!AA:AA,"C",圬工材料!D:D)

SUMIF函数是个条件汇总函数，它的作用是：当圬工材料数量计算表中AA列单元格的数值等于"C"时，汇总D列对应行的值到E4单元格；“圬工材料!AA:AA”的“圬工材料”为表格的标签名，每个表格的标签名请务必正确填写，以后出现类似的情况不另行解释。

G4公式：=IF(E4="","",ROUND(E4*(1+F4),1))

G4单元格中用了IF函数，含意是：如果E4等于空，则G4等于空，否则G4等于“ROUND(E4*(1+F4),1)”的返回值；F4单元格为增减量，填写时只填写增减的百分点。

I4公式：=ROUND(E4*H4,0)

计算合价公式，这种类型公式上面已经说过了，以后只要出现重复的公式，没有大的改变时均不做说明。

G5公式：=IF(E5="","",ROUND(E5*(1+F5),1))
I5公式：=ROUND(E5*H5,0)

以上两个单元格的公式是通用的，设置好后根据需要向下拖动。

K列为【圬工计算标志】列，作用是把需要利用配合比进行材料分析的项目标志出来。为了避免手工填写时出现同种圬工有多种名称后无法汇总的情况，设置了下拉列表的形式选取其对应的项目，这一列在EXCEL2010中的设置方式如下：

（1）选中K5单元格或选中要设置下拉列表的所有单元格。

（2）EXCEL菜单|【数据】|【数据有效性】|【数据有效性】。

（3）单击【设置】选项卡，在【允许】栏选择“序列”，【来源】栏点击折叠按钮选取砼成本表中的“$AQ$5:$AQ$104”单元格，如图3-3-2。

（4）点击【确定】按钮。

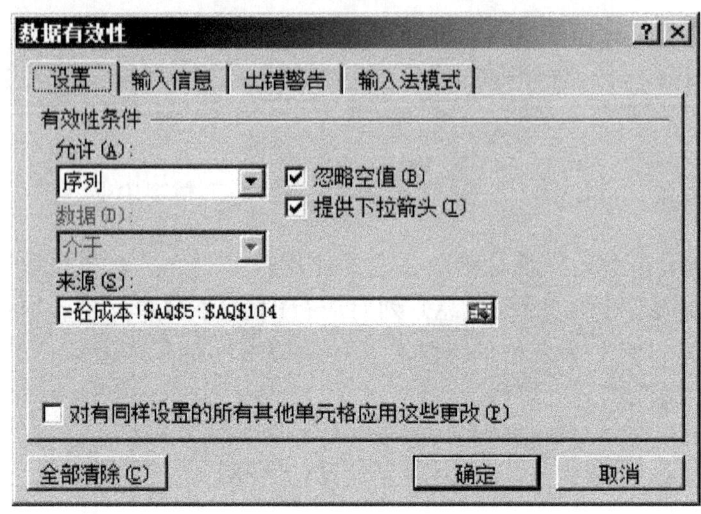

图3-3-2 【圬工计算标志】设置对话框

注意数据【来源】的填写方式，这里面的“$”不能少，否则在拖动的过程中会出现错误。设置完成之后选中K5单元格向下拖动。这时选中单元格的下拉列表中还是没有数据，不必着急，因为引用的区域“砼成本!$AQ$5:$AQ$104”中还没有填写数据，表格设置完成之后，下拉列表就有数据了。以后出现下拉列表的地方也可能存在这种情况，不另行说明。

设置完成劳务费表之后，通常就会发现，G列和I列会产生“0”值的结果，为什么在成本测算系统的最终表不出现“0”值呢？通常可以在EXCEL中这样设置：

（1）【文件】|【选项】|【高级】|找到“此工作表的显示选项”。

（2）取消【在具有零值的单元格中显示零】选项框中的“√”，如图3-3-3。

（3）点击【确定】按钮。

这个设置在每次操作中仅对当前的工作表有效，对整个工作表无效，如果每个工作表都需要同样的要求，那就把每个工作表置为当前模式下设置这一功能。在以后的工作表中，如果希望它不显示“0”值，可用此功能。

说明：使用SUMIF函数可以对区域（区域：工作表上的两个或多个单元格。区域中的单元格可以相邻或不相邻）中符合指定条件的值求和。例如，假设在含有数字的某一列中，需要让大于5的数值相加，请使用公式：=SUMIF(B2:B25,">5")。

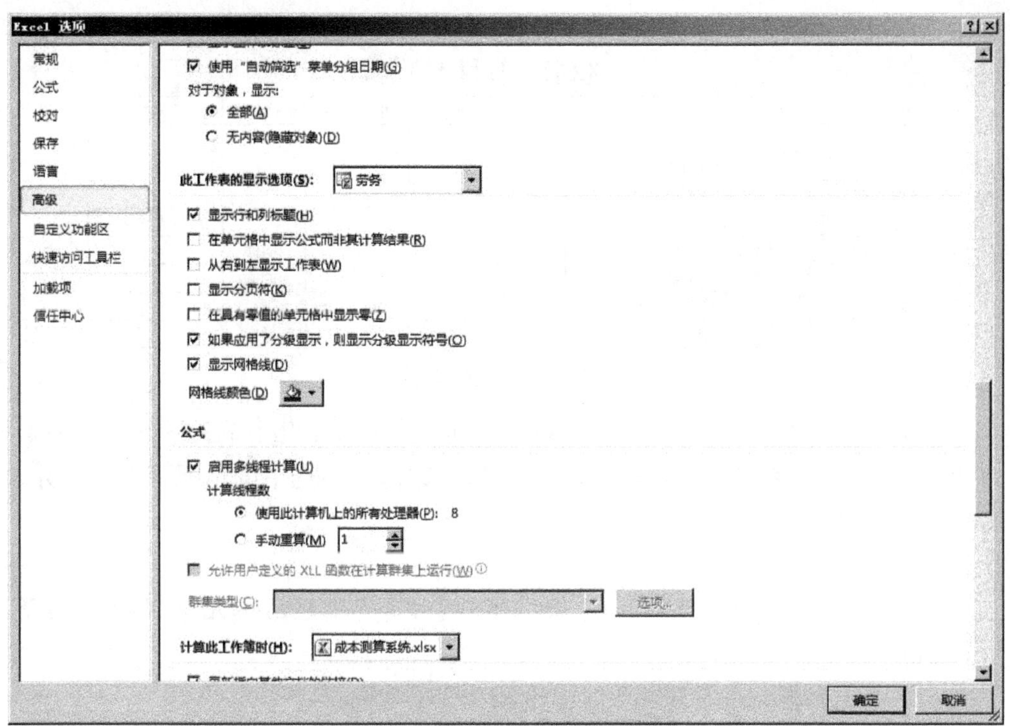

图3-3-3 工作表的设置对话框

在本例中，应用条件的值即要求和的值。如果需要，可以将条件应用于某个单元格区域，但却对另一个单元格区域中的对应值求和。例如，使用公式“=SUMIF(B2:B5,"John",C2:C5)”时，该函数仅对单元格区域C2:C5中与单元格区域B2:B5中等于“John”的单元格对应的单元格中的值求和。

3.4 材料费（材料）

材料费表如图3-4-1。

材料费是指完成规定量的实体花费在材料方面的费用。材料费表中所列的材料主要是指钢筋、钢绞线、混凝土材料等主材，一般情况下这些材料都是由项目部统一采购。表中也包含一些辅材，如波纹管、锚具等，这是由各项目的分包方式决定的，根据项目部采购的需要填写单价数量；如果是作业队自己采购的，此项费用就应当包括在劳务费中。

	A	C	D	E	F	G	H	I
1	XXXX 项目材料费							
2								
3	序号	类别	材料名称	单位	材料数量	单价(元)	合价(元)	备注
43	40		水	t	5503			
44	41		编织袋	m				
45	42	路基工程	光圆钢筋网	kg		4.8		
46	43	路基工程	II级钢筋	kg	77780.1			综合单价用料
47	44	路基工程	光圆钢筋	kg	5517.6	4.8	26485	
48	45	路基工程	带肋钢筋	kg	19396.1	5.2	100860	
49	46	路基工程	弹簧钢丝网	m²				
50	47	路基工程	防水土工布	m²				

图3-4-1　材料费表

首先对C列进行格式设置，在C列（类别）连续选中几个单元格（如图3-4-1）时就会看到在表格范围内的单元格中都有数值，不选中的情况下白色显示。这一功能的设置方式如下：

（1）选中C4单元格。

（2）EXCEL菜单|【开始】|【条件格式】|【突出显示单元格规则】|【等于】，如图3-4-2。

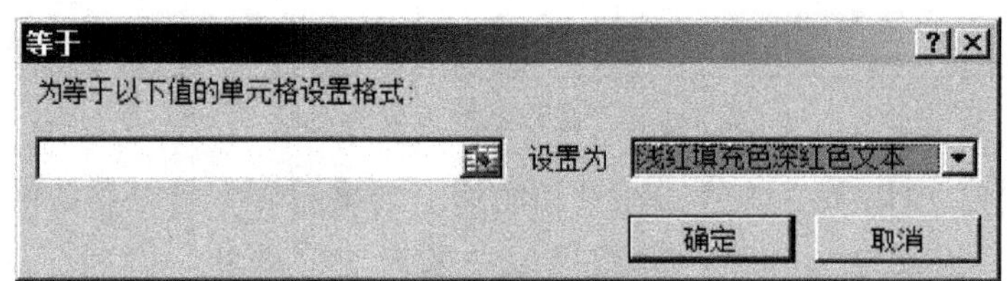

图3-4-2　类别栏格式设置对话框

（3）点击折叠按钮，然后选中表格中的C3单元格，删除“$”，如图3-4-3，设置好后点击折叠按钮。

图3-4-3　类别栏范围选取设置对话框

（4）点击【设置为】栏中的下拉按钮，选择【自定义格式】，如图3-4-4，点击【颜色】栏的下拉按钮，选择“白色”，点击【确定】按钮，返回【突出显示单元格规则】对话框。

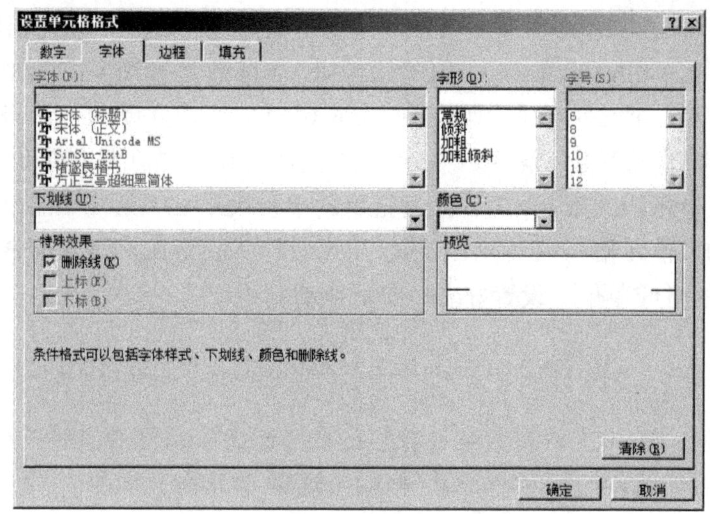

图3-4-4　类别栏自定义格式设置对话框

（5）点击【确定】按钮。

这样设置是为了视觉舒服，便于分清楚工程类别。本列的单元格不能进行合并处理。设置好后根据需要向下拖动，也可以用格式刷操作：选中C4单元格，点击“格式刷”，然后从第5行刷至需要的行。

B4公式：=IF(SUM(F4)=0,B3,B3+1)

公式作用：为材料中转表设置控制数据。成本测算系统材料费表所列的材料名称比较全，一般的项目没有这样多的材料。一个项目的成本测算完成之后有很多材料没有工程数量，为了把有工程数量的材料整理出来，系统中设计了这个中转表。B4公式给有工程数量的项目进行编号，然后通过本列编号的控制提取有工程数量的项目到材料中转表中，删除没有工程数量的材料项目。

公式解释：如果SUM(F4)=0，则B4等于“B3”，否则等于“B3+1”的返回值。

设置好B4单元格之后根据需要向下拖动。

建立一个综合表格，仅靠函数公式是办不到的，还需要想办法构造框架，利用编程的思维对处理的数据进行条件设定，然后通过相应条件的控制来实现想要达到的功能。

E4公式：=IF(ISNA(VLOOKUP(D4,材料单价!A:D,2,FALSE))=TRUE,"",IF(VLOOKUP(D4,材料单价!A:D,2,FALSE)="","",VLOOKUP(D4,材料单价!A:D,2,FALSE)))

公式作用：在材料单价表中提取对应材料的单位。IF是个条件函数，在这个条件函数里用了ISNA函数和TRUE参数。ISNA函数是判断VLOOKUP值是否为错误值“#N/A”（值不存在），如果条件ISNA()=TRUE成立就满足IF函数的第1个条件，否则就进入下1个条件。VLOOKUP函数的作用是在材料单价表的A列查找与D4单元格相同的第1个值，然后把材料单价表中从A列开始的第2列对应行的值返回到E4单元格；VLOOKUP函数在此处的功能是在材料单价表中的返回D列相应材料的对应单位。设置好之后向下拖动。

F4公式：=ROUND(SUMIF(圬工材料!C:C,C4,圬工材料!F:F),2)

公式作用：在圬工材料数量计算表的C列查找单元格的值等于C4单元格的所有值，然后汇总F列所有对应单元格的值到F4单元格。

F4单元格的公式不能拖动，材料费表F列每一个单元格的公式要根据D列的材料名称进行设置，材料名称要与圬工材料数量计算表中相应材料的列对应，如D4为“32.5R”水泥，在圬工材料数量计算表中对应的是F列，F列的材料名称是“32.5R”水泥；D16为“速凝剂”，则在圬工材料数量计算表中对应的列为R列，相应的公式变成“=ROUND(SUMIF(圬工材料!C:C,C16,圬工材料!R:R),2)”，只有“圬工材料!C:C”不改变。样表中F列边框线为绿色的单元格的公式要一个一个地进行手动设置，比较麻烦。其对应的公式如下：

F5公式：=ROUND(SUMIF(圬工材料!C:C,C5,圬工材料!G:G),2)
F6公式：=ROUND(SUMIF(圬工材料!C:C,C6,圬工材料!K:K),2)
F7公式：=ROUND(SUMIF(圬工材料!C:C,C7,圬工材料!I:I),2)
F8公式：=ROUND(SUMIF(圬工材料!C:C,C8,圬工材料!J:J),2)
F9公式：=ROUND(SUMIF(圬工材料!C:C,C9,圬工材料!K:K),2)
F10公式：=ROUND(SUMIF(圬工材料!C:C,C10,圬工材料!L:L),2)
F11公式：=ROUND(SUMIF(圬工材料!C:C,C11,圬工材料!M:M),2)
F12公式：=ROUND(SUMIF(圬工材料!C:C,C12,圬工材料!N:N),2)
F13公式：=ROUND(SUMIF(圬工材料!C:C,C13,圬工材料!O:O),2)
F14公式：=ROUND(SUMIF(圬工材料!C:C,C14,圬工材料!P:P),2)
F15公式：=ROUND(SUMIF(圬工材料!C:C,C15,圬工材料!Q:Q),2)
F16公式：=ROUND(SUMIF(圬工材料!C:C,C16,圬工材料!R:R),2)
F17公式：=ROUND(SUMIF(圬工材料!C:C,C17,圬工材料!S:S),2)

F18公式：=ROUND(SUMIF(圬工材料!C:C,C18,圬工材料!T:T),2)
F19公式：=ROUND(SUMIF(圬工材料!C:C,C19,圬工材料!U:U),2)
F20公式：=ROUND(SUMIF(圬工材料!C:C,C20,圬工材料!V:V),2)
F21公式：=ROUND(SUMIF(圬工材料!C:C,C21,圬工材料!W:W),2)
F22公式：=ROUND(SUMIF(圬工材料!C:C,C22,圬工材料!X:X),2)
F23公式：=ROUND(SUMIF(圬工材料!C:C,C23,圬工材料!Y:Y),2)
F24公式：=ROUND(SUMIF(圬工材料!C:C,"综"&C24,圬工材料!F:F),2)

第24行的材料名称与第4行的材料名称基本一样，除了SUMIF的第2个参数增加了“"综"&”内容外，其他设置没有什么变化。“&”运算符的作用是把两个字符串合并成一个字符串进行处理。

在这里同样的材料为什么又重复了呢？这是因为在材料计算时要把劳务分包项目与综合分包项目分开，材料费表设计的前一部分是劳务分包的材料数量，后一部分是综合分包的材料数量。按照第4～23行的函数设置方式依次对第24～43行进行设置，别忘了在24～43行的SUMIF函数的第2个参数前加“"综"&”。设置好F列4～43行的公式后，选中并复制，然后在F列的59、117、161、362行进行粘贴。F列的59～97、117～156、161～200、362～401行函数设置与F列4～43行的设置是相同的，可以进行复制粘贴操作，但不能进行向下拖动操作，并且进行复制粘贴操作时要对4～43行整体选取、整体复制、整体粘贴。

F列的数据来自不同的数据表，也来自不同的列，有些单元格还需要用手工填写数据，样表中绿色(书中浅色)边框单元格的数据由设置的公式产生，黑色边框灰色填充的单元格的数值是用户填写的，材料费表格的设置要特别仔细。

F45公式：=SUMIF(劳务中转!L:L,C45&D45,劳务中转!G:G)

F列中黄色（书中为灰色）填充区域的单元格的公式可以向下拖动、复制、粘贴。进行复制、粘贴时不是选中单元格中的公式，而是复制F45单元格，然后进行粘贴。

F45公式设置好后，分别粘贴到F45到F48、F53到F56、F102到F108、F114到F115、F157到F160、F207到F210、F251到F349、F351、F353到F361、F402到F435。

F列第444～460行为圬工材料总量，这些数据来源于圬工材料数量计算表的合计行的对应列，从F444到F463单元格的公式依次为：

F444=圬工材料!F3
F445=圬工材料!G3
F446=圬工材料!H3
F447=圬工材料!I3
F448=圬工材料!J3
F449=圬工材料!K3
F450=圬工材料!L3
F451=圬工材料!M3
F452=圬工材料!N3
F453=圬工材料!O3
F454=圬工材料!P3
F455=圬工材料!Q3
F456=圬工材料!R3
F457=圬工材料!S3
F458=圬工材料!T3
F459=圬工材料!U3
F460=圬工材料!V3
F461=圬工材料!W3
F462=圬工材料!X3
F463=圬工材料!Y3

以上公式分别链接了圬工材料数量计算表中每种材料总量。

G4公式：=IF(ISNA(VLOOKUP(D4,材料单价!A:D,3,FALSE))=TRUE,"",VLOOKUP(D4,材料单价!A:D,3,FALSE))

G4公式可以向下拖动，它的功能是在材料单价表中查找D列相应材料的单价。在这一列的24～43、79～98、137～156、181～200、382～401、438～465单元格内没有公式，这几行里的数量是圬工综合单价分包的工程数量，不需要材料单价。

H4公式：=ROUND(SUM(F4)*SUM(G4),1)

合价计算公式，设置好之后向下拖动。

材料费表的D列有下拉列表，D列的下拉列表创建方法与图2-1-2相似。在【允许】栏选择“序列”，【来源】栏填写“=材料单价!$A$4:$A$265”，如图3-4-5。设置好后向下拖动，也可以在设置前选中所有需要设置下拉列表的单元格，然后进行设置。

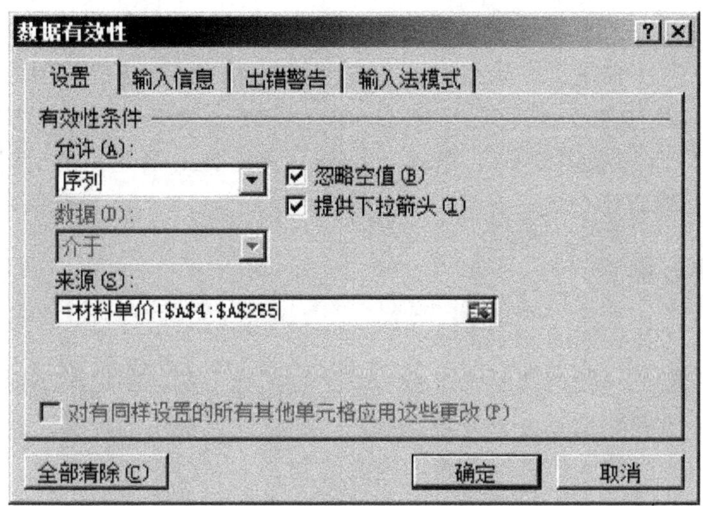

图3-4-5　材料名称栏格式输入设置对话框

3.5　计日工费用（计日工）

计日工费用表如图3-5-1。

	A	B	C	D	E	F	G	H
1-2	XXXX 项目计日工费用							
3	序号	类别	日工名称	单位	单价（元）	数量	使用时间（月）	合价（元）
4	1	人工	壮工	工日	60	20	13.3	16000
5	2		技工	工日	80	15	13.3	16000
6	3	机械设备	吊车25T	台班	1500	6	13.3	120000
7	4		50装载机	小时	160	60	2	19200
8	5		挖掘机	小时	220	50	3.3	36667
9	6		水车	月	6000	1	2	12000
10	7		自卸汽车	月	6000	1	1	6000

图3-5-1　计日工费用表

计日工俗称“点工”，当工程量清单所列各项均没有包括，而这种例外的附加工作出现的可能性又很大，并且这种例外的附加工作的工程量很难估计时，用计日工明细表的方法来处理这种例外。国内工程不太使用计日工，但FIDIC条款下使用计日工的场合很多。

计日工明细表由总则、计日工劳务、计日工材料、计日工施工机械以及计日工汇总表等方面内容组成。相应的表格有4个，即计日工劳务单价表、计日工材料单价表、计日工施工机械单价表以及计日工汇总表。

计日工费用表是个原始数据表，表内的数据是根据各自的项目确定的，只有在合价栏H列中有公式：一个是H4单元格的合价公式“=ROUND(E4*F4*G4,0)”，设置好后根据需要向下拖动；一个是合计H26单元格的合计公式“=SUM(H4:H25)”，属常用公式。

3.6 其他直接费

其他直接费表如图3-6-1。

其他直接费一般由文明施工费、安全防护施工费、工地进场退场费用、工期激励基金、质量激励基金、外委试验费、冬季施工费用等构成。这里的其他直接费与预算中所说的其他直接费有一定的区别。

其他直接费表是个原始表，金额栏的数据根据各项目的实际情况估算，没有统一的计算公式，数据来源由各项目根据实际情况确定。D17单元格内有个合计公式“=SUM(D4:D16)”。

	A	B	C	D	E
1–2	____XXXX____项目其他直接费				
3	序号	费用名称	单位	金额	备注
4	1	文明施工费	元	150000	包干；包括各类标识标牌、旗帜等
5	2	安全防护施工费	元	500000	暂定；含消防设施费用
6	3	工地进退场费用	元	100000	
7	4	工期激励基金	元	213735	建安费*1‰(建安费：100~700合计-专项暂定金额)
8	5	质量激励基金	元	213735	建安费*1‰(建安费：100~700合计-专项暂定金额)
9	6	外委试验费	元	273200	
10	7	冬季施工费用	元		

图3-6-1　其他直接费表

3.7 临时设施（临设）

临时设施表如图3-7-1。

	A	B	C	D	E
1-2	**XXXX 项目临时设施**				
3	序号	项目名称	单位	金额	备注
4	**1**	**试验室**	元	**500000**	
5	1.1	仪器购买、安装费		260000	
6	1.2	实验用房		60000	
7	1.3	临时资质的认证和培训		20000	
8	1.4	实验试剂的购买		10000	
9	1.5	实验室能耗费		150000	
10	**2**	**施工便道**	元	**2367500**	

图3-7-1　临时设施表

临时设施费是项目部驻地建设费及“四通一平”等费用。由于工程建设的复杂性，工程项目的分类并不很清楚，这对各自的项目来说也是有差别的，在成本测算中，每个项目可根据自己的实际情况确定。表中单项的金额根据项目实际情况由各专业人员估算报价。

表内粗体字的是大项，大项下面有小项的，小项中的所有数值均汇总到大项中，各大项的汇总公式为：

D4公式：=SUM(D5:D9)
D10公式：=SUM(D11:D13)
D18公式：=SUM(D19:D20)
D23公式：=SUM(D24:D29)

临时设施表在最后合计（D30单元格）时不能按照常规从上到下选取范围，应按下面公式合计：

“=SUM(D4,D10,D14,D15,D16,D17,D21,D22,D23)”

表中有些数据是原始数据，有些数据来自外部表格，如第5行拌和站费用。为了测算拌和站、预制厂等费用，在外部做了测算表，在这里只链接了测算的结果。数据外部链接大多数用户都会用，本表中是这样链接的：

“=VLOOKUP("合计",'F:\案例文档\已完成部分\[成测表格附表.xlsx]拌和站临建'!A:AD,4,FALSE)”

这里用VLOOKUP公式链接，没有直接用等号链接。这样做的好处是在链接的附表中只要不改变“合计”列的位置和“金额”栏列的位置，数据链接就不会出问题，即插入行和删除行不影响链接结果。

对于外部链接表，本书不再讲述，在学习本案例时，表中外部链接的部分可以直接取消链接，填写成数值。

3.8　间接费

间接费用表如图3-8-1。

间接费与预算软件的要求基本相同，一般指的是项目部人员工资、项目部人员福利、项目部人员生活补贴、项目部办公费、上交上级机构日常费用、交通差旅费、燃油费、车辆修理及其他费、差旅费、人身意外伤害险、工程排污费、业务招待费、工程保修基金、预留金等。表3-8-1中包含的项目、各自的算法和取费依据，案例样表中有相关计算规则，各项目部可根据实际情况参考确定，也可根据实际情况增减。

表3-8-1中虽有计算说明，实际情况还要根据各项目的实际情况确定，每个数据都是根据自己的项目确定的，仅D19单元格有个合计公式“=SUM(D4:D18)”。

	A	B	C	D	E
1	XXXX 项目间接费				
2					
3	序号	费用名称	单位	金额(元)	计算说明及过程
4	1	项目部人员工资	元	3720000	按每月50人，完工后再按20人考虑2个月，每月按平均3000元计算，共计24个月(具体根据定编人数按实际核算)
5	2	项目部人员福利	元	22500	按每季每人50元计
6	3	项目部人员生活补贴	元	372000	按每月50人，完工后再按20人考虑2个月，每月按平均 300 元计算，共计24个月
7	4	项目部办公费	元	1540000	包括办公费、物料消耗、低值易耗品、水电费、烟酒、通信费在内。按60000 元/月计，共计 24 个月。
8	5	日常费用	元	120000	5000×24元
9	6	交通差旅费	元		
10	7	燃油费	元	445500	每台车按每月 3300 元计，共计 5 台车，共计 24 个月，前后期3台5个月
11	8	车辆修理及其他费	元	162000	每台车按每月 1200 元计，使用情况同上
12	9	差旅费	元	120000	施工期间每年考虑 3 次，每次每人平均按 400 元计，每年按 50 人计
13	10	人身意外伤害险	元	10000	50 人* 100 元/年* 2 年
14	11	工程排污费	元	198000	钻孔桩排泥浆
15	12	业务招待费	元	1300000	按每月 50000 元计算，共计 26 个月 （不含烟酒）
16	13	工程保修基金	元	106867	建安费*0.5%（建安费指投标价-专项暂定金额-不可预见因素的暂定金额-计日工）
17	14	预留金	元		
18	15		元		
19	合计			8116867	

图3-8-1　间接费用表

3.9　配合比

配合比表如图3-9-1。

高速公路项目的有些搅拌站是不单独核算的，在成本测算时要计算出混凝土的原材料用量，所以配合比表是必不可少的。在配合比表的右侧还有一个换算表，换算表中的内容不多，它的作用是为计算混凝土成本提供材料单价。换算表中所示的材料单位与配合比的单位是一致的，单价也换算成对应单位的单价，这样便于用EXCEL表格在圬工成本分析表计算出混凝土的材料成本；另外在材料单价的后面列出了中砂比重、碎石比重、砾石比重，这些材料的数据必须根据实验室测定数据填写。

	A	B	C	D	E	F	G	H	I	J	K	L	M	N	O	P	Q	R	S	T	U	V	W	X	Y
1	配合比																						换算表		
2																									
3	序号	砼级别	水泥标号	水泥	中砂	碎石	砾石	硅粉	矿渣粉	粉煤灰	钢纤维	其他2	减水剂	速凝剂					片石	块石	水	备注	材料名称	单位	单价(元)
4											(kg)								(m³)	(m³)	(kg)				
5	1	C6防腐	32.5R	149	880	1120				80											191		32.5R	kg	0.44
6	2	C15普通	32.5R	340	858	1092															160		42.5R	kg	0.52
7	3	C15片石	32.5R	255	644	819													0.25		120		52.5R	kg	
8	4	C20喷射	42.5R	420	770	904								4.2							206		中砂	kg	0.078
9	5	C20普通	42.5R	396	822	1046															186		碎石	kg	0.078
10	6	C20片石	42.5R	297	617	785													0.25		140		砾石	kg	0.05
11	7	C25喷射	42.5R	445	889	758								8.9							169		硅粉	kg	
12	8	C25泵送	32.5R																				矿渣粉	kg	0.243
13	9	C25水下	42.5R	358	806	1114							6.8										粉煤灰	kg	0.165
14	10	C25普通	42.5R	343	720	1226							5.15								161		钢纤维	kg	5
15	11	C25片石	42.5R	257	540	920							3.86						0.25		121		其他2		
16	12	C25抗渗S6																					减水剂	kg	3.1
17	13	C25抗渗S8	42.5R																				速凝剂	kg	3.1
18	14	C30普通	42.5R	378	761	1141							6.8								170			kg	
19	15	C30水下	42.5R																					kg	
20	16	C30防腐	42.5R																					kg	
21	17	C30抗渗S6	42.5R																					kg	
22	18	C30抗渗S8	42.5R	380	855	1045							6.46								170		片石	m³	0.065
23	19	C35普通	42.5R	330	713	1164															166		块石	m³	0.19
24	20	C35水下防腐	42.5R	330	759	1106			131				8.7								148		水	kg	0.002
25	21	C35防腐	42.5R	300	764	1113			128				8.5								148		中砂比重	kg/m³	1670
26	22	C40普通	42.5R	431	833	1018							7.76								168		碎石比重	kg/m³	1640
27	23	C40泵送	42.5R																				砾石比重	kg/m³	1600
28	24	C40防水	42.5R																						

图3-9-1　配合比表

填写表中B列砼级别栏内的数据时要注意格式，对混凝土的命名要按照表中的样式命名，如圬工的命名为“C15普通、C15片石、C20喷射、M7.5浆砌片石”等，只有按照表中的格式正确命名，汇总计算中才能正常进行。如果混凝土命名与表格中的命名不一样，将得不到正确计算的结果。C列是通过下拉列表选取方式填写的，利用这种方法可以最大的减少名称输入的不一致性。格式设置与图2-1-2相似，在“来源”选项填写“32.5R,42.5R,52.5R”，项目与项目之间用小写“,”分开，如图3-9-2。

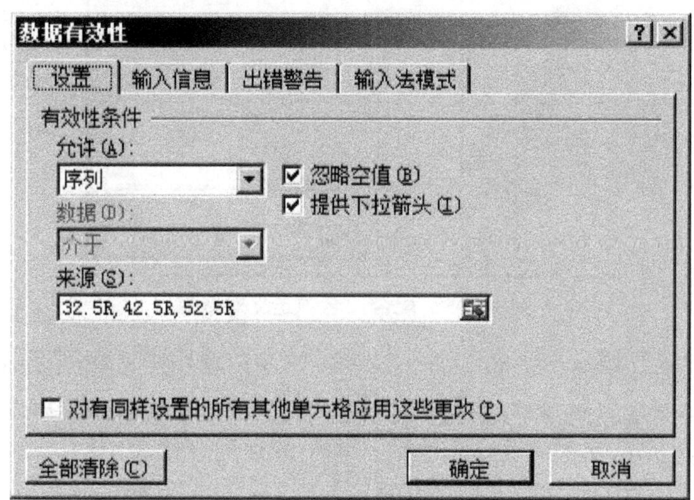

图3-9-2　水泥标号格式输入设置对话框

在配合比表右侧的换算表中，Y列有换算公式。

Y5公式：=IF(ISNA(VLOOKUP(W5,材料单价!A:C,3,FALSE))=TRUE,0,ROUND(VLOOKUP(W5,材料单价!A:C,3,FALSE)/1000,4))

公式设置好后向下拖动至24行，注意公式中出现的“1000”这个参数，它是材料的比重，对于不同种材料，要对它进行正确的修改。如碎石的比重为1640 kg/m³，这个参数就应当修改为“1640”，而不应当为“1000”；对于片石和块石这两项，它们的单位是立方米，这与材料单价表中的单位是一致的，VLOOKUP函数中就不能除以“1000”了。

Y列5～24行的作用是把材料单价换算成与配合比相应材料单位一致的单价，只要计算得出这种结果任务就完成了。

为了在以后引用方便，我们给A:U这个区域定义名称：

（1）选中A:U。

（2）EXCEL菜单|【公式】|【定义名称】。

（3）【名称】栏内填写“配合比”，【引用位置】栏填写“=配合比!$A:$U”，如图3-9-3。

（4）点击【确定】按钮。

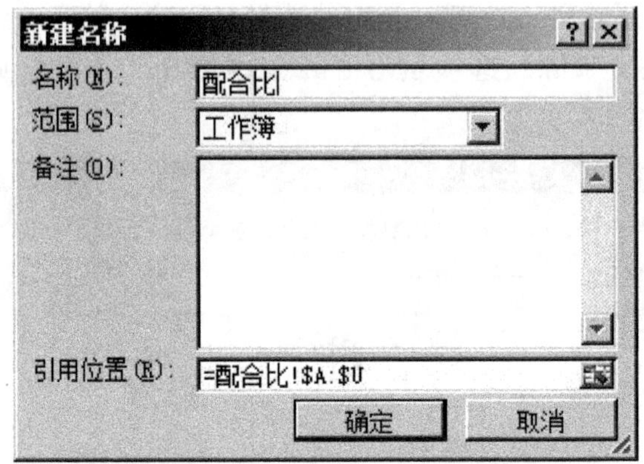

图3-9-3 配合比名称定义对话框

给表格选定区域定义了名称后，在以后的参数调用中，相同区域的调用就不用选取调用范围，直接输入定义后的名称就可以了。例如，VLOOKUP函数在参数输入时table_array参数（第2个参数）调用的是配合比表中的“A:U”区间，在参数输入时就不用选取配合比表中的“A:U”区间，直接输入这个区间的名称“配合比”就可以了。如圬工成本分析表中B5单元格的公式“=IF(ISNA(VLOOKUP($A5,配合比,COLUMN(配合比!B:B),FALSE))=TRUE,"",IF(VLOOKUP($A5,配合比,COLUMN(配合比!B:B),FALSE)=0,"",VLOOKUP($A5,配合比,COLUMN(配合比!B:B),FALSE)))”，VLOOKUP函数的第2个参数引用了上面定义的名称。

3.10 其他费用

其他费用表如图3-10-1。

	A	B	C	D
1	XXXX 项目其他费用			
2				
3	序号	费用名称	测算费用（元）	计算说明
4	1	合作单位协作费	3,206,019	批复后合同价* 1.5 %
5	2	税金	7,053,242	建安费的 3.3 %（建安费指投标价-专项暂定金额-不可预见因素的暂定金额-计日工）
6	3	工程一切险和第三方责任险	648,259	
7	4			
8	合计(元)		10,907,520	

图3-10-1　其他费用表

其他费用表包含内容有合作单位协作费、税金、工程一切险和第三方责任险等。表中的数据来源于清单。

C4公式：=SUMPRODUCT(清单!D:D,清单!E:E)*1.5%

C5公式：=SUMPRODUCT(清单!D:D,清单!E:E)*3.3%

这两个数据来自清单的汇总数值乘以各自的取费系数“1.5%”和“3.3%”，取费系数根据各项目的实际情况确定。

C6单元格的数据是工程一切险和第三方责任险，它的数据来源于清单100章的“按合同条款规定，提供建筑工程一切险；按合同条款规定，提供第三者责任险”两项。这个单元格没有公式，把清单的这两个数据链接到这一单元格，也可以直接把数据填写进去，因为中标后清单中这两项的数值一般情况下不会改变，不必担心因其他数据的改变而影响成本的问题，表格设计完成之后，在合计行对测算费进行汇总。

C14单元格的汇总公式：=SUM(C4:C13)

3.11　调整申报审核表（成调表）

调整申报审核表如图3-11-1。

	A	B	C	D
1–2	XXXX 项目调整申报审核表			
3	序号	项目内容	具体内容	备注
4	1	事件描述		（“+”为增加，“－”为减少）
5	2	申请调整金额		
6	3	项目部主管部门意见		负责人签字
7	4	项目总工程师意见		签字
8	5	项目经理意见		签字
9	6	成本管理委员会成员审核意见		签字
10	7	成本管理委员会副主任意见		签字
11	8	成本管理委员会主任意见		
12	9	审核批准金额（元）		

图3-11-1　调整申报审核表

3.12　调整汇总表（成调总表）

调整汇总表如图3-12-1。

	A	B	C	D
1–2	XXXX 项目调整汇总表			
3	序号	调整内容	调整金额(元)	数据来源
4	1			成调-01
5	……			……
6				
7				
8				
9				

图3-12-1　调整汇总表

考虑到初期做的成本测算在实际实施过程中有变化，如果在施工过程直接根据现场实际情况随意修改成本测算表上的数据，这样做比较混乱，更不利于施工过程中成本测算与成本核算对比，故设立此表，为解决实际成本与测算成本差异比较大的部分。目前这两个表只做样表，没有实质性的内容。

3.13 圬工成本分析（砼成本）

圬工成本分析表（一）如图3-13-1。

圬工成本分析表由两部分组成，前部分即154行之前是劳务分包成本分析部分，154行之后是综合分包成本分析部分。本表利用配合比表中的数据计算圬工的原材料成本。配合比表进行添加和删除行的操作过程中要保证A列序号的连续性，否则圬工成本分析表无法正确计算圬工成本。

样表（圬工成本分析表）的标签为红色，本书样表标签为红色的工作表中的内容全部由公式自动计算生成，不需要用户填写，包括表头的数据也是来自配合比表的链接。圬工成本分析表的作用是把混凝土配合比表中的数据全部复制粘贴一遍，然后根据配合比中各种材料的数量和材料单价计算混凝土的材料成本，中转表的V列到AN列之间隐藏了17列，这17列为配合比中对应材料的单价。B列到U列的公式如下：

B5公式：=IF(ISNA(VLOOKUP($A5,配合比,COLUMN(配合比!B:B),FALSE))=TRUE,"",IF(VLOOKUP($A5,配合比,COLUMN(配合比!B:B),FALSE)=0,"",VLOOKUP($A5,配合比,COLUMN(配合比!B:B),FALSE)))

公式的“""”中间有个空格，这个单元格的公式与其他几列的公式有区别，不能向右拖动。公式设置好后向下拖动到154行。

C5公式：=IF(ISNA(VLOOKUP($A5,配合比,COLUMN(配合比!C:C),FALSE))=TRUE,"",IF(VLOOKUP($A5,配合比,COLUMN(配合比!C:C),FALSE)=0,"",VLOOKUP($A5,配合比,COLUMN(配合比!C:C),FALSE)))

C5公式设置好后向右拖动到U列，然后选中B5到U5单元格，向下拉到第154行。

这几列公式作用是通过A列序列号的控制，把配合比中的数据全部提取到圬工成本分析表中，从B5直到U5这20列设置的公式中，除了B5单元格公式中的双引号中间有空格的外，其他函数的“""”中间没有空格；公式在设置上也没有多大变化，需要变化的地方在拖动的过程中自动改变。

	A	B	C	D	E	F	G	H	I	J	K	L	M	N	O	P	Q	R	S	T	U	V	AN	AO	AP	AQ
1	圬 工 成 本 分 析																							劳务表下拉菜单		
2																										
3	序号	砼级别	水泥标号	水泥	中砂	碎石	砾石	硅粉	矿渣粉	粉煤灰	钢纤维	其他2	减水剂	速凝剂					片石	块石	水	备注	混凝土成本（元）			
4				(kg)															(m³)	(m³)	(kg)					
5	1	C6防腐	32.5R	149	880	1120				80											191		235	1	C6防腐	C6防腐
6	2	C15普通	32.5R	340	858	1092															160		302	2	C15普通	C15普通
7	3	C15片石	32.5R	255	644	819													0.25		120		227	3	C15片石	C15片石
8	4	C20喷射	42.5R	420	770	904								4.2							206		362	4	C20喷射	C20喷射
9	5	C20普通	42.5R	396	822	1046															186		352	5	C20普通	C20普通
10	6	C20片石	42.5R	297	617	785													0.25		140		264	6	C20片石	C20片石
11	7	C25喷射	42.5R	445	889	758								8.9							169		388	7	C25喷射	C25喷射
12	8	C25泵送	32.5R																					8	C25泵送	C25泵送
13	9	C25水下	42.5R	358	806	1114							6.8										357	9	C25水下	C25水下
14	10	C25普通	42.5R	343	720	1226							5.15								161		346	10	C25普通	C25普通
15	11	C25片石	42.5R	257	540	920							3.86						0.25		121		260	11	C25片石	C25片石
16	12	C25抗渗S6																						12	C25抗渗S6	C25抗渗S6
17	13	C25抗渗S8	42.5R																					13	C25抗渗S8	C25抗渗S8
18	14	C30普通	42.5R	378	761	1141							6.8								170		366	14	C30普通	C30普通
19	15	C30水下	42.5R																					15	C30水下	C30水下
20	16	C30防腐	42.5R																					16	C30防腐	C30防腐
21	17	C30抗渗S6	42.5R																					17	C30抗渗S6	C30抗渗S6

图3-13-1　圬工成本分析表（一）

在VLOOKUP函数公式中引用了COLUMN函数，它的功能是返回指定单元格引用的列号，作用是给VLOOKUP函数给定第3个参数。在以前的VLOOKUP函数中，第3个参数是一个固定的数值，这对表格的创建不方便，在一个新表格的创建过程中，增加删除列是很正常的事，如果是固定值，增加删除列时VLOOKUP函数的第3个参数就需要手动修改，公式多了修改量大，容易出错。使用COLUMN函数减少了手动修改参数的麻烦，由COLUMN函数给定VLOOKUP函数的第3个参数，它会随着表格列数的增减变化，使VLOOKUP函数返回正确的结果，并且在圬工成本分析表中使用COLUMN函数之后能使设置的公式向右拖动，使公式设置更加方便。

以上公式中，VLOOKUP函数中还使用了一个定义名称“配合比”，这个名称已经在配合比表中进行了定义，它代表一个指定的区间。VLOOKUP函数的第2个参数在以前的章节中是以选取的区间的方式设定的，在这里用“配合比”这个定义好的区间名称替换了这一参数。

下表是圬工成本分析表（一）隐藏的部分（W到AM列）如图3-13-2。

	W	X	Y	Z	AA	AB	AC	AD	AE	AF	AG	AH	AI	AJ	AK	AL	AM
1																	
2																	
3	中砂	碎石	砾石	硅粉	矿渣粉	粉煤灰	钢纤维	其他2	减水剂	速凝剂					片石	块石	水
4	(元)														(m³)	(m³)	(kg)
5	0.078	0.078	0.05		0.243	0.165	5		3.1	3.1					0.065	0.19	0.002
6	0.078	0.078	0.05		0.243	0.165	5		3.1	3.1					0.065	0.19	0.002
7	0.078	0.078	0.05		0.243	0.165	5		3.1	3.1					0.065	0.19	0.002
8	0.078	0.078	0.05		0.243	0.165	5		3.1	3.1					0.065	0.19	0.002
9	0.078	0.078	0.05		0.243	0.165	5		3.1	3.1					0.065	0.19	0.002
10	0.078	0.078	0.05		0.243	0.165	5		3.1	3.1					0.065	0.19	0.002
11	0.078	0.078	0.05		0.243	0.165	5		3.1	3.1					0.065	0.19	0.002
12	0.078	0.078	0.05		0.243	0.165	5		3.1	3.1					0.065	0.19	0.002
13	0.078	0.078	0.05		0.243	0.165	5		3.1	3.1					0.065	0.19	0.002
14	0.078	0.078	0.05		0.243	0.165	5		3.1	3.1					0.065	0.19	0.002
15	0.078	0.078	0.05		0.243	0.165	5		3.1	3.1					0.065	0.19	0.002

图3-13-2　圬工成本分析表（一）隐藏的部分

W列到AM列的数据是对应配合比材料的单价，它们的作用是通过这几列表头的材料名称（第4行的数据），利用VLOOKUP函数在配合比表右侧的换算表中提取相应材料的单价，其中：

W5公式：=VLOOKUP(W3,配合比!$W:$Y,3,FALSE)

公式中的第2个函数“配合比!$W:$Y”中有“$”，作用是在拖动选中单元格的过程中公式中的参数不会改变。

在公式设置中，有些参数是需要改变的，有些参数是不需要改变的。在不需要改变的参数前面加个“$”字符，即可限制参数随着单元格的拖动而变化的问题，W5单元格设置好后，向右拖动到AM列，这一行就设置完成。然后设置W6的值等于W5，即第6行W到AM列单元格的数值都来自于第5行对应列的链接，设置好后选中W6到AM6单元格，向下拖动至154行，表的控制数据设置全部完成。

以上是公式设置，现在对圬工成本分析表的B:V区域定义名称：

（1）选中B:V。

（2）EXCEL菜单|【公式】|【定义名称】。

（3）【名称】栏填写“砼成本”，【引用位置】栏填写“=砼成本!$B:$V”，如图3-13-3。

（4）点击【确定】按钮。

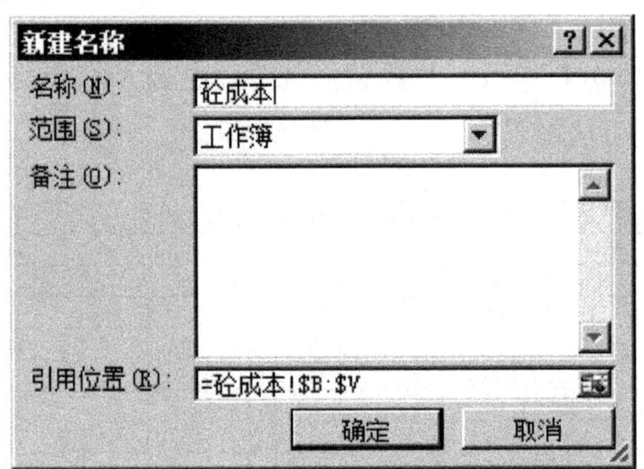

图3-13-3　砼成本名称定义对话框

AN列为混凝土的材料成本。

AN5公式：=IF(C5="","",ROUND(VLOOKUP(C5,配合比!W:Y,3,FALSE)*SUM(D5)+SUM(W5)*SUM(E5)+SUM(X5)*SUM(F5)+SUM(Y5)*SUM(G5)+SUM(Z5)*SUM(H5)+SUM(AA5)*SUM(I5)+SUM(AB5)*SUM(J5)+SUM(AC5)*SUM(K5)+SUM(AD5)*SUM(L5)+SUM(AE5)*SUM(M5)+SUM(AF5)*SUM(N5)+SUM(AG5)*SUM(O5)+SUM(AH5)*SUM(P5)+SUM(AI5)*SUM(Q5)+SUM(AJ5)*SUM(R5)+SUM(AK5)*SUM(S5)+SUM(AL5)*SUM(T5)+SUM(AM5)*SUM(U5),0))

AN5单元格的公式比较长，作用是D列到U列的材料数量各自乘以W列到

AM列对应的材料单价，再把相乘的结果相加即得混凝土材料成本。公式中对应水泥的单价是利用VLOOKUP函数通过C列水泥型号的控制提取的，故在表中没有水泥单价列。设置好后向下拖动到154行。

圬工成本分析表只能填写150种圬工的配合比，能满足一般项目的需要。在本表的154行之后，又对配合比表进行了链接，除了【砼级别】栏内圬工名称前加了一个“综”字外，其他所有数据都是从5～154行链接下来的。在成本测算中，有些圬工是劳务分包，有些圬工是综合单价分包。如果是综合单价分包，就在劳务费表中K列（圬工计算标志）下拉列表中选取带有“综”字的项目；如果是劳务分包，就在下拉列表中选择不带“综”字的项目，如图3-13-4。

B155公式：=IF(B5=" "," ","综"&B5)

公式中两个双引号中都有一个空格。

公式解释：如果B5为空，则B155等于空，否则B155单元格的值为“"综"&B5”，即在B5的数据前面加一个“综”字。

155行C列到AN列的链接均来自第5行（C155=C5、D155=D5……），链接好后选中B155到AN155向下拖动到300行。

在圬工成本分析表的右侧有个“劳务表下拉菜单”，是为劳务表的K列设置的下拉选项。表中的数据由公式生成，公式如下：

AO5公式：=IF(OR(B5=" ",B5="综 "),AO4,AO4+1)

公式解释：如果B5单元格为空格或为“综”（“综”字旁边有个空格），AO5单元格的值就等于AO4的值，否则等于AO4+1，即B列中每增加一个圬工名称，AO列的数值就增加“1”，如果是空格或为"综"，AO列中的数值不增加。这样设置好后，B列每增加一个新的圬工名称，在AO列就产生一个新的序号，并且在AQ列就可以有序排列B列的圬工名称，并取消空格。设置好后根据需要向下拖动。

AP列中的值等于相应行中B列的值，这一列设置是为AQ列服务的，AQ列用的是VLOOKUP函数，函数第2个参数的范围是AO:AP，它要从这两列中提取所需要的数据，故增加了这一列。

	A	B	C	D	E	F	G	H	I	J	K	L	M	N	O	P	Q	R	S	T	U	V	AN	AO	AP	AQ
1	圬工成本分析																							劳务表下拉菜单		
2																										
3	序号	砼级别	水泥标号	水泥	中砂	碎石	砾石	硅粉	矿渣粉	粉煤灰	钢纤维	其他2	减水剂	速凝剂					片石	块石	水	备注	混凝土成本(元)			
4				(kg)															(m^3)	(m^3)	(kg)					
155	151	综C6防腐	32.5R	149	880	1120				80											191		235	35	综C6防腐	
156	152	综C15普通	32.5R	340	858	1092															160		302	36	综C15普通	
157	153	综C15片石	32.5R	255	644	819													0.25		120		227	37	综C15片石	
158	154	综C20喷射	42.5R	420	770	904								4.2							206		362	38	综C20喷射	
159	155	综C20普通	42.5R	396	822	1046															186		352	39	综C20普通	
160	156	综C20片石	42.5R	297	617	785													0.25		140		264	40	综C20片石	
161	157	综C25喷射	42.5R	445	889	758								8.9							169		388	41	综C25喷射	
162	158	综C25泵送	32.5R																					42	综C25泵送	
163	159	综C25水下	42.5R	358	806	1114							6.8										357	43	综C25水下	
164	160	综C25普通	42.5R	343	720	1226							5.15								161		346	44	综C25普通	
165	161	综C25片石	42.5R	257	540	920							3.86						0.25		121		260	45	综C25片石	
166	162	综C25抗渗S6																						46	综C25抗渗S6	
167	163	综C25抗渗S8	42.5R																					47	综C25抗渗S8	
168	164	综C30普通	42.5R	378	761	1141							6.8								170		366	48	综C30普通	
169	165	综C30水下	42.5R																					49	综C30水下	
170	166	综C30防腐	42.5R																					50	综C30防腐	
171	167	综C30抗渗S6	42.5R																					51	综C30抗渗S6	
172	168	综C30抗渗S8	42.5R	380	855	1045							6.46								170		366	52	综C30抗渗S8	
173	169	综C35普通	42.5R	330	713	1164															166		318	53	综C35普通	

图3-13-4　圬工成本分析表（二）

AQ5公式：=IF(ISNA(VLOOKUP(A5,AO:AP,2,FALSE))=TRUE," ",VLOOKUP(A5,AO:AP,2,FALSE))（" "中间有空格）

公式作用：利用A列的控制，从AO:AP的AO列中查找“第一个出现相同的值”，然后返回AP列对应行的数据。

为什么这里有一个“第一个出现相同的值”的说法？因为VLOOKUP函数返回值是有先后顺序的，它在表格中查找到相同的数据后就不再往下查找，返回的仅是表格中第一次出现的结果，所以在AO列虽然有好多相同的数值，但是它们不影响VLOOKUP函数返回正确的结果。AQ5公式设置好后向下拖动，AQ列的数据源就形成了，在配合比表中每增加一个名称，它的数据也随着增加，劳务表的【圬工计算标志】栏中下拉列表项目也随之改变。

3.14 圬工材料数量计算表（圬工材料）

圬工材料数量计算表如图3-14-1。

圬工材料表的功能是通过配合比表及圬工工程数量计算圬工的原材料数量。表中第3行为材料合计行。

D3公式：=IF(SUM(D6:D259)=0,"",ROUND(SUM(D6:D259),0))

公式解释：如果D6:D259数量合计为“0”，D3等于空，否则等于ROUND(SUM(D6:D259),0)，设置好后向右拖动到Y列。

B6公式：=IF(ISNA(VLOOKUP(A6,劳务中转!B:AK,9,FALSE))=TRUE,"",IF(VLOOKUP(A6,劳务中转!B:AK,9,FALSE)="","",VLOOKUP(A6,劳务中转!B:AK,9,FALSE)))

公式作用：通过A列中数值的控制，从劳务中转表的B:AK范围内的第9列提取对应行的数值。

C6公式：=IF(B6="","",IF(LEFT(B6,1)="综","综"&VLOOKUP(A6,劳务中转!B:AK,10,FALSE),VLOOKUP(A6,劳务中转!B:AK,10,FALSE)))

公式作用：通过A列中数值的控制，从劳务中转表的B:AK范围内的第10列提取对应行的数值。

	A	B	C	D	E	F	G	H	I	J	K	L	M	N	O	P	Q	R	S	T	U	V	W	X	Y	Z	AA
1					圬工材料数量计算表																						
2																											
3	合 计			164571		6499	40025		64139	92451							700						78336	1932	18305		
4	序号	混凝土级别	汇总标志	数量	水泥标号	水泥(t)			中砂	碎石	砾石	硅粉	矿渣粉	粉煤灰	钢纤维	其他2	减水剂	速凝剂	0	0	0	0	片石	块石	水	备注	砼汇总标志
5						32.5R	42.5R	52.5R	(m^3)	(m^3)	(m^3)						(t)						(m^3)	(m^3)	(t)		
15	10	综M7.5浆砌片石	综路基工程	299	32.5R	27.8			102.4														349.8		22.1		综M
16	11	综C25普通	综路基工程	2134.1	42.5R		732		920.1	1595.4							11								343.6		综C
17	12	综M7.5浆砌片石	综路基工程	17679	32.5R	1644.1			6055.3														20684.4		1308.2		综M
18	13	综C25普通	综路基工程	127.5	42.5R		43.7		55	95.3							0.7								20.5		综C
19	14	综M7.5浆砌片石	综路基工程	113	32.5R	10.5			38.7														132.2		8.4		综M
20	15	综M7.5浆砌片石	综路基工程	26989	32.5R	2510			9244.1														31577.1		1997.2		综M
21	16	综M7.5浆砌片石	综路基工程	4449	32.5R	413.8			1523.8														5205.3		329.2		综M
22	17	综M7.5浆砌片石	综路基工程	856	32.5R	79.6			293.2														1001.5		63.3		综M
23	18	C20普通	路面工程	438.2	42.5R		173.5		215.7	279.5															81.5		C
24	19	C25普通	桥梁工程	366.9	42.5R		125.8		158.2	274.3							1.9								59.1		C
25	20	C25水下	桥梁工程	5112.9	42.5R		1830.4		2467.7	3473							34.8										C
26	21	C25水下	桥梁工程	10777.3	42.5R		3858.3		5201.5	7320.7							73.3										C
27	22	C25普通	桥梁工程	298.9	42.5R		102.5		128.9	223.4							1.5								48.1		C
28	23	C30普通	桥梁工程	4628.8	42.5R		1749.7		2109.3	3220.4							31.5								786.9		C
29	24	C30普通	桥梁工程	361.1	42.5R		136.5		164.5	251.2							2.5								61.4		C
30	25	C30普通	桥梁工程	143.8	42.5R		54.4		65.5	100							1								24.4		C
31	26	C30普通	桥梁工程	8610.8	42.5R		3254.9		3923.8	5990.8							58.6								1463.8		C
32	27	C25普通	桥梁工程	780.3	42.5R		267.6		336.4	583.3							4								125.6		C

图3-14-1 圬工材料数量计算表

C6单元格公式中引用了LEFT函数，它的功能是返回文本字符串中第1个字符或前几个字符，返回字符的个数由第2个参数决定。

公式解释：如果B6为空，则C6为空；如果C6单元格中第1个字符是“综”字，就在VLOOKUP函数返回的结果前面加“综”字，否则C6等于VLOOKUP函数的返回值。

D6公式：=IF(B6="","",IF(VLOOKUP(A6,劳务中转!B:AI,6,FALSE)=0,"",VLOOKUP(A6,劳务中转!B:AI,6,FALSE)))

公式作用：通过A列相应行的控制，从劳务中转表的B:AI范围内的第6列提取对应的工程数量。

E6公式：=IF(B6="","",IF(D6="","",VLOOKUP(B6,砼成本,2,FALSE)))

公式作用：通过B列混凝土名称的控制，在砼成本表中返回对应配合比使用的水泥标号。

F6公式：=IF(B6="","",IF(D6="","",IF(VLOOKUP(B6,砼成本,3,FALSE)="","",IF(E6="32.5R",ROUND(VLOOKUP(B6,砼成本,3,FALSE)*D6/1000,1),""))))

公式作用：通过B列的控制从砼成本表中返回对应配合比的对应材料用量，然后乘以对应行的工程数量，计算出材料用量。

公式中除以“1000”，其作用是把配合比中以千克为单位的数值换算成以吨为单位的结果。这个公式中有个等式“E6="32.5R"”，它是判断水泥标号的。目前工程中用到的水泥标号大概有3种，即32.5R、42.5R、52.5R，圬工材料表中的公式也是按照这3种水泥标号设置的，如F列表头的材料名称是“32.5R”，这个名称与E6设置是对应的，如G列表头的材料名称是“42.5R”，相应的在公式中就修改为“E6="42.5R"”，即：

G6公式：=IF(B6="","",IF(D6="","",IF(VLOOKUP(B6,砼成本,3,FALSE)="","",IF(E6="42.5R",ROUND(VLOOKUP(B6,砼成本,3,FALSE)*D6/1000,1),""))))

H6公式：=IF(B6="","",IF(D6="","",IF(VLOOKUP(B6,砼成本,3,FALSE)="","",IF(E6="52.5R",ROUND(VLOOKUP(B6,砼成本,3,FALSE)*D6/1000,1),""))))

I6公式：=IF(B6="","",IF(D6="","",IF(VLOOKUP(B6,砼成本,4,FALSE)="","",ROUND(VLOOKUP(B6,砼成本,4,FALSE)*D6/VLOOKUP("中砂比重",

配合比!W:Y,3,FALSE),1))))

I6公式中没有G6和H6单元格公式中“E6="42.5R"”的设置。

公式作用：把计算结果换算成以立方米为单位的数值，同时算出给定的工程量需要多少原材料，“VLOOKUP("中砂比重"，配合比!W:Y,3,FALSE)”的作用是返回中砂的比重。由于各地的沙子、碎石比重都不一样，不能用一个统一的数值表示，用VLOOKUP函数处理后，换算表中沙子的比重如有变化，其结果随之变化。

J列到Y列的公式设置与I列公式的设置和参数基本相同，有变化的部分是VLOOKUP函数的第3个参数从I列的“6”递增到Y列的“20”；在单位的转换方面，如果是千克转换成吨就除以“1000”，如果是千克转换成立方米的就用VLOOKUP函数处理。W与X列不用转换。J列到Y列的公式为：

J6公式：=IF(B6="","",IF(D6="","",IF(VLOOKUP(B6,砼成本,5,FALSE)="","",ROUND(VLOOKUP(B6,砼成本,5,FALSE)*D6/VLOOKUP("碎石比重",配合比!W:Y,3,FALSE),1))))

K6公式：=IF(B6="","",IF(D6="","",IF(VLOOKUP(B6,砼成本,6,FALSE)="","",ROUND(VLOOKUP(B6,砼成本,6,FALSE)*D6/VLOOKUP("碎石比重",配合比!W:Y,3,FALSE),1))))

L6公式：=IF($B6="","",IF($D6="","",IF(VLOOKUP($B6,砼成本,COLUMN(砼成本!H:H)-1,FALSE)="","",ROUND(VLOOKUP($B6,砼成本,COLUMN(砼成本!H:H)-1,FALSE)*$D6/1000,1))))

L6公式设置好后向右拖动到V列。

W6公式：=IF($B6="","",IF($D6="","",IF(VLOOKUP($B6,砼成本,COLUMN(砼成本!S:S)-1,FALSE)="","",ROUND(VLOOKUP($B6,砼成本,COLUMN(砼成本!S:S)-1,FALSE)*$D6,1))))

W6公式设置好后向右拖动到X列。

Y6公式：=IF($B6="","",IF($D6="","",IF(VLOOKUP($B6,砼成本,COLUMN(砼成本!U:U)-1,FALSE)="","",ROUND(VLOOKUP($B6,砼成本,COLUMN(砼成本!U:U)-1,FALSE)*$D6/1000,1))))

AA6公式：=IF(LEFT(B6,1)<>"综",LEFT(B6,1),LEFT(B6,2))

AA列的表头是【砼汇总标志】，这个单元格的公式是汇总混凝土数量的，它的目的是把综合分包的圬工工程量与劳务分包的圬工工程量区分开，并把浆砌片石与混凝土区分开，这样在劳务费表中的第4行“混凝土拌和运输”项目的工程量中，计算工程量时只统计劳务分包的混凝土工程数量，其他圬工的工程数量不进行统计。

B6到AA6列的公式设置好后可以向下拖动，选中B6到AA6单元格，然后向下拖动到第259行，表格设置完成。

3.15 劳务费（劳务中转）

劳务费中转表如图3-15-1。

	A	C	D	E	F	G	H	I	J	K
1-2	XXXX 项目劳务费中转表									
3-4	序号	细目号	细目名称	单位	工程数量	合理用量	单价（元）	合价（元）	计算标志	工程类别
5	1	HNTBHYS	混凝土拌和运输	m³	91902.4	91902.4	48	4411315		
6	2	202-1	清理与掘除							路基工程
7	3	202-1-a	清理现场	m²	113047	113047	0.5	56524		路基工程
8	4	202-1-b	砍伐树木	棵	9246	9246	5	46230		路基工程
9	5	202-1-c	挖除树根	棵	22242	22242	5	111210		路基工程
10	6	203-1	路基挖方							路基工程
11	7	203-1-a	挖土方	m³	1380112	1380112	5	6900560		路基工程
12	8	203-1-b	挖石方	m³	243763	243763	15	3656445		路基工程

图3-15-1 劳务费中转表

设置劳务中转表是为了劳务费表的方便操作，劳务费表中的各种数据全部在中转表中处理。劳务中转表与劳务费表的区别是增加了B列与K列的设置。其中C列到J列的公式是：

C5公式：=IF(ISNA(VLOOKUP($A5,劳务!$A:$K,COLUMN(劳务!B:B),FALSE))=TRUE,"",IF(VLOOKUP($A5,劳务!$A:$K,COLUMN(劳务!B:B),FALSE)=0,"",VLOOKUP($A5,劳务!$A:$K,COLUMN(劳务!B:B),FALSE)))

公式设置好后向右拖动到F列。

G5公式：=IF(ISNA(VLOOKUP($A5,劳务!$A:$K,COLUMN(劳务!G:G),FALSE))=TRUE,"",IF(VLOOKUP($A5,劳务!$A:$K,COLUMN(劳务!G:G),FALSE)=0,"",

VLOOKUP($A5,劳务!$A:$K,COLUMN(劳务!G:G),FALSE)))

公式设置好后向右拖动到I列。

J5公式：=IF(ISNA(VLOOKUP($A5,劳务!$A:$K,COLUMN(劳务!K:K),FALSE))=TRUE,"",IF(VLOOKUP($A5,劳务!$A:$K,COLUMN(劳务!K:K),FALSE)=0,"",VLOOKUP($A5,劳务!$A:$K,COLUMN(劳务!K:K),FALSE)))

这几列的公式都是用同一个函数，除了VLOOKUP函数的第3个参数改变外，其他参数都没有改变。设置好后选中C5到J5单元格然后向下拖动到503行。

B6的公式：=IF(OR(J6="",F6=""),B5,B5+1)

公式作用：在B列单元格中给J列中出现数据的单元格排一个序号，并且这个序号是递增连续的。

B6单元格公式的第1个参数中引用了OR函数，它的括号内有两个参数。OR在英文中是“或者”的意思，在这里也是“或者”的意思，理解为或者J6单元格等于空，或者F6单元格等于空，即OR函数中只要有任意一个条件满足要求，IF函数都进入第1个条件B6的值等于“B5”，否则进入第2个条件“B5+1”。设置好后向下拖动到503行。

K6公式：=IF(LEFT(C6,4)="ZDJS","驻地建设",IF(AND(LEFT(C6,3)>"100",LEFT(C6,3)<"300"),"路基工程",IF(AND(LEFT(C6,3)>"200",LEFT(C6,3)<"400"),"路面工程",IF(AND(LEFT(C6,3)>"300",LEFT(C6,3)<"419"),"桥梁工程",IF(AND(LEFT(C6,3)>"418",LEFT(C6,3)<"500"),"涵洞工程",IF(AND(LEFT(C6,3)>"400",LEFT(C6,3)<"600"),"隧道工程",IF(AND(LEFT(C6,3)>"500",LEFT(C6,3)<"700"),"安全及管线",IF(AND(LEFT(C6,3)>"600",LEFT(C6,3)<"800"),"绿化及环保",""))))))))

公式作用：分清楚各类工程在成本测算中分别有多少成本，需要多少材料等。

公式解释：如果C6单元格的前4个字符是“ZDJS”，K6的值就等于“驻地建设”；如果C6的前3个字符大于100并且小于300时，K6等于“路基工程”……这样一直到结束。设置好后向下拖动到503行。

L5公式：=K5&D5

公式作用：把K5单元格的字符串与D5单元格的字符串合并成一个字符串，这一列公式的设置是为材料费表中填充黄色（灰色）的单元格计算材料数量服务的。设置好后向下拖动到503行。这一行在最终表中是隐藏的。

I505公式：=SUM(I5:I504)

劳务中转表设置完成。

3.16 材料费中转表（材料转）

材料费中转表如图3-16-1。

	A	B	C	D	E	F	G	H
1-2	XXXX 项目材料费							
3	序号	类别	材料名称	单位	材料数量	单价（元）	合价（元）	备注
10	7		块石	m³	1931.9			
11	8		水	t	5503			
12	9		II级钢筋	kg	77780.1			综合单价用料
13	10		光圆钢筋	kg	5517.6	4.8	26484.5	
14	11		带肋钢筋	kg	19396.1	5.2	100859.7	
15	12		砂砾垫层	m³	6118.7			
16	13	路面工程	42.5R	t	173.5	520	90220	
17	14		中砂	m³	215.7	78	16824.6	

图3-16-1 材料费中转表

材料费中转表是为材料费表能方便操作设计的中转表。它的功能是把材料费表中有工程量的项目全部提取到材料费中转表中，删除材料表中没有工程量的项目。表中的公式如下：

B4公式：=IF(ISNA(VLOOKUP($A4,材料!$B:$I,COLUMN(材料!C4)−1,FALSE))=TRUE,"",IF(VLOOKUP($A4,材料!$B:$I,COLUMN(材料!C4)−1,FALSE)="","",VLOOKUP($A4,材料!$B:$I,COLUMN(材料!C4)−1,FALSE)))

公式设置好后向右拖动到G列，然后选中B4到G4单元格，向下拖动到第203行。

材料费中转表的B列有格式设置，设置方法与材料费表中C列的方法相同，请参照设置。

3.17　直接费测算表（直接费）

直接费测算表如图3-17-1。

	A	B	C	D	E
1	XXXX 项目直接费测算表				
2					
3	序号	分项成本名称	测算金额(元)	来源	备注
4	一	劳务	71308635		
5	其中 1	路基工程	31396000		
6	2	路面工程	33936		
7	3	桥梁工程	32556989		
8	4	涵洞工程	2910395		
9	5	隧道工程	0		
10	6	安全及管线	0		
11	7	绿化及环保			
12	8	砼搅拌运输	4411315		
13	二	材料	105939254.5		
14	其中 1	路基工程	127344.2		
15	2	路面工程	129008.6		
16	3	桥梁工程	99421254.6		
17	4	涵洞工程	6261647.1		
18	5	隧道工程	0		
19	6	安全及管线	0		
20	7	绿化及环保	0		
21	三	计日工	253867		
22	四	临设	7668842		
23	五	其他直接费	1450669.204		
24					
25	合计(元)		186621267.7		

图3-17-1　直接费测算表

直接费测算表的作用是把测算的各项成本归类汇总，表中的公式设置如下。

C4公式：=SUM(C5:C12)

C5公式：=SUMIF(劳务中转!K:K,直接费!B5,劳务中转!I:I)

C5公式向下拖动到C10。

C11公式：=劳务中转!I5
C12公式：=SUM(C14:C20)
C13公式：=SUM(C14:C20)
C14公式：=SUMIF(材料!C:C,B14,材料!H:H)

C14公式向下拖动到C20。

C21公式：=计日工!H26
C22公式：=临设!D30
C23公式：=其他直接费!D17
C25公式：=SUM(C4,C13,C21,C22,C23)

上面的公式、函数在以前章节中都有类似的出现，此处不再重复讲述。

3.18 工程测算汇总表（成本）

工程测算汇总表如图3-18-1。

	A	B	C	D	E
1	XXXX 项目工程测算汇总表				
2	序号	成本分类	测算成本(元)	数据来源	备　注
3	1	直接费	186621267.7		
4	2	间接费	8116867		
5	3	其他费用	10,907,519.85		
6	4	成本调整费	-		
7					
8					
9					
10	成本合计		205645654.6		
11	投标报价		213734602		含计日工和暂定金
12	利润		8088947.447	利润点：3.78%	

图3-18-1　工程测算汇总表

工程测算汇总表中的公式如下。

C3公式：=直接费!C25
C4公式：=间接费!D19
C5公式：=其他费用!C14
C6公式：=成调总表!C33
C10公式：=SUM(C3:C9)
C11公式：=VLOOKUP("合计",清单!A:F,6,FALSE)
C12公式：=C11-C10
D12公式：="利润点："&ROUND(C12*100/C11,2)&"%"

D12公式的含意是把字符“"利润点："&ROUND(C12*100/C11,2)”和“"%"”合并成一个字符串。

至此，整个工程测算汇总表的创建设置已全部完成，做完之后检查表中有没有错误的地方。如果所有的表中没有错误的地方，请对照样表的结果，检查数据能不能对上，能对上，说明这个表创建的没有问题，如果数据对不上，说明在有些环节上出了问题，需要仔细查找。查找问题的时候，首先要查看哪些数据对不上，就在相应的环节上找问题，直到修改的每个环节的数据与样表结果一致，表格设置就算完成了。

第4章　工程数量计算系统

在路桥施工中，工程数量计算是一项相当复杂的工作，作业人员大多数在工地施工，要让他们坐下来计算工程量比施工难多了，加之有些施工图纸的设计质量欠佳，思路不是很清楚等因素又增加了工程数量计算的难度。好多项目施工已经过了一大半，工程数量还没有复核完成，这样会给工程计量和成本控制带来相当大的难度。对于工程计量来说，好多人以为能汇总工程量表的工程数量就完事了，这样想就错了。计量人员不但要有汇总工程数量的能力，还要有从细部计算工程数量，想办法把工程数量算足算够的能力，特别是对单价高、利润点比较好的项目，这方面的能力就显得尤为重要。对于成本控制来说，算不出整体与个体工程的材料用量，施工过程中就无法控制材料的数量，更不用说找到浪费的原因了。考虑到公路工程数量计算繁杂、量大等问题，根据现场的经验，笔者利用EXCEL的一系列功能，设计制作了工程数量计算系统。工程数量计算系统极大地简化了工程数量的计算问题，减少了工程数量统计的工作量，同时也提高了工程数量计算的准确性。用工程数量计算系统计算工程数量的时候，只对每页图纸中的工程数量以流水账的形式填写到分项计算表中，后续的工作系统会自动完成。分项计算表修改简单，如果发现某个地方工程数量有问题，只在分项计算表中做一些修改，工程数量就会自动调整、计算，减少了许多费时费力的工作，可以把理不清头绪的工程量计算变为轻松的数字游戏。

当然此表格并不是“傻瓜式”的工作表，虽然减少了很多复杂的工作，但在使用工作表之前必须要对公路工程施工有一定的掌握，要能分清工程量的归类，如工程量是属于哪个部位，是上部结构的还是下部结构的，是附属工程的还是基础工程的，工程量是预制箱梁的还是现浇箱梁的等。工程量在清单中各有归属，单价也不一样。工程量复核的工作一方面是为了和清单对照，查出问题并对合同清单进行修正；另一方面的作用就是计算整个项目的材料用量，以便在施工过程中进行材料采购和成本控制。

计算工程数量还要对结构物有相当好的掌握。对于结构物来说，要计算清楚每一个构件的个体数量并不简单，连经验丰富的工作人员也不一定能计算准确。在计算工程量的时候要尽量多动脑筋，不要总是想着别人是这样做的，我也这样做，要想出一个比较适合自己的办法计算构件个数，若方法不当，计算很多遍也不一定是对的。

工程数量计算工作表中标签为1～20的20个表格，它是计算工程量时单个结构物的工程量汇总表。它的顺序是按照输入的结构物顺序进行计算的，如第1个结构物为K72+016大桥主桥，第2个结构物为K72+016大桥引桥，那么表1中就是K72+016大桥主桥的工程数量，表2中就是K72+016大桥引桥的工程数量，依次类推。这些表的主要功能是方便与“图纸工程数量表”进行工程数量对比。在汇总表中每个结构物的工程数量是分开的，虽然在汇总表中能核对工程数量，但那样比较麻烦。工程数量计算系统中只做了20个结构物工程数量的分表，如果复核的项目结构物多于20个，多余的结构物数量是可以继续复核的，不过从第20个以后的工程数量与图纸工程数量表进行核对时要在工程数量汇总表中对比，比较麻烦。当然在复核工程数量的时候不一定把每个结构物都分开，如果是涵洞，可以把它归到路基工程中，在【项目名称】栏填写XX涵洞。另外，涵洞计量是按照延米计量的，对下分包也是整体分包的，所以在工程量变化不大的情况下是没有必要计算每个涵洞的细目工程量，可以把涵洞列为一个项目计算，如涵洞工程，这样就减少了结构物统计的数量。

以上是对工程数量计算表的总体说明，下面在讲述表格创建的同时，也讲述了表格的一些使用说明。

4.1 材料库

材料库表如图4-1-1。本案例的材料库中已列出了大部分工程材料的单位重，如有新增材料可继续在材料库中填写。此表作用是在工程数量计算过程中利用公式从这个表中提取单位重，避免了用手工输入的麻烦和错误。材料库并不复杂，要注意的是对新增材料的规格要按照样表的样例填写。

	A	B	C
1	材料库		
2			
3	规格	单位	单位重
4			
65	φ22	kg/m³	2.984
66	φ25	kg/m³	3.853
67	φ28	kg/m³	4.834
68	φ32	kg/m³	6.313
69	φ33	kg/m³	6.714
70	φ34	kg/m³	7.127
71	φ35	kg/m³	7.553
72	φ36	kg/m³	7.99
73	φ38	kg/m³	8.903
74	φ40	kg/m³	9.865

图4-1-1　材料库表

4.2　下拉列表

下拉列表中有3个下拉列表数据源和一个分部分项表，现对表中的所有项目进行逐个设置及说明。表中黑色边框的单元格中，如果没有数据填写的部分，均在单元格中填写了空格。

4.2.1　材料名称

材料名称表如图4-2-1。

	A	B	C	D	E	F	G	H	I	J	K
1	材料名称选项										
2											
3	钢筋	钢筋网	钢板	钢管	钢绞线	GJZ_	GJZF4_	GKPZII_	GPZII_	GPZkz_	GYZ_
4	φ6	φ6@10	δ=2.5	φ30×2.5	φs15.24	100×200×21	180×250×37	2.0DX	1.25DX	2.0DX	150×28
5	φ8	φ6.5@10	δ=3	φ42×4		150×200×28	250×350×54	2.5DX	1.5DX	3.5DX	175×28
6	φ10	φ6@20	δ=5	φ50×5		180×350×42		3.0DX	2.0DX	4.0DX	200×28
7	φ12	φ6.5@20	δ=6	φ57×3		300×350×47		3.5DX	2.5DX	5.0DX	200×35
8	φ14	φ8@10	δ=8	φ57×3.5		400×400×69		4.0DX	3.0DX	6.0DX	200×42
9	φ16	φ8@20	δ=9	φ70×6		350×450×69		4.5DX	3.5DX	7.0DX	225×42
10	φ18	φ6@10	δ=10	φ70×6.5				2.5GD	4.5DX	8.0DX	250×35
11	φ20	φ6@20	δ=12	φ89×6				2.0SX	2.0GD	9.0DX	250×42
12	φ22	φ8@10	δ=16	φ80×4				2.5SX	2.5GD	3.5GD	275×49
13	φ25	φ8@20	δ=18	φ100×4				3.0SX	3.0GD	6.0GD	300×52

图4-2-1　材料名称表

材料名称表是为材料统一命名设置的，在工程数量计算的过程中，要利用EXCEL自动计算汇总，把相应的工程数量汇总到一起，这就要求材料命名的统一性和唯一性。表中材料名称由两部分构成，浅红色（灰色）填充的表头部分为材料名称的前一部分，即材料类型部分，以下各行为材料名称的第二部分，即规格部分。在工程量输入过程中，所有的材料均在下拉列表中选取，禁止手工输入，有新增材料名称，必须在下拉列表中输入。材料名称列数较多，在本示例中没有列全，可以在电子版的样表中查看。本表的设置如下：

第一步：创建材料二级下拉列表名称。

（1）选中A3:AP59。

（2）EXCEL菜单|【公式】|【根据所选内容创建】.

（3）在【首行】前打钩（如图4-2-2）。

（4）单击【确定】按钮。

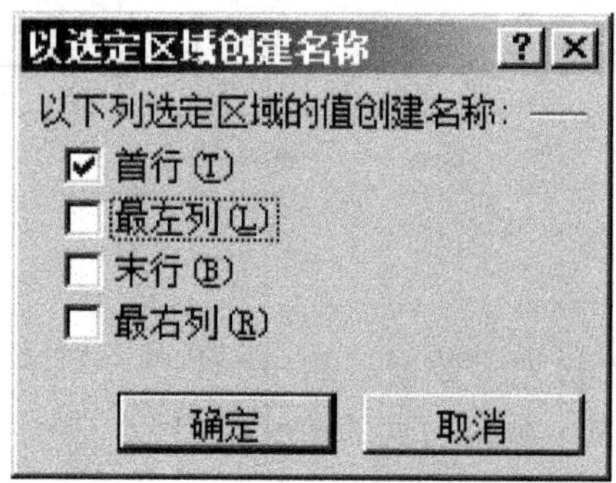

图4-2-2 创建材料区域名称对话框

第二步：定义材料类型区域名称。

（1）选中A3:AP3。

（2）EXCEL菜单|【公式】|【定义名称】。

（3）【名称】栏填写“材料类型”，【引用位置】栏填写“=下拉列表!$A$3:$AP$3”，如图4-2-3。

（4）点击【确定】按钮。

第二步操作为材料名称创建一级下拉菜单名称。

第三步：定义规格区域名称。

与第二步操作类似，选取A4:AP59，在【名称】栏填写“规格”，【引用位置】栏填写“=下拉列表!$A$4:$AP$59”，如图4-2-4，设置好后点击【确定】按钮。

新建名称
名称(N)： 材料类型
范围(S)： 工作簿
备注(O)：
引用位置(R)： =下拉列表!$A$3:$AP$3
确定 取消

图4-2-3 材料类型名称定义对话框

新建名称
名称(N)： 规格
范围(S)： 工作簿
备注(O)：
引用位置(R)： =下拉列表!$A$4:$AP$59
确定 取消

图4-2-4 定义规格名称对话框

第三步操作为材料输入创建二级下拉菜单的区域命名。

如果对下拉列表工作表增加了行或列，本格式操作的第一步与第二步需要重新操作一次。

4.2.2 单位

单位表如图4-2-5。

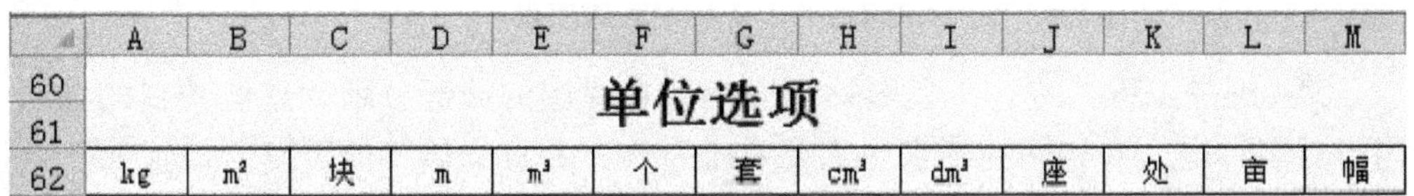

	A	B	C	D	E	F	G	H	I	J	K	L	M
60	单位选项												
61													
62	kg	m^2	块	m	m^3	个	套	cm^3	dm^3	座	处	亩	幅

图4-2-5 单位选项表

在这里，给单位区域定义单位，定义如下：

与材料名称第二步操作类似，选中A62:T62，在【名称】栏填写“单位”，【引用位置】栏填写“=下拉列表!$A$62:$T$62”，如图4-2-6，设置好后点击【确定】按钮。

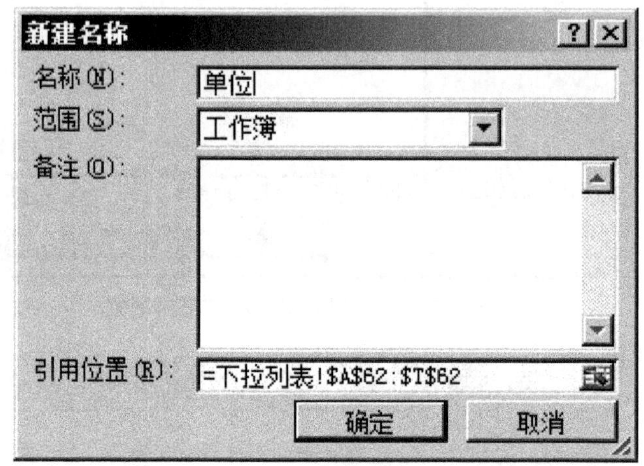

图4-2-6　单位区域定义名称对话框

4.2.3　工程名称

工程名称表如图4-2-7。

	A	B	C	D	E	F	G
63	工程名称选项						
64							
65	路基工程	K79+569.7大桥	K81+240.5大桥	K82+587.1大桥	K82+367大桥	K82+812.1大桥	K81+668中桥
66	F.桥头防护	S.T梁预制	S.T梁预制	S.T梁预制	S.T梁预制	S.T梁预制	S.T梁预制
67	清理与掘除	S.T梁现浇	S.T梁现浇	S.T梁现浇	S.T梁现浇	S.T梁现浇	S.T梁现浇
68	路基土石方	S.桥面现浇	S.桥面现浇	S.桥面现浇	S.桥面现浇	S.桥面现浇	S.桥面现浇
69	改河改路	S.桥面铺装	S.桥面铺装	S.桥面铺装	S.桥面铺装	S.桥面铺装	S.桥面铺装
70	软基处理	X.盖梁	X.盖梁	X.盖梁	X.盖梁	X.盖梁	X.盖梁
71	高强立体护坡	X.台帽	X.台帽	X.台帽	X.台帽	X.台帽	X.台帽
72	植草护坡	X.墩柱	X.墩柱	X.墩柱	X.墩柱	X.墩柱	X.墩柱
73	浆砌护坡	X.耳背墙	X.耳背墙	X.耳背墙	X.耳背墙	X.耳背墙	X.耳背墙
74	混凝土护坡	X.肋板	X.肋板	X.肋板	X.肋板	X.肋板	X.肋板
75	索、锚护坡	X.台身	X.台身	X.台身	X.台身	X.台身	X.台身
76	框架植草护坡	X.柱系梁	X.柱系梁	X.柱系梁	X.柱系梁	X.柱系梁	X.柱系梁
77	路基排水	X.底系梁	X.底系梁	X.底系梁	X.底系梁	X.底系梁	X.底系梁

图4-2-7　工程名称选项表

第1列是工程名称，工程名称下面是各自对应的分部分项，这些项目的输入与材料名称输入有相同的要求，需要有唯一性，并且命名不能重复。设置如下：

第一步：创建工程名称二级下拉列表名称。

（1）选中A65:T96。

（2）EXCEL菜单|【公式】|【根据所选内容创建】。

（3）在【首行】前打钩（如图4-2-8）。

（4）点击【确定】按钮。

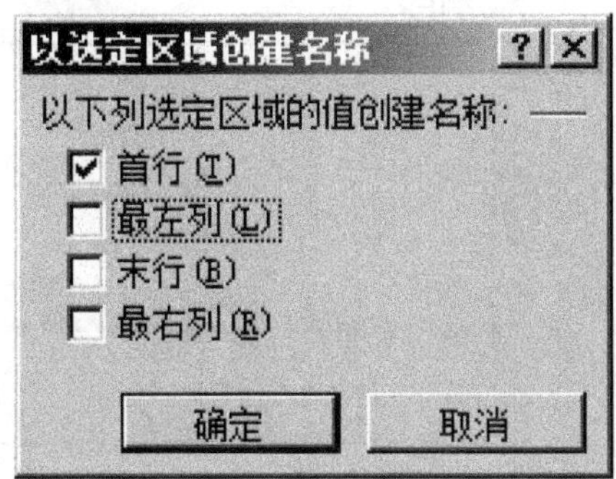

图4-2-8　创建工程名称区域名称对话框

第一步操作为分部分项输入创建二级下拉列表名称。

第二步：定义工程名称区域名称。

与材料名称第二步操作类似，选取A65:T65，在名称栏填写“工程名称”，引用位置填写“=下拉列表!$A$65:$T$65”，如图4-2-9，设置好后点击【确定】按钮。

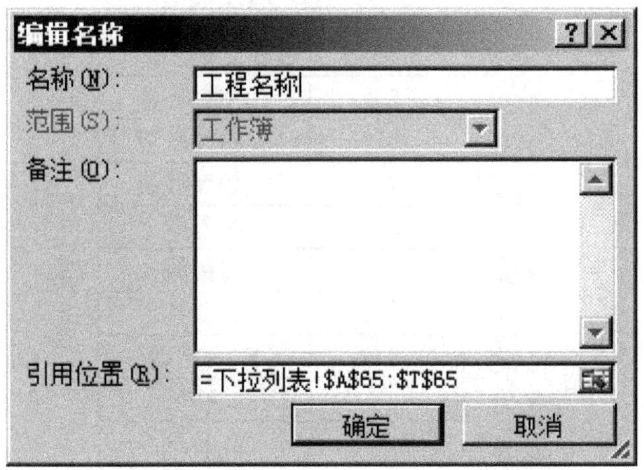

图4-2-9　工程名称区域定义名称对话框

第二步的操作为工程名称输入创建第一级菜单名称。

第三步：与第二步类似，选取A66:T96，在【名称】栏填写“工程名称”，【引用位置】栏填写“=下拉列表!$A$66:$T$96”，如图4-2-10，设置好后点击

【确定】按钮。

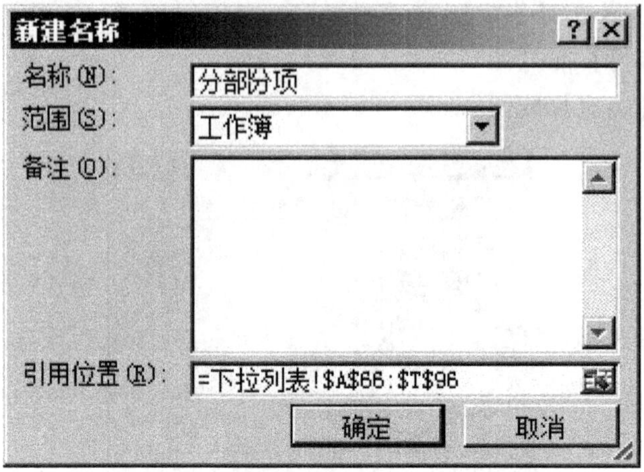

新建名称	
名称(N):	分部分项
范围(S):	工作簿
备注(O):	
引用位置(R):	=下拉列表!$A$66:$T$96
确定	取消

图4-2-10　分部分项区域定义名称对话框

第三步的操作为分部分项输入创建二级下拉菜单名称。

4.2.4　分部分项

分部分项表如图4-2-11。

	A	B
97	分部分项	
98		
99	1	S.T梁预制
100	2	S.T梁现浇
101	3	S.桥面现浇
102	4	S.桥面铺装
103	5	X.盖梁
104	6	X.台帽
105	7	X.墩柱
106	8	X.耳背墙
107	9	X.肋板
108	10	X.台身

图4-2-11　分部分项表

分部分项表A列为序号，B列为分部分项名称，表中只设置了80个名称的填写空间，满足一般项目，多于80个以后的分部分项名称在表中不能参与计算。

4.3 材料项目列表（材料项目）

材料项目列表如图4-3-1。

	A	B	C	D	E	F	G
1–2	材料项目列表						
3	序号	工程名称	材料类型	规格	材料名称	单位	多余材料提示
4	1	路基工程	钢筋	I级	钢筋I级	kg	
5	2			II级	钢筋II级	kg	
6	3		垫层	碎石反滤层	垫层碎石反滤层	m³	
7	4		其他材料	高强护坡网	其他材料高强护坡网	m²	
8	5		沟槽	M7.5矩形40×40	沟槽M7.5矩形40×40	m	
9	6			M7.5矩形60×80	沟槽M7.5矩形60×80	m	
10	7			M7.5平台	沟槽M7.5平台	m	
11	8			M7.5山坡	沟槽M7.5山坡	m	
12	9			M7.5梯形60×60	沟槽M7.5梯形60×60	m	
13	10			渗沟	沟槽渗沟	m	
14	11		混凝土	C15片石	混凝土C15片石	m³	
15	12			C20普通	混凝土C20普通	m³	
16	13			C25普通	混凝土C25普通	m³	

图4-3-1　材料项目列表

计算工程量之前，首先要创建项目列表，此表可按照图纸“工程数量表”前面的材料名称栏创建。不能改变表格样式，表中【序号】栏内的序号要保持连续性，用户只填写【工程名称】、【材料类型】与【规格】栏内的数据。【工程名称】栏输入结构物的名称，如K70+016大桥主桥、宋家庄隧道等。【工程名称】栏的数据要通过下拉列表选取。输入新的工程名称时，必须在下拉列表中的工程名称表的第1行的后面增加。【材料类型】与【规格】栏内按照设计图栏内的数据输入。为了计算方便，输入材料名称之前要对整个项目的材料名称做个统一规定，同一个材料必须使用同一名称。本系统对大多数材料已做了统一命名。【材料类型】与【规格】栏中的数据都在下拉列表中选取，新增的材料名称在下拉列表表格中添加。下拉列表中的材料名称表中已填入了大部分工程材料名称，如有新增的材料名称请按照表中的样式填写，顶端填写的是材料类型，对应的列中填写材料规格。在材料名称表格的顶端填写材料名称时要注意，有些字符如“(、{、[”不能在材料名称中出现，如出现了类似的字符，在分项计算的【规格】栏内就不能出现下拉列表了（不能出现二级下拉列表）。

材料项目列表中【单位】栏的下拉列表数据在下拉列表的“单位选项”表

中，表中已输入了一部分单位名称，如有新增加的单位，可在表的后面几列填写。

在工程量输入时最好先输入桥梁的工程量，桥梁工程量复核完成之后，可以把材料汇总表中【材料名称】栏的内容复制到1个新的表格中，然后对内容进行升序排列，然后按照排列的顺序重新制作第1个桥梁的材料列表。这样操作的好处是在材料汇总表中的材料种类就比较整齐，便于查看、核对及以后的工作。

材料项目列表中有6个格式设置，2个是突出显示格式设置，3个是一级下拉菜单设置，1个是二级下拉菜单设置。

C列突出显示格式设置：

（1）选中C列。

（2）菜单|【开始】|【条件格式】|【突出显示单元格规则】|【等于】(如图4-3-2)。

（3）点击折叠按钮，然后选中表格中的C3单元格，删除“$”，如图4-3-3，设置好后点击折叠按钮。

（4）点击【设置为】栏中的下拉按钮，选择【自定义格式】，点击颜色栏的下拉按钮，选择“白色”，点击【确定】按钮，返回【突出显示单元格规则】对话框，如图4-3-4。

（5）点击【确定】按钮。

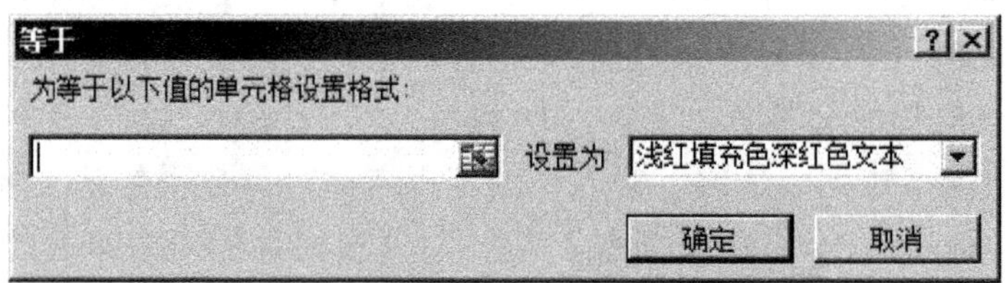

图4-3-2　材料类型栏格式显示设置对话框

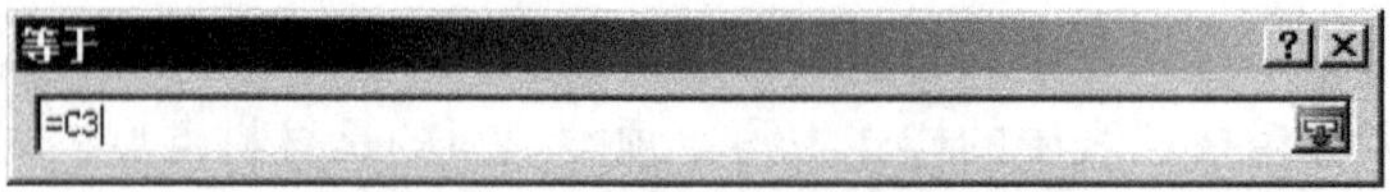

图4-3-3　材料类型栏条件设置对话框

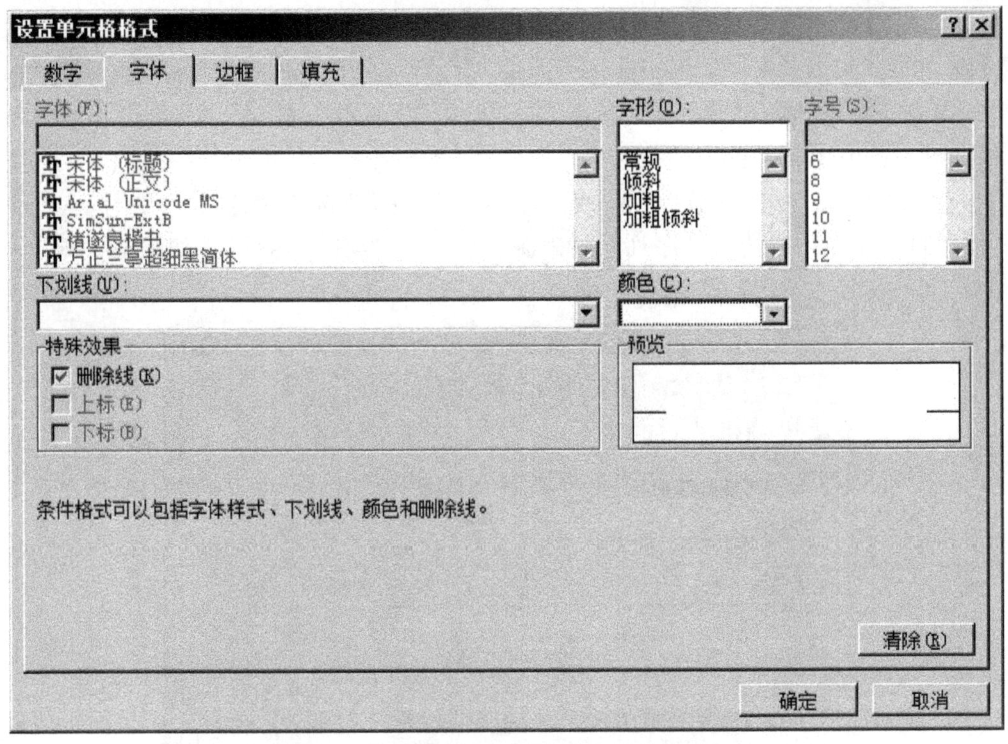

图4-3-4　材料类型栏字体显示设置对话框

格式设置作用：如果C列中有连续的两行出现同一个数据，只有第1个数值显示为黑色，以下连续的单元格内的数值显示为白色。

A3:G719区域突出显示格式设置：

（1）选中A3:G719。

（2）菜单|【开始】|【条件格式】|【突出显示单元格规则】|【等于】，如图4-3-5设置。

（3）点击【确定】按钮。

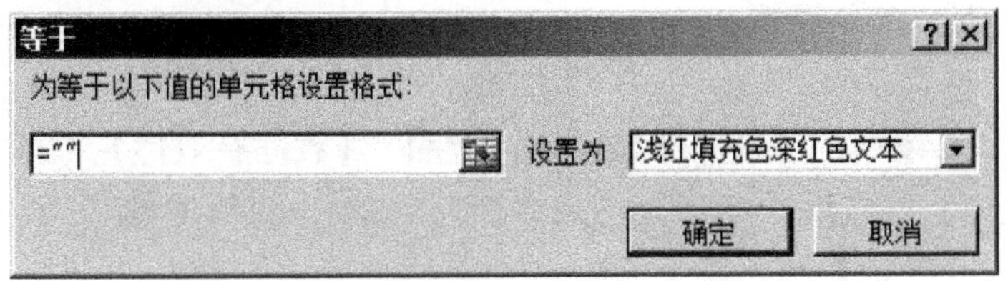

图4-3-5　A3:G719区域单元格填充设置对话框

格式设置作用：如果单元格中没有数值，就用浅红色（书中灰色）填充，否则没有填充颜色。在工程量汇总、分项计算、分项列表、清单汇总、对应表中都有这样的格式设置，在后面的表中就不再重复讲述，均按照这一格式的设置方法设置。

B列一级下拉菜单设置：

（1）选中B4:B719。

（2）EXCEL菜单|【数据】|【数据有效性】|【数据有效性】。

（3）【允许】栏选取“序列”，【来源】栏填写“=工程名称”，如图4-3-6。

（4）点击【确定】按钮。

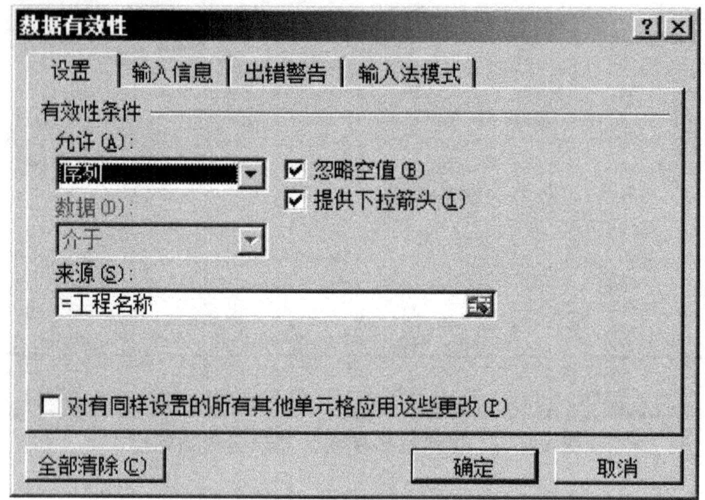

图4-3-6　B4:B719区域一级菜单设置对话框

F列一级下拉菜单设置：

（1）选中F4:F719。

（2）EXCEL菜单|【数据】|【数据有效性】|【数据有效性】。

（3）【允许】栏选取“序列”，【来源】栏填写“=单位”，如图4-3-7。

（4）点击【确定】按钮。

C列一级下拉菜单设置：

（1）进入材料项目列表，选中C4:C716。

（2）EXCEL菜单|【数据】|【数据有效性】|【数据有效性】。

（3）【允许】栏选取“序列”，【来源】栏填写“=材料类型”，如图4-3-8。

（4）点击【确定】按钮。

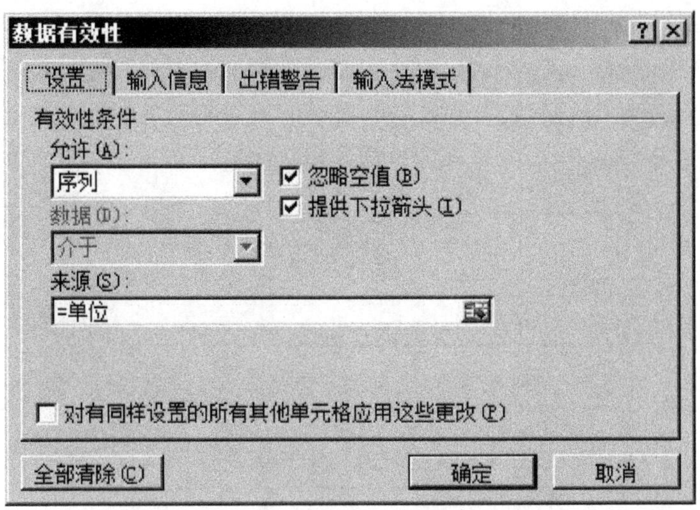

图4-3-7　F4:F719区域一级菜单设置对话框

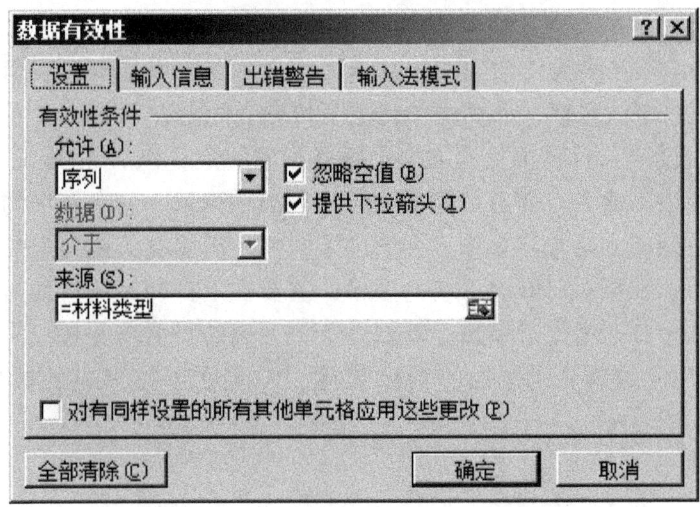

图4-3-8　C4:C716区域一级菜单设置对话框

第一步操作的作用是建立第一级下拉菜单。

D列二级下拉菜单设置：

（1）选中D4。

（2）EXCEL菜单|【数据】|【数据有效性】|【数据有效性】。

（3）【允许】栏选取“序列”,【来源】栏填写“=INDIRECT(C4)”，如图4-3-9。

（4）点击【确定】按钮。

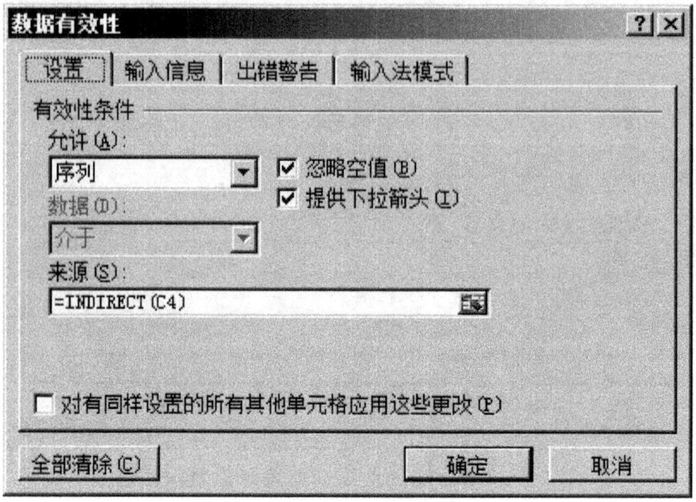

图4-3-9　D列二级菜单设置对话框

设置好后根据需要向下拖动，第二步操作的作用是创建二级下拉菜单。图表中引用了INDIRECT函数，它的功能是返回由文本字符串指定的引用。这里的作用是通过C列给定的名称，计算本单元格下拉列表的内容。

通过以上设置，材料项目列表中的格式设置完成，以后在B、C、D、F列输入数据时不用手工输入，所有数据均在下拉列表中选取，如有新增的项目，必须在相应的下拉列表中增加。如果B列增加了内容，需要在下拉列表的工程名称中增加对应项目；如果C列增加了新的项目，需要在下拉列表的材料名称表第一行增加名称；如果D列增加了项目，需要在下拉列表的材料名称表相应材料类型的列中增加项目；如果F列增加了单位名称，需要在下拉列表的单位表中增加项目。

公式设置：

E4公式：=IF(C4="","",C4&D4)

E列是【材料名称】，公式作用是把材料类型与规格合并到一起，组成【材料名称】。

G4公式：=IF(C4="","",IF(VLOOKUP(A4,工程量汇总!A:HH,COLUMN(工程量汇总!CP:CP),FALSE)="","此项没有数据",""))

G列是【多余材料名称】，公式作用是检查工程量汇总表中没有工程数量的材料名称。工程量汇总表中的材料名称与材料项目列表的材料名称是一一对应的，工程量汇总表中没有工程数量的材料名称在材料项目列表中同样没有数量。

以上公式设置好后根据需要向下拖动。

4.4 分项计算

分项计算表如图4-4-1。

	A	B	C	D	E	F	G	H	I	J	K	L	M
1	分项计算												
2										本表与汇总表差值：0.01			
3	序号	工程名称	分部分项	材料类型	规格	长度	数量	个体数量	备注	小计	材料名称	单位	单位重
4	1	路基工程	框架植草护坡	浆砌片石	M7.5	1	113.7	1		113.7	浆砌片石M7.5	m^3	1
5	2			混凝土	C25普通	1	148.8	1		148.8	混凝土C25普通	m^3	1
6	3			注水泥浆	M30	1	1.8	1		1.8	注水泥浆M30	m^3	1
7	4			土工材料	土工格室10cm	1	3629.1	1		3629.1	土工材料土工格室10cm	m^2	1
8	5			植物防护	三维EM4	1	3629.1	1		3629.1	植物防护三维EM4	m^2	1
9	6				草灌结合	1	3629.1	1		3629.1	植物防护草灌结合	m^2	1
10	7			土石方	挖土方	1	563.4	1		563.4	土石方挖土方	m^3	1
11	8			其他材料	培耕植土	1	545.3	1		545.3	其他材料培耕植土	m^3	1
12	9			钢筋	Ⅰ级	1	5006.7	1		5006.7	钢筋Ⅰ级	kg	1
13	10				Ⅱ级	1	21728.5	1		21728.5	钢筋Ⅱ级	kg	1

图4-4-1　分项计算表

分项计算表中输入图纸单项工程数量，表中【工程名称】、【项目名称】、【材料类型】与【规格】栏内的数据均由下拉列表中选取。

【工程名称】指的是结构物名称，如K72+016大桥主桥、K70+500-K72+016段路基、XX隧道等。

【项目名称】指的是承台、墩柱等内容。

【材料类型】与【规格】要与图纸工程数量表中的材料相同，材料名称都是通过二级下拉菜单控制的。相同的材料必须要用同一个名称，如直径12mm的二级钢筋在表中的命名方法是“钢筋ϕ12”，C40普通混凝土的命名方法是“混凝土C40普通”，前面是材料类型，后面是材料规格。

【长度】栏中一般输入的是复核后的图纸设计的长度，填写时要注意统一单位，如混凝土等没有长度的情况时填写“1”。

【数量】栏内填写复核后的工程数量，如一个承台1#钢筋有14根，就填14，如果是混凝土就填一个承台有多少混凝土。

【个体数量】栏内填写一个指定的结构物（如K72+016大桥主桥）有几个同

样的结构（如承台）。

以上数据是复核无误后的数据，不是照着图纸直接填写的。如图纸给的承台1#钢筋为14根，通过复核图纸后发现不对，应为16根时，在【数量】栏内就应当输入“16”，不应当输入“14”。

【序号】、【小计】和【单位重】栏不用填写，由EXCEL自动完成的，字体为红色（书中为灰色）显示。本表不能进行删除或插入行操作，否则表中的一些公式和格式设置会出现问题。表格中输入的数据与工程数量汇总表中的数据对不上时，在表格的标题右侧I1到M1单元格中会显示黄色的错误信息。如果有错误，可以在分项列表的【检验】栏内查找到错误的行号，然后对分项计算对应的行进行修改。

工程量输入过程中，尽量把清单同类项目归为一类，不要将类别分得太多，如在桥梁工程中30m、40m预制T梁所有子项单价是一样的，这样就没有必要把它们分为两项，在项目名称中只输入“预制T梁”就可以了，项目分得越多越麻烦。当然，该分开的必须分开，如桥梁下部结构中，钢筋单价虽然是一样的，但混凝土单价有区别，这样的项目必须分开，如立柱、盖梁、挡块、空心墩等。

另外，如隧道工程中临时支护砂浆锚杆ϕ22mm、ϕ42mm×4mm超前注浆小导管等，表中计算结果是重量，在输入规格后系统自动在数据库表中查找相应规格的单位和单位重；而砂浆锚杆ϕ22mm和ϕ42mm×4mm超前注浆小导管的计量是以延米为计量单位，不需要计算重量，这是在填写类似的材料时要注意地方，填写完成之后做工程量清单的时候需要对单位不统一的部分进行换算。所有材料输入完成之后最好利用筛选功能进行检查，看一看同一种材料的单位填写是不是统一的。

隧道工程中延米、每榀或处的单位材料数量的复核需要单独进行，在此表中不能复核，对延米或处的单位工程量复核无误后，按照上面的格式进行填写，【数量】栏内一般填“1”，【个体数量】栏内填多少处或总共有多少延米，如SⅣb支护结构的在整个隧道有500m，就在【个体数量】栏内填写500m，在备注栏内注明为SⅣb支护结构。

在隧道工程数量统计中可以先做好如图4-4-1的表格，这个表格的主要作用是把隧道同一个支护结构中所有的工程量统计到一起，这样在进行工程量计算的时候就避免很多麻烦。有些图纸设计的思路比较清晰，按照图纸做这个表格不难，但对于设计思路比较混乱的图纸，要统计这个表格并不容易，需要统计者有一定的经验，做完之后还要找几个有经验的工作人员审核。在隧道工程中做完这个表格的工作，整个隧道的工程量也就复核完成了，输入到公路工程数量计算表中只是为了汇总方便。表4-4-1为某标的样本。

表4-4-1 隧道工程数量统计表

桩号	围岩级别	结构类型	项目名称	单位	参数	单位数量	长度或处(m)
SK50+165 – SK50+250	Ⅵ	SⅥ	土、石方开挖(硬土)	m^3	1	108.61	85
		SⅥ	C25模筑衬砌砼拱墙	m^3	1	13.34	85
		SⅥ	C25衬砌砼仰拱	m^3	1	7.71	85
		SⅥ	C20喷射砼	m^3	1	7.07	85
		SⅥ	洞身衬砌Ⅰ级钢筋	kg	1	61.71	85
		SⅥ	C15片石砼整平层	m^3	1	9.76	85
		SⅥ	D25中空注浆锚杆	m	1	144.00	85
		SⅥ	复合防水板	m^2	1	24.79	85
		SⅥ	复合防水层无防布	m^2	1	24.79	85
		SⅥ	大棚管	m	1	2310.00	1
		SⅥ	浆液体积	m^3	1	291.10	1
		SⅥ	工字钢	kg	0.75	1025.27	85
		SⅥ	喷射支衬Ⅱ级钢筋	kg	0.75	104.89	85
		SⅥ	ϕ42×4锁脚小导管	m	0.75	16.00	85
		SⅥ	ϕ42×4超前注浆小导管	m	1.5	94.50	85
		SⅥ	浆液体积	m^3	1.5	3.01	85
		SⅥ	洞身衬砌Ⅱ级钢筋	kg	1	1092.71	85
		SⅥ	C20喷射砼	m^3	1	2.88	85
		SⅥ	喷射支衬Ⅰ级钢筋	kg	1	36.32	85
		SⅥ	ϕ22水泥砂浆锚杆	m	1	48.00	85
		SⅥ	工字钢	kg	0.75	325.95	85
		SⅥ	喷射支衬Ⅱ级钢筋	kg	0.75	37.48	85

分项计算表的B、C、D列填充颜色设置与材料项目表C列的设置类似，参照设置。

分项计算表C列二级下拉列表设置：

（1）选中C4。

（2）EXCEL菜单|【数据】|【数据有效性】|【数据有效性】。

（3）【允许】栏选取“序列”，【来源】栏填写“=INDEX(分部分项,0,MATCH(B4,工程名称,0))”，如图4-4-2。

（4）单击【确定】按钮。

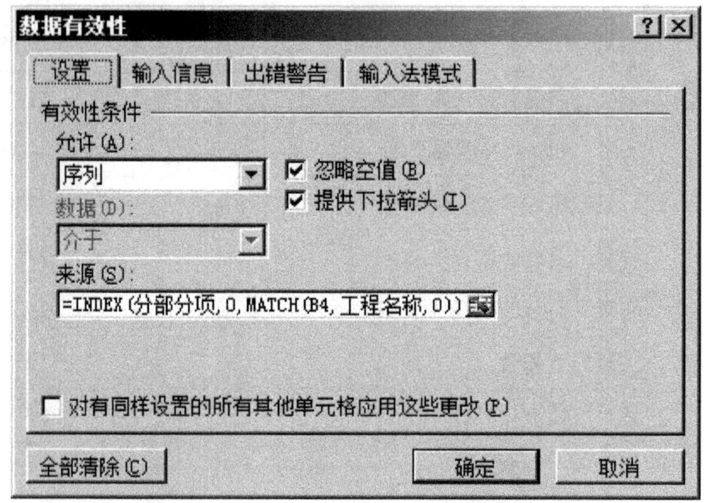

图4-4-2　分项计算C列二级菜单设置

设置好后根据需要向下拖动。C列的下拉列表设置完成。

E列二级下拉列表设置：

（1）选中E4。

（2）EXCEL菜单|【数据】|【数据有效性】|【数据有效性】。

（3）【允许】栏选取“序列”，【来源】栏填写“=INDEX(规格,0,MATCH(D4,材料类型,0))”，如图4-4-3。

（4）单击【确定】按钮。

设置好后根据需要向下拖动。E列的下拉列表设置完成。

同样是二级下拉菜单设置，这里的设置与材料项目表D列的下拉列表设置不同，现在讲述一种新的方法。

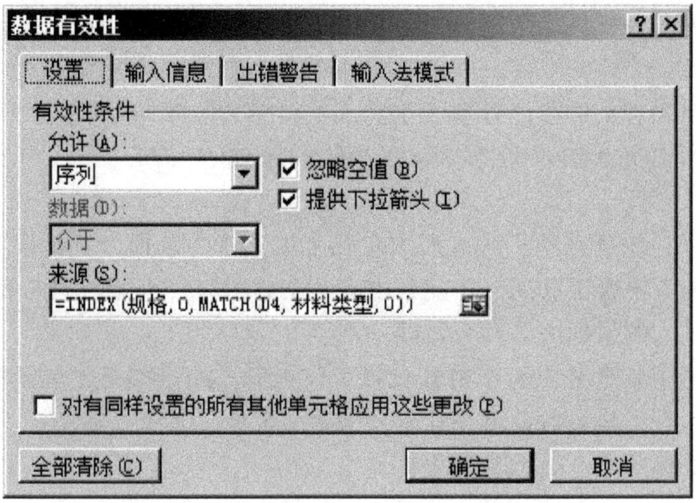

图4-4-3　分项计算E列二级菜单设置

B到I列的数据要用户填写，A、J到M列有公式设置，设置如下：

A4公式：=IF(G4<>"",ROW()-COUNTIF(G$4:G4,"")-3,"")

公式作用：自动添加序号。

J4公式：=IF(SUM(M4)*SUM(G4)*SUM(F4)*SUM(H4)=0,"",ROUND(SUM(M4)*SUM(G4)*SUM(F4)*SUM(H4),2))

K4公式：=IF(F4="","",D4&E4)

K4公式作用：利用“&”运算符把【材料类型】与【规格】两栏的字符合并成材料名称。

L4公式：=IF(K4="","",IF(ISNA(VLOOKUP(K4,材料项目!E:G,2,FALSE))=TRUE,"错误",VLOOKUP(K4，材料项目!E:G,2,FALSE)))

公式作用：通过K列材料名称在材料项目表中提取相应的单位。

M4公式：=IF(AND(E4="",L4=""),"",IF(OR(E4="",ISNA(VLOOKUP(E4,材料库!A:E,3,FALSE))=TRUE),1,VLOOKUP(E4,材料库!A:E,3,FALSE)))

公式作用：利用E列的材料规格在材料库中提取相应的单位重，如果查找不到相应的项目，视比重为“1”。

以上几列的公式均为通用公式，设置好后根据需要向下拖动。

分项计算表表头的右侧I1单元格公式：=IF(COUNTIF(分项列表!X:X,"错误")>0,"有错误："&COUNTIF(分项列表!X:X,"错误")&"处！ ","")

公式作用：统计分项列表X列中有几个单元格的数据为“错误”，在分项列表的X列为输入错误统计列，在此列中有几个数值为“错误”的单元格，就说明分项计算表输入的数据中有几个错误。

I1单元格中有个突出显示格式设置，设置的思路是如果此单元格没有数据，就正常显示，否则显示黄色填充红色（书中为灰色）字体。

设置方法参照图1-2-1进行设置。

I2公式：="本表与汇总表差值："&ROUND(SUM(J4:J4572)-SUM(工程量汇总!CP28:CP2201),2)

公式作用：计算工程量汇总表中的汇总值与分项计算表汇总值的差值。

这是个错误检测设置。一般情况下如果没有错误，这个差值是四舍五入造成的差别，数值是很小的，如果差值较大，说明输入的数据有错误。

4.5 分项列表

分项列表如图4-5-1。

	A	B	C	E	J	Q	R	S	T	U	V	W	X
1	分 项 列 表												
2													
3	序号	工程名称	分部分项	材料类型	规格	单位	单位重	长度	数量	个体数量	小计	备 注	验证
4	1	路基工程	框架植草护坡	浆砌片石	M7.5	m³	1	1	113.7	1	113.7		
5	2		框架植草护坡	混凝土	C25普通	m³	1	1	148.8	1	148.8		
6	3	路基工程	框架植草护坡	注水泥浆	M30	m³	1	1	1.8	1	1.8		
7	4	路基工程	框架植草护坡	土工材料	土工格室10cm	m²	1	1	3629.1	1	3629.1		
8	5	路基工程	框架植草护坡	植物防护	三维EM4	m²	1	1	3629.1	1	3629.1		
9	6	路基工程	框架植草护坡	植物防护	草灌结合	m²	1	1	3629.1	1	3629.1		
10	7	路基工程	框架植草护坡	土石方	挖土方	m³	1	1	563.4	1	563.4		
11	8	路基工程	框架植草护坡	其他材料	培耕植土	m³	1	1	545.3	1	545.3		
12	9	路基工程	框架植草护坡	钢筋	I级	kg	1	1	5006.7	1	5006.7		
13	10	路基工程	框架植草护坡	钢筋	II级	kg	1	1	21728.5	1	21728.5		

图4-5-1 分项列表

分项列表的总体设计比较复杂，除A列的序号为手动填写外，其他所有数据都是利用公式自动生成。整个表格数据计算的控制部分都在本表中处理，分项列表显示出来的只有A、B、C、E、J、Q、R、S、T、U、V、W、X列，其他列隐藏了，这些隐藏列的数据是处理总体计算的，显示出来没有什么意义，所以在表格设置完成后全部隐藏。

分项列表的首要功能是把分项计算表中输入的数据全部提取过来，然后进行相应的处理，为其他表格处理数据做好准备。表中有个突出显示格式设置：如果单元格为空就用浅红色（书中为灰色）填充，否则正常显示。设置方法参照图4-3-5。

A列为序号，根据需要处理到相应的行，序号必须要连续，否则有些数据无法处理。

B列、C列、E列这3列中有个格式设置，设置方法与材料项目列表的C列设置相同，请参照设置。

B4公式：=IF(ISNA(VLOOKUP(A4,分项计算!A:AZ,2,FALSE))=TRUE,"",IF(VLOOKUP(A4,分项计算!A:AZ,2,FALSE)="","",VLOOKUP(A4,分项计算!A:AZ,2,FALSE)))

C4公式：=IF(B4="","",IF(VLOOKUP(A4,分项计算!A:AZ,3,FALSE)="","",VLOOKUP(A4,分项计算!A:AZ,3,FALSE)))

E4公式：=IF(B4="","",IF(VLOOKUP(A4,分项计算!A:AZ,4,FALSE)="","",VLOOKUP(A4,分项计算!A:AZ,4,FALSE)))

J4公式：=IF(B4="","",IF(VLOOKUP(A4,分项计算!A:AZ,5,FALSE)="","",VLOOKUP(A4,分项计算!A:AZ,5,FALSE)))

Q4公式：=IF(B4="","",IF(VLOOKUP(A4,分项计算!A:AZ,12,FALSE)="","",VLOOKUP(A4,分项计算!A:AZ,12,FALSE)))

R4公式：=IF(B4="","",VLOOKUP(A4,分项计算!A:AZ,13,FALSE))

S4公式：=IF(B4="","",VLOOKUP(A4,分项计算!A:AZ,6,FALSE))

T4公式：=IF(B4="","",VLOOKUP(A4,分项计算!A:AZ,7,FALSE))

U4公式：=IF(B4="","",VLOOKUP(A4,分项计算!A:AZ,8,FALSE))

B、C、E、J、Q、R、S、T、U这几列的公式作用：从分项计算表中提取对应的内容。

V4公式：=IF(SUM(R4)*SUM(T4)*SUM(S4)*SUM(U4)=0,"",ROUND(SUM(R4)*SUM(T4)*SUM(S4)*SUM(U4),3))

X4公式：=IF(E4="","",IF(COUNTIF(工程量汇总!A:CP,B4&E4&J4)=1,"","错误"))

X4公式作用：检查错误项，检查分项计算表中输入的数据有没有错误。

公式按照顺序把B4、E4、J4单元格的字符合并成1个字符串，然后利用COUNTIF函数在工程量汇总中查找结果与“B4&E4&J4”合成字符相同的值，如果返回值为“1”，说明输入正确，否则说明输入错误。

以上的公式设置是通用的，设置好后根据需要向下拖动。

下面对隐藏部分的公式设置进行讲述。对于程序编写来说，隐藏的部分相当于程序数据的后台部分，编程者利用程序软件的相关功能把数据处理为用户需要的结果，至于过程中的处理方法很多，每个编程者都有各自的处理办法。当然，处理数据时首先必须搞清楚数据的来龙去脉，其次必须弄明白要达到什么样的结果，否则谈不上处理方法。这部分数据的处理与计算机语言编程有些类似，要读懂下面讲述的部分，用户需要用计算机语言编程的思维方法来理解，要有些耐心。

D4公式：=MATCH(E4,E:E,0)

公式作用：在E列查找E4单元格的值在E列第1次出现的行号。

MATCH函数的第3个函数为“0”，参数的含意是用MATCH函数进行精确查找E4单元格的值在E列第1次出现的行号。此公式把E列出现的重复数据在D列标出它在E列第1次出现的行号，这样在G列的处理数据时就能把重复的数据取掉。

F4公式：=IF(D4="","",IF(G4<>"",F3+1,F3))

公式作用：给G列出现的数据排号，便于以后的处理。

G4公式：=IF(ISNA(VLOOKUP(A4,D:E,2,FALSE))=TRUE,"",VLOOKUP(A4,D:E,2,FALSE))

公式作用：利用A列的序号和D列产生的行号数据的控制把E列的数据提取出来，并删除重复数据。

H4公式：=B4&C4&E4&J4

公式作用：把B4、C4、E4、J4单元格的值合并成1个字符串进行处理。它是为SUMIF函数分类汇总分项计算表中的数据设置的，工程量汇总表中利用SUMIF函数把工程数量汇总到相应工程的相应部位。

I4公式：=IF(J4="","",MATCH(J4,J:J,0))

公式作用：查找J4单元格的数值在J列第1次出现的行号。

K4公式：=IF(Q4="","",IF(OR(J4="",L4=""),K3,K3+1))

公式作用：给L列出现的数据排号。

L4公式：=IF(ISNA(VLOOKUP(A4,I:J,2,FALSE))=TRUE,"",VLOOKUP(A4,I:J,2,FALSE))

公式作用：利用A列的序号和I列产生的行号数据的控制把J列的数据提取出来，并删除重复数据。

M4公式：=IF(N4="","",MATCH(N4,N:N,0))

公式作用：查找N4单元格的数值在N列第1次出现的行号。

N4公式：=IF(C4&E4&J4="","",C4&E4&J4)
O4公式：=IF(M4="","",IF(P4<>"",O3+1,O3))

公式作用：给P列出现的数据排号。

P4公式：=IF(ISNA(VLOOKUP(A4,M:N,2,FALSE))=TRUE,"",VLOOKUP(A4,M:N,2,FALSE))

公式作用：利用A列的序号和M列数据的控制把N列的数据提取出来，并删除重复数据。

以上M到P列的公式是为清单汇总设置的，这几个公式作用是把计算表中的工程数量按照分部分项名称命名，便于在以后的表中进行归类汇总。

这些隐藏部分的公式设置并不难，但是为什么要这样设置，要理解清楚就不那么容易了。一切事情都有它的处理过程和处理方法，要利用哪一种方法去处理一件事情，就要通过所学的内容根据实际情况去解决了，办法各自不同，但最终结果是一样的。在上面设置的公式中D、I、M列的功能相同，都是为查找某一个数值在某一列第1次出现的行号；F、K、O列的功能相似，是为了指定列中的非空单元格值产生序列号；G、L、P列的功能相似，都是提取指定列的数值，通过对应列的控制删除重复数值。

以上公式设置好后根据需要向下拖动。

4.6 材料列表

材料列表如图4-6-1。

	A	B	C	D
1	材 料 列 表			
2				
3	序号	分部分项材料名称	单位	缺项说明：表中有33项材料名称在对应表中没有出现
4				
62	58	弃土场植物防护绿化	m²	
63	59	弃土场排水管PVCφ80	m	此项在对应表中没有出现
64	60	弃土场浆砌片石M7.5	m³	
65	61	植草护坡植物防护喷播草籽	m²	此项在对应表中没有出现
66	62	植草护坡其他材料培耕植土	m³	此项在对应表中没有出现
67	63	高强立体护坡植物防护喷播草籽	m²	
68	64	高强立体护坡其他材料高强护坡网	m²	
69	65	框架植草护坡砂浆M30	m³	

图4-6-1 材料列表

如果清单汇总工作在分项列表中一项一项进行分类统计，工作量是相当大的，也就没有达到本系统统计的目的，也不利于正确归类，归类错了也不方便修改。材料列表处理思路和设置方法在分项列表中已完成，它的作用是把分项列表中P列的数据提取到本表B列，然后进行相应的处理。材料列表是对应表的中转表，在工程量数据复核完成之后，把材料列表中【分部分项材料名称】栏内的内容复制到一个新建表中，进行降序排列，然后复制粘贴到对应表的【分部分项材料名称】栏内，这样对复核后的工程数量进行清单归类就更加方便了。

A列为序号，没有公式，B～D列的公式如下。

B5公式：=IF(ISNA(VLOOKUP(A5,分项列表!O:P,2,FALSE))=TRUE,"",VLOOKUP(A5,分项列表!O:P,2,FALSE))

C5公式：=IF(ISNA(VLOOKUP(B5,分项列表!N:T,4,FALSE))=TRUE,"",VLOOKUP(B5,分项列表!N:T,4,FALSE))

B5、C5两个公式作用：在分项列表中提取P列的数据和对应数据所对应的单位。

D5公式：=IF(COUNTIF(对应表!C:C,B5)<1,"此项在对应表中没有出现","")

公式作用：检查表中的材料名称是否在对应表中全部出现，以防出现漏项。如果某一项在对应表中没有出现，对应的单元格将出现“此项在对应表中没有出现”的数值。

B、C、D列的公式是通用的，设置好后根据需要向下拖动。

D3公式：=IF(COUNTIF(D5:D504,"此项在对应表中没有出现")<1,"缺项说明","缺项说明:表中有"&COUNTIF(D5:D504,"此项在对应表中没有出现")&"项材料名称在对应表中没有出现")

公式作用：统计【分部分项材料名称】栏内的材料项目有多少项在对应表中没有出现，如果不存在没有出现的项目，本单元格的数值为“缺项说明”，如果有漏缺项，本单元格的数值将提示有多少项在对应表中没有出现，这里提示用户需要在对应表中添加没有出现的项目。此公式仅在此单元格中设置。

4.7 对应表

对应表如图4-7-1。

	A	C	D	E	F	G
1–2	材料项目与清单子目号对照表					
3–4	序号	分部分项材料名称	清单子目号	工程数量	清单项目参照	共有 82 项材料未汇总，列表如下：
5	1	F.搭板钢筋Ⅱ级	403-4-b	73295.6	带肋钢筋(HRB335、HRB400)	第 9 行 F.护栏钢板
6	2	F.搭板混凝土C30普通	410-6-f	511	C30级混凝土(搭板)	第 13 行 F.护栏螺栓
7	3	F.挡块垫石钢筋Ⅱ级	403-4-b	21582.6	带肋钢筋(HRB335、HRB400)	第 14 行 F.桥面排水垫层级配碎石
8	4	F.挡块垫石混凝土C40普通	410-6-c	60	C40级混凝土(垫石)	第 15 行 F.桥面排水土工材料玻纤格栅
9	5	F.护栏钢板		1235.2		第 16 行 F.桥面排水铸铁泄水管
10	6	F.护栏钢筋Ⅰ级	403-4-a	60899.3	光圆钢筋(HPB235、HPB300)	第 21 行 F.桥头防护其他材料培耕植土
11	7	F.护栏钢筋Ⅱ级	403-4-b	431711.5	带肋钢筋(HRB335、HRB400)	第 25 行 F.桥头防护土石方挖土方
12	8	F.护栏混凝土C30普通	410-6-i	3836.8	C30级混凝土(护栏)	第 28 行 F.伸缩缝混凝土C40普通
13	9	F.护栏螺栓		144		第 29 行 F.伸缩缝混凝土C50普通
14	10	F.桥面排水垫层级配碎石		5.9		第 42 行 J.承台土石方回填

图4-7-1 对应表

对应表是为方便清单汇总设置的。A列为序号；B列隐藏；C列为【分部分项材料名称】，这一列的数据在材料列表中产生，在复制粘贴材料列表的【分部分项材料名称】到本表之前把数据粘贴到临时表中进行降序排列，然后再粘贴进来，这样便于清单编号的输入；D列为清单子目号，是用户输入部分，输入子目号时要弄清楚分部分项材料名称应当属于清单哪一个项目，不能凭感觉输入；E列为同一部位同一种材料的统计栏，本列的作用是将【分部分项材料名称】中的所有同类项目的工程数量归类汇总；F列为清单项目参照列，是一个错误检测栏，清单子目号输入完成之后就可以看到所输入的编号对应的清单子目名称，有了F栏的提示，在复核过程中就容易发现子目号输入的正确与否；G列作用是把没有进入清单的项目统计出来，有些工程量是不进入清单子目的，如果在【分部分项材料名称】栏内不设置检查和不进入清单统计的项目，项目多了容易出错，设置此列后，表格将自动列出没有参与汇总的项目，便于检查漏项。

B5公式：=IF(C5="","",IF(D5<>"",B4,B4+1))

公式作用：对C列分部分项材料名称项目中没有进入清单的项目进行编号，然后在G列进行统计。

E5公式：=IF(SUMIF(分项列表!N:N,C5,分项列表!V:V)=0,"",SUMIF(分项列表!N:N,C5,分项列表!V:V))

公式作用：分项列表汇总对应于C列项目的工程数量。

F5公式：=IF(D5="","",VLOOKUP(D5,清单汇总!A:L,2,FALSE))

公式作用：通过输入清单子目号提取对应的子目名称。有了对应的子目名称就方便检查清单子目号输入的正确与否。

G5公式：=IF(ISNA(VLOOKUP(A5,B$1:G$504,2,FALSE))=TRUE,"",IF(C5="",""," 第 "&MATCH(A5,B$1:B$504,0)&" 行 "&VLOOKUP(A5,B$1:G$504,2,FALSE)))

公式作用：提取C列中没有进入清单统计的项目，并显示出相应的行号。

公式的设置是便于检查清单子目号输入完成后看有没有漏掉的项目，没有进入清单统计的项目在G列中均显示了它的行号，有了本列的显示，有漏掉的项目便很容易查到它的位置。

以上公式均可向下拖动。

G3公式：="共有 "&500-COUNTIF(G5:G504,"")&"项材料未汇总，列

表如下："

公式作用：统计有多少个项目没有进行清单统计。这个公式的区间设置与前面的数值不能改变。

公式说明：利用“&”符号把“共有 ”这个字符与“500-COUNTIF(G5:G504,"")”公式的返回值合并到一起再与“ 项材料未汇总，列表如下：”字符合并，公式中的“500”的来由是“G5:G504”选中的单元格为500个，故用“500”减去COUNTIF(G5:G504,"")返回值，如果区间单元格的数量为600，这个数值应当是“600”，不应当是“500”了；“COUNTIF(G5:G504,"")”功能是在指定的区间统计空单元格的数量，总单元格数量减去空单元格数量即为没有进入清单汇总的项目数量。

4.8 清单汇总

清单汇总表如图4-8-1。

清单汇总是一个比较麻烦的工作，每个项目的要求不一样，归类和汇总也不一样，目前还没有通用的比较好的汇总办法。本系统清单汇总表的做法是：

（1）用户填写【子目号】、【子目名称】、【单位】、【单价】和【清单数量】的内容。

（2）工程量复核完成后在对应表的【清单子目号】栏输入对应项目所对应的清单子目号，对应表中任何一个单元格不能链接其他单元格的数据。

准确填写清单子目号的前提是对工程计量工作有较好掌握，如果对工程计量不了解，对应的清单号的输入就比较困难。

如果在工程量复核完之后对原始数据又做了修改，这样就有可能造成材料名称的增加或减少。项目的增加可在材料列表的【缺项说明】栏内查看，没有缺项时此栏标题名（D3单元格的值）显示为【缺项说明】，有缺项时此栏标题名就显示“缺项说明：本表中有‘几’项材料名称在对应表中没有出现”。然后在【缺项说明】栏内找到增加的项目填写到对应表中；如果是减少了某项，可直接查看对应表，把没有数据的那一行删掉。

清单汇总表的【备注】栏设置了唯一性检查公式，此功能是检查【子目名称】栏内的内容有没有重复，用公式对数据进行归类汇总过程中，唯一性是它计算汇总的前提条件，如果子目名称重复，计算结果就会出错，工程量复核过程中，要对重复的子目名称进行适当的修改，让它变成唯一的。

	A	B	C	D	E	F	G	H	I	J	K	L
1	清　单　汇　总										合计增加金额：0 元	
2											清单中有 2 个缺项	
3	子目号	子目名称	单位	单价	清单数量	复核数量	清单合价(元)	图纸合价(元)	工程量增减	金额增减(元)	备　注	缺项检查
4	202-1	清理与掘除										
5	202-1-a	清理现场	m^2		39909.1	39909.1						
6	202-1-b	砍伐树木	棵		1289				-1289			
7	202-1-c	挖除树根	棵		1289				-1289			
8	203-1	路基挖方										
9	203-1-a	挖土方(含1km运距)	m^3		118170.6	118170.6						
10	203-1-b	挖石方(含1km运距)	m^3		417417	417471			54			
11	203-1-c	挖除非适用材料(不含淤泥)	m^3		7767.5	7767.5						
12	203-2	改河、改渠、改路挖方										
13	203-2-a	开挖土方(含1km运距)	m^3		356.3	356.3						
14	203-3	弃方超运									子目名称有 2 个重复	
15	203-3-a	土方	m^3		10898.1	10898.59			0.5		子目名称有 3 个重复	
16	203-3-b	石方	m^3		75765.7	75765.66					子目名称有 2 个重复	
17	204-1	路基填筑(包括填前压实)										

图4-8-1　清单汇总表

清单汇总表中单元格边框为红色（书中为灰色）的数据是不能修改的，另外清单100章的内容没有列入复核范围。

清单汇总样表除A到E列的数据为用户填写外，其他列的数据均由公式自动生成。填写子目号时要特别注意输入格式，必须要按照图例把子目号输入完整。现在对公式进行说明。

F4公式：=IF(A4="","",IF(SUMIF(对应表!D:D,A4,对应表!E:E)=0,"",SUMIF(对应表!D:D,A4,对应表!E:E)))

公式作用：从对应表中汇总对应子目号的工程数量。

G4公式：=IF(OR(D4="",E4=""),"",ROUND(E4*D4,2))

公式作用：计算清单量合价。

H4公式：=IF(OR(D4="",F4=""),"",ROUND(F4*D4,2))

公式作用：计算图纸量合价。

I4公式：=IF(ROUND(SUM(F4)-SUM(E4),1)=0,"",ROUND(SUM(F4)-SUM(E4),1))

公式作用：计算工程量增减。

J4公式：=IF(SUM(H4)-SUM(G4)=0,"",SUM(H4)-SUM(G4))

公式作用：计算金额增减。

K4公式：=IF(COUNTIF(B$2:B$351,B4)>1,"子目名称有 "&COUNTIF(B$2:B$351,B4)&" 个重复","")

公式作用：检查子目名称有没有重复的名称，如果有重复的名称，在K列中就会显示出来。

L4公式：=IF(AND(F4<>"",E4=""),"清单缺项","")

公式作用：清单缺项提醒作用。

工程量复核完成之后，有些项目在清单中没有出现，这里需要在清单中增加项目，新增加的项目没有确定单价时，本列就会显示为清单缺项，如果单价确定了，此栏不再提示。

以上公式均可向下拖动。

K1公式：="合计增加金额："&ROUND(SUM(J3:J299),0)&"元"

公式作用：统计复核后金额的增减。

K2公式：=IF(COUNTIF(L5:L299,"清单缺项")>0,"清单中有"&COUNTIF(L5:L299,"清单缺项")&"个缺项","")

公式作用：统计清单中总共有多少个缺项项目。

这两个公式仅在这两个单元格中设置。

4.9 工程量汇总

工程量汇总表如图4-9-1。

	A	E	I J K	L	O	P	Q	R	S	T	U
1–2	工 程 量 汇 总 表										
25–27	序号	工程名称	分部分项 / 工程数量 / 材料名称	单位	S.T梁预制	S.T梁现浇	S.桥面现浇	S.桥面铺装	X.盖梁	X.台帽	X.墩柱
28	1	路基工程	钢筋Ⅰ级	kg							
29	2		钢筋Ⅱ级	kg							
30	3		垫层碎石反滤层	m³							
31	4		其他材料高强护坡网	m²							
32	5		沟槽M7.5矩形40×40	m							
33	6		沟槽M7.5矩形60×80	m							
34	7		沟槽M7.5平台	m							
35	8		沟槽M7.5山坡	m							
36	9		沟槽M7.5梯形60×60	m							
37	10		沟槽渗沟	m							
38	11		混凝土C15片石	m³							
39	12		混凝土C20普通	m³							
40	13		混凝土C25普通	m³							
41	14		混凝土C25预制	m³							
42	15		混凝土C30普通	m³							
43	16		混凝土C30预制	m³							
44	17		浆砌片石M10	m³							

图4-9-1 工程量汇总表

工程量汇总表的形式与图纸的工程量表差不多，不同的是本工程量表是整个项目的内容，多了【工程名称】一栏，表中的数据全部由系统自动生成，不需要用户填写。工程量汇总表从分项列表中按照工程名称、分部分项、材料名称汇总相应的工程量到相应的行和列，构成整个项目的工程数量表。

现对工程量汇总表的公式设置逐一进行讲述，先讲述显示部分，后讲述隐藏部分。

B28公式：=IF(VLOOKUP(A28,材料项目!A:G,2,FALSE)="","",VLOOKUP(A28,材料项目!A:G,2,FALSE))

I28公式：=IF(VLOOKUP(A28,材料项目!A:G,5,FALSE)="","",VLOOKUP(A28,材料项目!A:G,5,FALSE))

L28公式：=IF(VLOOKUP(A28,材料项目!A:G,6,FALSE)="","",VLOOKUP(A28,材料项目!A:G,6,FALSE))

以上3个公式作用分别是从材料项目表中提取工程名称、材料名称及材料名称对应的单位。设置好后根据需要向下拖动。

O28公式：=IF(OR(O$26="",SUMIF(分项列表!$H:$H,$M28&O$26&$I28,分项列表!$V:$V)=0),"",ROUND(SUMIF(分项列表!$H:$H,$M28&O$26&$I28,分项列表!$V:$V),1))

公式作用：从分项列表中汇总对应项目的工程数量。

这里对应项目的控制办法是用“$M28&O$26&$I28”公式把【工程名称】、【分部分项】与【材料名称】栏的数据组成一个字符串，然后在分项列表的H列中查找与“$M28&O$26&$I28”公式组成的字符串相同的项目，并把对应行V列的数据汇总到O28单元格中。

O28公式设置好后向右拖动到CO列，然后选中O28到CO28单元格，需要多少行就向下拖动多少行。

CP28公式：=IF(SUM(O28:CO28)=0,"",SUM(O28:CO28))

O26公式：=IF(VLOOKUP(O24,下拉列表!$A:$S,2,FALSE)="","",VLOOKUP(O24,下拉列表!$A:$S,2,FALSE))

O26单元格公式设置好后向右拖动到CP26。这时表格中出现“#N/A”值，不用管它，继续设置。

以下是隐藏单元格的公式：

B28公式：=IF(I28="","",IF(E28<>"",1,IF(SUM(CP28)=0,B27,B27+1)))

公式作用：给有工程数量的项目设置序列号。

公式解释：如果I28（材料名称）等于空，B28等于空；如果E28（工程名称）不等于空，B28就等于“1”（工程名称中每出现一个新的工程名称，序号的编排就从“1”开始）；如果CP28（合计）等于“0”，B28等于“B27”，否则等于“B27+1”的返回值。

B列公式功能是给每种材料名称给定一个序号，为标签名1～20的工作表提取数据设置控制列，B28单元格公式的最后一个IF函数的条件是“SUM(CP28)=0”，它的作用是只给有工程量的项目编号，没有工程量的项目不编号，这样在1～20的几个工作表中提取数据时只提取有工程量的行，没有工程量的行不提取。

C28公式：=IF(M28<>"",B28&"-"&M28,"")

公式作用：把B列排好的序号与工程名称合并成一个字符串进行处理，字符串中间加了一个“-”字符。

D28公式：=IF(I28="","",IF(B28="",IF(D27="",1,D27),D27+1))

公式作用：给每个新出现的工程名称排号。

以上3个公式的设置是为标签名为1～20的几个分表服务的。

F28公式：=IF(I28="","",MATCH(I28,I$1:I$2131,0))

G28公式：=IF(F28="","",IF(AND(H28<>"",SUMIF(I$1:I$2131,H28,CP$1:CP$2131)<>0),G27+1,G27))

H28公式：=IF(ISNA(VLOOKUP(A28,F$1:CP$2131,4,FALSE))=TRUE,"",VLOOKUP(A28,F$1:CP$2131,4,FALSE))

以上F28、G28、H28单元格公式的设置是为材料汇总表服务的，它们的功能是把I列的材料名称取掉重复的然后进行编号。这一设置的方法在分项列表中多次使用，这里不过多讲述。

M28公式：=IF(I28="","",IF(B28="",M27,B28))

公式作用：把工程名称连续填写到本列的单元格中。在【工程名称】栏内，工程名称只是在一个工程的起始行填写，中间单元格没有填写数据，本列的作用就是给相应的每个单元格填写工程名称，便于数据处理。

N28公式：=IF(I28="","",M28&I28)

公式作用：把工程名称与材料名称合并成一个字符处理。这是为材料汇总表设置的，材料汇总表按照设置把每个单位工程的材料数量汇总到相应的列中。

以上B28、C28、D28、F28、G28、H28、M28、N28公式设置好后根据需要向下拖动。

I3到I22为1～20的连续数字，分别代表工程名称中的20个工程，它与标签名为1～20的几个分项工程数量表一一对应，它是为1～20的几个工作表进行工程数量表汇总设置的控制数据。

N3到N22单元格的数值为“1”，这些单元格的数据是相应行中O列到CO列的起始数据。

O3公式：=IF(SUMIF($D$28:$D$2131,$I3,O$28:O$2131)=0,N3,N3+1)

公式作用：通过I列序号的控制，利用SUMIF函数对工程数量表中相同工程编号的O列的工程数量进行汇总。如果合计为“0”，O3单元格的值就等于“N3”，否则等于“N3+1”的返回值，即在分部分项工程名称中对有工程数量的项目排上序号，在以后的分项工程数量提取中，没有工程数量的项目将被忽视。

公式设置好后向下拖动到O22，然后选中O3到O22单元格，向右拖动到CP列。

I23公式：=COLUMN()-2

公式作用：返回引用的列号再减去“2”。

公式中引用了COLUMN函数，它的作用是返回引用的列号。设置好后向右拖动到CP列。

公式功能：为标签名为1～20的工作表用VLOOKUP函数时设置的控制参数，这些数据将被提取到分表的第4行中。

O24到CP24为从“1”开始的连续数，这些连续数是为了第26行提取分部分项名称设置的序号。

4.10 材料汇总

材料汇总表如图4-10-1。

	A	B	C	D	E	F	G	H	I
1-2	材 料 汇 总								
3					1	2	3	4	5
4-6	序号	材料名称	单位	合 计	路基工程	K79+569.7大桥	K81+240.5大桥	K82+587.1大桥	K82+367大桥
7	1	钢筋Ⅰ级	kg	1349029.5	26757.4	485991.5	88551.4	307116.7	148580.2
8	2	钢筋Ⅱ级	kg	8082860.4	83005.5	2450461	547712.2	1754259.4	847259
9	3	垫层碎石反滤层	m³	39.8	39.8				
10	4	其他材料高强护坡网	m²	7011.4	7011.4				
11	5	沟槽M7.5矩形40×40	m	718.2	718.2				
12	6	沟槽M7.5矩形60×80	m	1860	1860				
13	7	沟槽M7.5平台	m	944	944				
14	8	沟槽M7.5山坡	m	346	346				
15	9	沟槽M7.5梯形60×60	m	788.4	788.4				
16	10	沟槽渗沟	m	1115.9	1115.9				
17	11	混凝土C15片石	m³	4351.2	569.6				
18	12	混凝土C20普通	m³	2058.8	585.1				
19	13	混凝土C25普通	m³	7594.3	534.4	590.5	582.1	360.6	393.1
20	14	混凝土C25预制	m³	138.7	54.5				

图4-10-1 材料汇总表

材料汇总表的作用是从工程量汇总中把整个项目的所有材料进行归类汇总。虽然清单中单价不一样，但同一种材料进场价是一样的，所以在统计项目材料用量的时候就没有必要分上、下部等结构。通常把同类的材料汇总到一起，以便让项目部和公司对整个项目的材料用量进行整体了解。

一个项目的工程量复核完成之后，整个项目的工程材料用量就可以在材料汇总表中查看。

材料汇总表公式设置如下：

在第3行设置序列号，从E3单元格的"1"开始，直到AB3单元格的"24"。这一行的每个序号与工程量汇总表中【工程名称】前（D列）的序列号一一对应，如果某个序号上没有工程名称，则对应的第4行单元格为空。

E4公式：=IF(ISNA(VLOOKUP(E3,工程量汇总!$D:$N,2,FALSE))=TRUE,"",VLOOKUP(E3,工程量汇总!$D:$N,2,FALSE))

公式设置好后向右拖动到AB列。

B7公式：=IF(ISNA(VLOOKUP(A7,工程量汇总!G:CP,2,FALSE))=TRUE, " ",VLOOKUP(A7,工程量汇总!G:CP,2,FALSE))

公式的“" "”双引号中间有个空格。

C7公式：=IF(ISNA(VLOOKUP(B7,工程量汇总!I:CP,4,FALSE))=TRUE, " ",VLOOKUP(B7,工程量汇总!I:CP,4,FALSE))

D7公式：=IF(SUMIF(工程量汇总!I:I,B7,工程量汇总!CP:CP)=0," ", SUMIF(工程量汇总!I:I,B7,工程量汇总!CP:CP))

E7公式：=IF(E$4=" "," ",IF(SUMIF(工程量汇总!$N:$N,E$4&$B7,工程量汇总!$CP:$CP)=0," ",SUMIF(工程量汇总!$N:$N,E$4&$B7,工程量汇总!$CP:$CP)))

E7公式设置好后向右拉到AB列，然后选中B7到AB7，向下拖动到246行。

4.11 工程数量分类汇总表（标签名1～20的表格）

工程数量分类汇总表如图4-11-1。

	A	C D E	F	G	H	I	J	K	L	M	N	O	P	Q
1–2								赛头1#隧道						
5–7	序号	项目名称 / 工程数量 / 材料名称	单位	洞门	明洞	开挖支护	喷射支护	洞身衬砌	防排水	通风照明	电力消防	洞内路面	配套设施	合计
8	1	钢筋Ⅰ级	kg		3147		34317.8	32551.4				492.2		70508.4
9	2	钢筋Ⅱ级	kg	1197.5	31276	2051.2	506752	298523				29684.2		869484.5
10	3	防水板EVA δ=1.5	m²						62321.5					62321.5
11	4	钢板	kg				121373							121372.5
12	5	钢管φ108×6L	m			5770.8								5770.8
13	6	钢管φ108×6S	m			173.1								173.1
14	7	钢管φ127×4L	m			295.9								295.9
15	8	钢管φ42×4L	m			21217.3								21217.3
16	9	钢管φ42×4S	m				22306.7							22306.7
17	10	钢筋网	kg				215235							215235.1
18	11	钢筋网φ6@20	kg	1497.8										1497.8
19	12	其他材料黏土隔水层	m²		268.8									268.8

图4-11-1 工程数量分类汇总表

标签名1～20的表格的功能是按照工程名称创建各自的工程数量表，这些工程数量表与图纸的工程数量表格式基本相同。工程数量表在整个计算中没有用处，删除这20个表格工程数量计算系统也能正常运行。设置这些表的目的是方便与图纸工程数量表进行数量核对。这20个工程数量表的创建基本相同，表格的公式没有多大变化，在整个工作表中公式设置有变化的只有A1、E3（表头标题栏）单元格、第4行、第6行的公式。表1设置如下：

从F3开始设置序列号到AL3，序列号从1连续到33。

G4公式：=IF(ISNA(HLOOKUP(G3,工程量汇总!$L$3:$CP$28,21,FALSE))=TRUE,"",HLOOKUP(G3,工程量汇总!$L$3:$CP$28,21,FALSE))

公式作用：提取对应单位工程在工程数量汇总表中有工程数量的行号。

公式中引用了HLOOKUP函数，此函数的功能是在表格或数值数组（数组，用于建立可生成多个结果或可对在行和列中排列的一组参数进行运算的单个公式。数组区域共用一个公式，数组常量是用作参数的一组常量）的首行查找指定的数值，并在表格或数组中指定行的同一列中返回一个数值。其用法与VLOOKUP相似，不同之处是VLOOKUP函数返回指定列相应行的数值，HLOOKUP函数返回指定行相应列的数值。

G6公式：=IF(ISNA(HLOOKUP(G3,工程量汇总!$L$3:$CP$28,$E$3,FALSE))=TRUE,"",IF(HLOOKUP(G3,工程量汇总!$L$3:$CP$28,$E$3,FALSE)="","",IF(ISERROR(SEARCH(".",HLOOKUP(G3,工程量汇总!$L$3:$CP$28,$E$3,FALSE)))=TRUE,HLOOKUP(G3,工程量汇总!$L$3:$CP$28,$E$3,FALSE),MID(HLOOKUP(G3,工程量汇总!$L$3:$CP$28,$E$3,FALSE),3,12))))

公式作用：提取对应的标题名称，并取消掉标题名称前面的英文字母。

公式中引用了MID、ISERROR、SEARCH函数。MID函数的作用是返回文本字符串中从指定位置开始的特定数目的字符，该数目由用户指定。SEARCH函数：在一个文本值中查找另一个文本值（不区分大小写）。ISERROR函数：检查SEARCH函数返回值是否为任意错误值（“#N/A”“#VALUE!”“#REF!”“#DIV/0!”“#NUM!”“#NAME”或“#NULL!”），在公式中的作用是用SEARCH函数查找HLOOKUP函数的返回值中是否能找到“.”，如果能找到，ISERROR返回值为假，即“ISERROR()=TRUE”条件不成立，如果找不到，ISERROR返回值为真，即“ISERROR()=TRUE”条件成立。

在【分部分项】下拉菜单中，为了方便下拉菜单的选取和数据的统计，在结构物的分项名称前面分别加了对应结构部位的第一个汉语拼音字母，如分项属于上部结构的，在分项前面加“S.”，属于下部结构的，在分项前面加“X.”，在G6单元格公式中利用了ISERROR、SEARCH两个函数取掉了分项名称前面的拼音字母与“.”号。

HLOOKUP函数的第3个参数是“$E$3”，这个参数是控制HLOOKUP函数从“工程量汇总!$L$3:$CP$28”这个给定区间的第几行提取数值，在表1中E3的数值是“24”。在表2中E3的数值就是“23”，依次类推，到表20，E3的数值就变为“5”，请依此设置。

以上G4、G6两个公式设置好后向右拖动到AL列。

B8公式：=A8&"-"&$A$1

B8单元格公式是为G到AL列提取相应的工程数量设置的，在工程量汇总表中的C列设置同样的数值，它的作用就是为这20个工作表提取数值设置的控制数据。

C8公式：=IF(ISNA(VLOOKUP(B8,工程量汇总!C:CP,COLUMN(工程量汇总!I:I)-2,FALSE))=TRUE,"",VLOOKUP(B8,工程量汇总!C:CP,COLUMN(工程量汇总!I:I)-2,FALSE))

公式中对VLOOKUP函数第3个参数的设置用了“COLUMN(工程量汇总!I:I)-2”而不是给定的固定参数。这里有个减去“2”的设置，如果VLOOKUP引用的第2个参数区间从A列开始，那么COLUMN(工程量汇总!I:I)返回的列号正好是VLOOKUP需要调用列号（I列），而这里VLOOKUP的第2个参数是从C列开始的，即从A列起算，错过了两列，故应减去“2”才能调整到VLOOKUP需要调用的列号（I列）。利用COLUMN函数处理VLOOKUP的参数，好处是在工程量汇总表的增加删除列的后面，VLOOKUP函数始终能返回指定列的数值。

F8公式：=IF(ISNA(VLOOKUP(B8,工程量汇总!C:CP,COLUMN(工程量汇总!L:L)-2,FALSE))=TRUE,"",VLOOKUP(B8,工程量汇总!C:CP,COLUMN(工程量汇总!L:L)-2,FALSE))

G8公式：=IF(OR(G$4="",ISNA(VLOOKUP($B8,工程量汇总!$C:$CP,G$4,FALSE))=TRUE,$C8=""),"",VLOOKUP($B8,工程量汇总!$C:CP,G4,FALSE))

G8公式设置好后向右拖动到AL8列，然后选中B8到AL8，向下拖动至第80行。

A1公式：=IF(ISNA(VLOOKUP(1,工程量汇总!D:N,2,FALSE))=TRUE,

"",VLOOKUP(1,工程量汇总!D:N,2,FALSE))

表1设置完成，然后按照下列方法复制其他工作表，对有变化的地方进行设置。复制方法如下：

（1）鼠标放置在标签名上点击右键。

（2）点击“移动或复制”。

（3）【下列选定工作表之前】栏选取“移至最后”，【建立副本】前打钩，如图4-11-2。

（4）单击【确定】按钮。

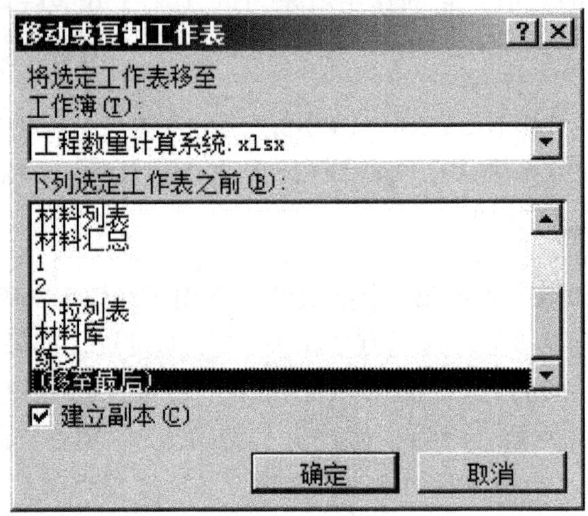

图4-11-2　移动或复制工作表对话框

表1设置完成，其余19个分表的A1和E3单元格、第4行与第6行的公式修改如下。

表2：

A1公式改为：=IF(ISNA(VLOOKUP(2,工程量汇总!D:N,2,FALSE))=TRUE,"",VLOOKUP(2,工程量汇总!D:N,2,FALSE))

E3单元格填“23”。

G4公式改为：=IF(ISNA(HLOOKUP(G3,工程量汇总!$L$4:$CP$28,20,FALSE))=TRUE,"",HLOOKUP(G3,工程量汇总!$L$4:$CP$28,20,FALSE))

G6公式改为：=IF(ISNA(HLOOKUP(G3,工程量汇总!$L$4:$CP$28,$E$3,FALSE))=TRUE,"",IF(HLOOKUP(G3,工程量汇总!$L$4:$CP$28,$E$3,

FALSE)="","",IF(ISERROR(SEARCH(".",HLOOKUP(G3,工程量汇总!$L$4:$CP$28,$E$3,FALSE)))=TRUE,HLOOKUP(G3,工程量汇总!$L$4:$CP$28,$E$3,FALSE),MID(HLOOKUP(G3,工程量汇总!$L$4:$CP$28,$E$3,FALSE),3,12))))

在这些表格的设置中，要注意函数调用区间的变化。

表3：

A1公式改为：=IF(ISNA(VLOOKUP(3,工程量汇总!D:N,2,FALSE))=TRUE,"",VLOOKUP(3,工程量汇总!D:N,2,FALSE))

E3单元格填“22”。

G4公式改为：=IF(ISNA(HLOOKUP(G3,工程量汇总!$L$5:$CP$28,19,FALSE))=TRUE,"",HLOOKUP(G3,工程量汇总!$L$5:$CP$28,19,FALSE))

G6公式改为：=IF(ISNA(HLOOKUP(G3,工程量汇总!$L$5:$CP$28,$E$3,FALSE))=TRUE,"",IF(HLOOKUP(G3,工程量汇总!$L$5:$CP$28,$E$3,FALSE)="","",IF(ISERROR(SEARCH(".",HLOOKUP(G3,工程量汇总!$L$5:$CP$28,$E$3,FALSE)))=TRUE,HLOOKUP(G3,工程量汇总!$L$5:$CP$28,$E$3,FALSE),MID(HLOOKUP(G3,工程量汇总!$L$5:$CP$28,$E$3,FALSE),3,12))))

表4：

A1公式改为：=IF(ISNA(VLOOKUP(4,工程量汇总!D:N,2,FALSE))=TRUE,"",VLOOKUP(4,工程量汇总!D:N,2,FALSE))

E3单元格填“21”。

G4公式改为：=IF(ISNA(HLOOKUP(G3,工程量汇总!$L$6:$CP$28,18,FALSE))=TRUE,"",HLOOKUP(G3,工程量汇总!$L$6:$CP$28,18,FALSE))

G6公式改为：=IF(ISNA(HLOOKUP(G3,工程量汇总!$L$6:$CP$28,$E$3,FALSE))=TRUE,"",IF(HLOOKUP(G3,工程量汇总!$L$6:$CP$28,$E$3,FALSE)="","",IF(ISERROR(SEARCH(".",HLOOKUP(G3,工程量汇总!$L$6:$CP$28,$E$3,FALSE)))=TRUE,HLOOKUP(G3,工程量汇总!$L$6:$CP$28,$E$3,FALSE),MID(HLOOKUP(G3,工程量汇总!$L$6:$CP$28,$E$3,FALSE),

3,12))))

表5：

A1公式改为：=IF(ISNA(VLOOKUP(5,工程量汇总!D:N,2,FALSE))=TRUE,"",VLOOKUP(5,工程量汇总!D:N,2,FALSE))

E3单元格填“20”。

G4公式改为：=IF(ISNA(HLOOKUP(G3,工程量汇总!$L$7:$CP$28,17,FALSE))=TRUE,"",HLOOKUP(G3,工程量汇总!$L$7:$CP$28,17,FALSE))

G6公式改为：=IF(ISNA(HLOOKUP(G3,工程量汇总!$L$7:$CP$28,$E$3,FALSE))=TRUE,"",IF(HLOOKUP(G3,工程量汇总!$L$7:$CP$28,$E$3,FALSE)="","",IF(ISERROR(SEARCH(".",HLOOKUP(G3,工程量汇总!$L$7:$CP$28,$E$3,FALSE)))=TRUE,HLOOKUP(G3,工程量汇总!$L$7:$CP$28,$E$3,FALSE),MID(HLOOKUP(G3,工程量汇总!$L$7:$CP$28,$E$3,FALSE),3,12))))

表6：

A1公式改为：=IF(ISNA(VLOOKUP(6,工程量汇总!D:N,2,FALSE))=TRUE,"",VLOOKUP(6,工程量汇总!D:N,2,FALSE))

E3单元格填“19”。

G4公式改为：=IF(ISNA(HLOOKUP(G3,工程量汇总!$L$8:$CP$28,16,FALSE))=TRUE,"",HLOOKUP(G3,工程量汇总!$L$8:$CP$28,16,FALSE))

G6公式改为：=IF(ISNA(HLOOKUP(G3,工程量汇总!$L$8:$CP$28,$E$3,FALSE))=TRUE,"",IF(HLOOKUP(G3,工程量汇总!$L$8:$CP$28,$E$3,FALSE)="","",IF(ISERROR(SEARCH(".",HLOOKUP(G3,工程量汇总!$L$8:$CP$28,$E$3,FALSE)))=TRUE,HLOOKUP(G3,工程量汇总!$L$8:$CP$28,$E$3,FALSE),MID(HLOOKUP(G3,工程量汇总!$L$8:$CP$28,$E$3,FALSE),3,12))))

表7：

A1公式改为：=IF(ISNA(VLOOKUP(7,工程量汇总!D:N,2,FALSE))=TRUE,

"",VLOOKUP(7,工程量汇总!D:N,2,FALSE))

E3单元格填“18”。

G4公式改为：=IF(ISNA(HLOOKUP(G3,工程量汇总!$L$9:$CP$28,15,FALSE))=TRUE,"",HLOOKUP(G3,工程量汇总!$L$9:$CP$28,15,FALSE))

G6公式改为：=IF(ISNA(HLOOKUP(G3,工程量汇总!$L$9:$CP$28,$E$3,FALSE))=TRUE,"",IF(HLOOKUP(G3,工程量汇总!$L$9:$CP$28,$E$3,FALSE)="","",IF(ISERROR(SEARCH(".",HLOOKUP(G3,工程量汇总!$L$9:$CP$28,$E$3,FALSE)))=TRUE,HLOOKUP(G3,工程量汇总!$L$9:$CP$28,$E$3,FALSE),MID(HLOOKUP(G3,工程量汇总!$L$9:$CP$28,$E$3,FALSE),3,12))))

表8：

A1公式改为：=IF(ISNA(VLOOKUP(8,工程量汇总!D:N,2,FALSE))=TRUE,"",VLOOKUP(8,工程量汇总!D:N,2,FALSE))

E3单元格填“17”。

G4公式改为：=IF(ISNA(HLOOKUP(G3,工程量汇总!$L$10:$CP$28,14,FALSE))=TRUE,"",HLOOKUP(G3,工程量汇总!$L$10:$CP$28,14,FALSE))

G6公式改为：=IF(ISNA(HLOOKUP(G3,工程量汇总!$L$10:$CP$28,$E$3,FALSE))=TRUE,"",IF(HLOOKUP(G3,工程量汇总!$L$10:$CP$28,$E$3,FALSE)="","",IF(ISERROR(SEARCH(".",HLOOKUP(G3,工程量汇总!$L$10:$CP$28,$E$3,FALSE)))=TRUE,HLOOKUP(G3,工程量汇总!$L$10:$CP$28,$E$3,FALSE),MID(HLOOKUP(G3,工程量汇总!$L$10:$CP$28,$E$3,FALSE),3,12))))

表9：

A1公式改为：=IF(ISNA(VLOOKUP(9,工程量汇总!D:N,2,FALSE))=TRUE,"",VLOOKUP(9,工程量汇总!D:N,2,FALSE))

E3单元格填“16”。

G4公式改为：=IF(ISNA(HLOOKUP(G3,工程量汇总!$L$11:$CP$28,13,FALSE))=TRUE,"",HLOOKUP(G3,工程量汇总!$L$11:$CP$28,13,FALSE))

G6公式改为：=IF(ISNA(HLOOKUP(G3,工程量汇总!$L$11:$CP$28,$E$3,FALSE))=TRUE,"",IF(HLOOKUP(G3,工程量汇总!$L$11:$CP$28,$E$3,FALSE) ="","",IF(ISERROR(SEARCH(".",HLOOKUP(G3, 工 程 量 汇 总! $L$11:$CP$28,$E$3,FALSE)))=TRUE,HLOOKUP(G3,工程量汇总!$L$11:$CP$28,$E$3,FALSE),MID(HLOOKUP(G3,工程量汇总!$L$11:$CP$28,$E$3,FALSE),3,12))))

表10：

A1公式改为：=IF(ISNA(VLOOKUP(10,工程量汇总!D:N,2,FALSE))=TRUE,"",VLOOKUP(10,工程量汇总!D:N,2,FALSE))

E3单元格填“15”。

G4公式改为：=IF(ISNA(HLOOKUP(G3,工程量汇总!$L$12:$CP$28,12,FALSE))=TRUE,"",HLOOKUP(G3,工程量汇总!$L$12:$CP$28,12,FALSE))

G6公式改为：=IF(ISNA(HLOOKUP(G3,工程量汇总!$L$12:$CP$28,$E$3,FALSE))=TRUE,"",IF(HLOOKUP(G3,工程量汇总!$L$12:$CP$28,$E$3,FALSE) ="","",IF(ISERROR(SEARCH(".",HLOOKUP(G3, 工 程 量 汇 总! $L$12:$CP$28,$E$3,FALSE)))=TRUE,HLOOKUP(G3,工程量汇总!$L$12:$CP$28,$E$3,FALSE),MID(HLOOKUP(G3,工程量汇总!$L$12:$CP$28,$E$3,FALSE),3,12))))

表11：

A1公式改为：=IF(ISNA(VLOOKUP(11,工程量汇总!D:N,2,FALSE))=TRUE,"",VLOOKUP(11,工程量汇总!D:N,2,FALSE))

E3单元格填“14”。

G4公式改为：=IF(ISNA(HLOOKUP(G3,工程量汇总!$L$13:$CP$28,11,FALSE))=TRUE,"",HLOOKUP(G3,工程量汇总!$L$13:$CP$28,11,FALSE))

G6公式改为：=IF(ISNA(HLOOKUP(G3,工程量汇总!$L$13:$CP$28,

$E$3,FALSE))=TRUE,"",IF(HLOOKUP(G3,工程量汇总!$L$13:$CP$28,$E$3,FALSE)="","",IF(ISERROR(SEARCH(".",HLOOKUP(G3,工程量汇总!$L$13:$CP$28,$E$3,FALSE)))=TRUE,HLOOKUP(G3,工程量汇总!$L$13:$CP$28,$E$3,FALSE),MID(HLOOKUP(G3,工程量汇总!$L$13:$CP$28,$E$3,FALSE),3,12))))

表12:

A1公式改为：=IF(ISNA(VLOOKUP(12,工程量汇总!D:N,2,FALSE))=TRUE,"",VLOOKUP(12,工程量汇总!D:N,2,FALSE))

E3单元格填“13”。

G4公式改为：=IF(ISNA(HLOOKUP(G3,工程量汇总!$L$14:$CP$28,10,FALSE))=TRUE,"",HLOOKUP(G3,工程量汇总!$L$14:$CP$28,10,FALSE))

G6公式改为：=IF(ISNA(HLOOKUP(G3,工程量汇总!$L$14:$CP$28,$E$3,FALSE))=TRUE,"",IF(HLOOKUP(G3,工程量汇总!$L$14:$CP$28,$E$3,FALSE)="","",IF(ISERROR(SEARCH(".",HLOOKUP(G3,工程量汇总!$L$14:$CP$28,$E$3,FALSE)))=TRUE,HLOOKUP(G3,工程量汇总!$L$14:$CP$28,$E$3,FALSE),MID(HLOOKUP(G3,工程量汇总!$L$14:$CP$28,$E$3,FALSE),3,12))))

表13:

A1公式改为：=IF(ISNA(VLOOKUP(13,工程量汇总!D:N,2,FALSE))=TRUE,"",VLOOKUP(13,工程量汇总!D:N,2,FALSE))

E3单元格填“12”。

G4公式改为：=IF(ISNA(HLOOKUP(G3,工程量汇总!$L$15:$CP$28,9,FALSE))=TRUE,"",HLOOKUP(G3,工程量汇总!$L$15:$CP$28,9,FALSE))

G6公式改为：=IF(ISNA(HLOOKUP(G3,工程量汇总!$L$15:$CP$28,$E$3,FALSE))=TRUE,"",IF(HLOOKUP(G3,工程量汇总!$L$15:$CP$28,$E$3,FALSE)="","",IF(ISERROR(SEARCH(".",HLOOKUP(G3,工程量汇总!$L$15:$CP$28,$E$3,FALSE)))=TRUE,HLOOKUP(G3,工程量汇总!$L$15:$CP$28,$E

$3,FALSE),MID(HLOOKUP(G3,工程量汇总!$L$15:$CP$28,$E$3,FALSE),3,12))))

表14：

A1公式改为：=IF(ISNA(VLOOKUP(14,工程量汇总!D:N,2,FALSE))=TRUE,"",VLOOKUP(14,工程量汇总!D:N,2,FALSE))

E3单元格填“11”。

G4公式改为：=IF(ISNA(HLOOKUP(G3,工程量汇总!$L$16:$CP$28,8,FALSE))=TRUE,"",HLOOKUP(G3,工程量汇总!$L$16:$CP$28,8,FALSE))

G6公式改为：=IF(ISNA(HLOOKUP(G3,工程量汇总!$L$16:$CP$28,$E$3,FALSE))=TRUE,"",IF(HLOOKUP(G3,工程量汇总!$L$16:$CP$28,$E$3,FALSE)="","",IF(ISERROR(SEARCH(".",HLOOKUP(G3,工程量汇总!$L$16:$CP$28,$E$3,FALSE)))=TRUE,HLOOKUP(G3,工程量汇总!$L$16:$CP$28,$E$3,FALSE),MID(HLOOKUP(G3,工程量汇总!$L$16:$CP$28,$E$3,FALSE),3,12))))

表15：

A1公式改为：=IF(ISNA(VLOOKUP(15,工程量汇总!D:N,2,FALSE))=TRUE,"",VLOOKUP(15,工程量汇总!D:N,2,FALSE))

E3单元格填“10”。

G4公式改为：=IF(ISNA(HLOOKUP(G3,工程量汇总!$L$17:$CP$28,7,FALSE))=TRUE,"",HLOOKUP(G3,工程量汇总!$L$17:$CP$28,7,FALSE))

G6公式改为：=IF(ISNA(HLOOKUP(G3,工程量汇总!$L$17:$CP$28,$E$3,FALSE))=TRUE,"",IF(HLOOKUP(G3,工程量汇总!$L$17:$CP$28,$E$3,FALSE)="","",IF(ISERROR(SEARCH(".",HLOOKUP(G3,工程量汇总!$L$17:$CP$28,$E$3,FALSE)))=TRUE,HLOOKUP(G3,工程量汇总!$L$17:$CP$28,$E$3,FALSE),MID(HLOOKUP(G3,工程量汇总!$L$17:$CP$28,$E$3,FALSE),3,12))))

表16：

A1公式改为：=IF(ISNA(VLOOKUP(16,工程量汇总!D:N,2,FALSE))=TRUE,"",VLOOKUP(16,工程量汇总!D:N,2,FALSE))

E3单元格填“9”。

G4公式改为：=IF(ISNA(HLOOKUP(G3,工程量汇总!$L$18:$CP$28,6,FALSE))=TRUE,"",HLOOKUP(G3,工程量汇总!$L$18:$CP$28,6,FALSE))

G6公式改为：=IF(ISNA(HLOOKUP(G3,工程量汇总!$L$18:$CP$28,$E$3,FALSE))=TRUE,"",IF(HLOOKUP(G3,工程量汇总!$L$18:$CP$28,$E$3,FALSE)="","",IF(ISERROR(SEARCH(".",HLOOKUP(G3,工程量汇总!$L$18:$CP$28,$E$3,FALSE)))=TRUE,HLOOKUP(G3,工程量汇总!$L$18:$CP$28,$E$3,FALSE),MID(HLOOKUP(G3,工程量汇总!$L$18:$CP$28,$E$3,FALSE),3,12))))

表17：

A1公式改为：=IF(ISNA(VLOOKUP(17,工程量汇总!D:N,2,FALSE))=TRUE,"",VLOOKUP(17,工程量汇总!D:N,2,FALSE))

E3单元格填“8”。

G4公式改为：=IF(ISNA(HLOOKUP(G3,工程量汇总!$L$19:$CP$28,5,FALSE))=TRUE,"",HLOOKUP(G3,工程量汇总!$L$19:$CP$28,5,FALSE))

G6公式改为：=IF(ISNA(HLOOKUP(G3,工程量汇总!$L$19:$CP$28,$E$3,FALSE))=TRUE,"",IF(HLOOKUP(G3,工程量汇总!$L$19:$CP$28,$E$3,FALSE)="","",IF(ISERROR(SEARCH(".",HLOOKUP(G3,工程量汇总!$L$19:$CP$28,$E$3,FALSE)))=TRUE,HLOOKUP(G3,工程量汇总!$L$19:$CP$28,$E$3,FALSE),MID(HLOOKUP(G3,工程量汇总!$L$19:$CP$28,$E$3,FALSE),3,12))))

表18：

A1公式改为：=IF(ISNA(VLOOKUP(18,工程量汇总!D:N,2,FALSE))=TRUE,"",VLOOKUP(18,工程量汇总!D:N,2,FALSE))

E3单元格填“7”。

G4公式改为：=IF(ISNA(HLOOKUP(G3,工程量汇总!$L$20:$CP$28,4,FALSE))=TRUE,"",HLOOKUP(G3,工程量汇总!$L$20:$CP$28,4,FALSE))

G6公式改为：=IF(ISNA(HLOOKUP(G3,工程量汇总!$L$20:$CP$28,$E$3,FALSE))=TRUE,"",IF(HLOOKUP(G3,工程量汇总!$L$20:$CP$28,$E$3,FALSE)="","",IF(ISERROR(SEARCH(".",HLOOKUP(G3,工程量汇总!$L$20:$CP$28,$E$3,FALSE)))=TRUE,HLOOKUP(G3,工程量汇总!$L$20:$CP$28,$E$3,FALSE),MID(HLOOKUP(G3,工程量汇总!$L$20:$CP$28,$E$3,FALSE),3,12))))

表19：

A1公式改为：=IF(ISNA(VLOOKUP(19,工程量汇总!D:N,2,FALSE))=TRUE,"",VLOOKUP(19,工程量汇总!D:N,2,FALSE))

E3单元格填“6”。

G4公式改为：=IF(ISNA(HLOOKUP(G3,工程量汇总!$L$21:$CP$28,3,FALSE))=TRUE,"",HLOOKUP(G3,工程量汇总!$L$21:$CP$28,3,FALSE))

G6公式改为：=IF(ISNA(HLOOKUP(G3,工程量汇总!$L$21:$CP$28,$E$3,FALSE))=TRUE,"",IF(HLOOKUP(G3,工程量汇总!$L$21:$CP$28,$E$3,FALSE)="","",IF(ISERROR(SEARCH(".",HLOOKUP(G3,工程量汇总!$L$21:$CP$28,$E$3,FALSE)))=TRUE,HLOOKUP(G3,工程量汇总!$L$21:$CP$28,$E$3,FALSE),MID(HLOOKUP(G3,工程量汇总!$L$21:$CP$28,$E$3,FALSE),3,12))))

表20：

A1公式改为：=IF(ISNA(VLOOKUP(20,工程量汇总!D:N,2,FALSE))=TRUE,"",VLOOKUP(20,工程量汇总!D:N,2,FALSE))

E3单元格填“5”。

G4公式改为：=IF(ISNA(HLOOKUP(G3,工程量汇总!$L$22:$CP$28,2,

FALSE))=TRUE,"",HLOOKUP(G3,工程量汇总!$L$22:$CP$28,2,FALSE))

G6公式改为：=IF(ISNA(HLOOKUP(G3,工程量汇总!$L$22:$CP$28,$E$3,FALSE))=TRUE,"",IF(HLOOKUP(G3,工程量汇总!$L$22:$CP$28,$E$3,FALSE)="","",IF(ISERROR(SEARCH(".",HLOOKUP(G3,工程量汇总!$L$22:$CP$28,$E$3,FALSE)))=TRUE,HLOOKUP(G3,工程量汇总!$L$22:$CP$28,$E$3,FALSE),MID(HLOOKUP(G3,工程量汇总!$L$22:$CP$28,$E$3,FALSE),3,12))))

从表2到表20的公式设置完成后，分别选中每个工作表的G5与G6单元格向右拖动到AL列，表头的公式设置完成。

工程数量计算表相关设置就全部完成。为了实现相应的功能，表中有很多过程设置，需要仔细了解掌握，如果理解了这些过程设置，表格的设置就不难了。

第5章　计量支付系统

随着FIDIC条款引进国内，计量支付程序已在全国公路行业全面实施，有关计量支付的细节问题都可以在相关资料中查到。

计量支付系统中有关计量支付的8个报表由有关部门创建。为了实现整个系统的功能，计量支付系统中增加了一些附表。另外为了计量支付方便，计量支付系统还增加了一些附加功能。相关数据的相互计算均是按照计量支付相关要求和规定自动计算的。下面对计量支付报表的设置方法和思路进行逐个讲解。

5.1　设置

设置表如图5-1-1。

	A	B	C
1	设　置		
2			
3	建设单位：	公路建设管理处	备注
4	项目名称：	土建工程XXXX合同段	
5	承包单位：	建设工程集团公司	
6	监理单位：	公路工程咨询监理有限公司	
7	合同号：	XXXX	
8	开工令日期：	2007年9月	
9	合同期限：	32个月	
10	合同完成日期：	2010年4月	
11	暂定金额：	14448449	
12	起点里程：	79100	
13	终点里程：	84000	
14	动员预付款预付标准	10%	
15	动员预付款返还标准	20%	
16			

图5-1-1　设置表

设置表为设置页面，每次开始一个新的项目，需要按照表中的要求填写相应内容，表中的内容为其他表的链接内容。一个系统刚开始使用的时候，需要进行设置，设置的内容不外乎工程名称、单位名称、开工和竣工日期、起始里程等内容。

5.2 计量支付报表传递单（支表1）

支表1 计量支付报表传递单如图5-2-1。

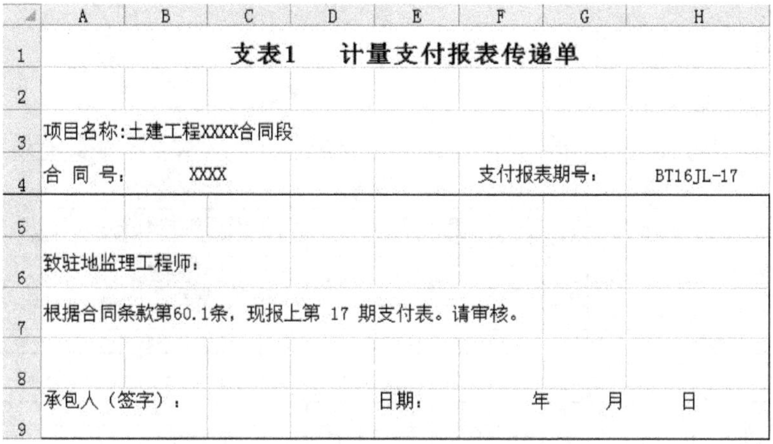

	A	B	C	D	E	F	G	H
1	支表1 计量支付报表传递单							
2								
3	项目名称:土建工程XXXX合同段							
4	合 同 号:	XXXX				支付报表期号:		BT16JL-17
5								
6	致驻地监理工程师:							
7	根据合同条款第60.1条，现报上第 17 期支付表。请审核。							
8								
9	承包人（签字）:				日期:		年	月 日

图5-2-1 支表1 计量支付报表传递单

图5-2-1只剪切了样表的一部分，要想知道支表1的详细内容，请在样表中查阅。为了省去填表的麻烦，支表1做了以下设置：

A3公式：="项目名称:"&设置!B4

公式作用：链接设置面，自动生成项目名称。

B4公式：=设置!B7

公式作用：链接合同号。

H4公式：=IF(支表4附表!I4="",B4&"JL-1",LEFT(支表4附表!I4,7)&MID(支表4附表!I4,8,10)+1)

公式作用：报表期数自动生成公式。支表4附表为上一期的计量数据，在支表4附表的I4单元格中有上一期的报表期数，本期的报表编号在上一期的基础上加“1”即为本期报表期数。

A7公式：="根据合同条款第60.1条，现报上第 "&MID(H4,8,10)&"期支付表。请审核。"

公式作用：填写报表基数。

A7公式省去每次计量在致辞中填写报表期数的麻烦，每一次新的报表开始，根据H4单元格中自动生成的报表期号，A7单元格的内容便能够根据公式设置自动修改期数。

5.3 清单

清单如图5-3-1。

	A	C	D	E	F	G	H	I	J	K	L	M	N	O
1–2	清单													
3–4	序号	项目编号	项目名称	单位	清单工程量	变更工程量	变更后工程量	单价(元)	变更前金额(元)	变更后金额(元)	变更编号	变更等级	汇总标志	备注
26	22	203-1-a	挖土方	m^3	53761		53761	7.17	385466.37	385466.37			200章	
27	23	203-1-b	挖石方	m^3	2697		2697	18.13	48896.61	48896.61			200章	
28	24	203-2	改河、改渠、改挖土方										200章	
29	25	203-2-a	开挖土方	m^3	12527	2000	14527	7.73	96834.48	112294.48	BT16BG001	一般	200章	
30	26	204-1	路基填筑(包括填前压实)										200章	
31	27	204-1-b	利用土方	m^3	34090		34090	5.51	187835.9	187835.9			200章	
32	28	204-1-c	利用石方	m^3	2931		2931	4.73	13863.63	13863.63			200章	
33	29	204-1-g	结构物台背土工格室	m^2	3722		3721.6	35.62	132563.39	132563.39			200章	
34	30	204-1-i	桥梁台后排水	m	126		125.72	73.18	9200.19	9200.19			200章	
35	31	204-1-m	利用道渣石方	m^3	72288	2000	74288	5.00	361440	371440	BT16BG002	一般	200章	

图5-3-1 清单

计量支付的依据就是清单，为了控制报表中各数据的计算，清单中增加了【变更工程量】、【变更后金额】、【变更编号】、【变更等级】与【汇总标志】列，新项目的清单输入要按照样表的格式填写相关内容。表中【项目编号】的填写格式，与业主提供的清单【项目编号】有些不同。清单中所有公式是可以向下拖动的，设置好后根据需要向下拖动。

清单中大部分数据为用户填写，在B、H、J、K列设置了公式。

B5公式：=IF(G5="",B4,B4+1)

公式作用：给有变更数量的项目编排序列号，然后在支表5中按照对应的编号提取变更数据。

H5公式：=IF(SUM(F5,G5)=0,"",SUM(F5,G5))

公式作用：计算变更后工程数量。

J5公式：=IF(SUM(F5)=0,"",ROUND(SUM(F5)*I5,2))

公式作用：计算工程变更前金额。

K5公式：=IF(SUM(F5,G5)=0,"",ROUND(SUM(F5,G5)*I5,2))

公式作用：计算工程变更后金额。

N5公式：=IF(LEFT(C5,3)<"100","",IF(LEFT(C5,3)<"200","100章",IF(LEFT(C5,3)<"300","200章",IF(LEFT(C5,3)<"400","300章",IF(LEFT(C5,3)<"500","400章",IF(LEFT(C5,3)<"600","500章",IF(LEFT(C5,3)<"700","600章",IF(LEFT(C5,3)<"800","700章",""))))))))

公式作用：为支表3汇总数据设置的控制列，公式中利用LEFT函数提取C5单元格中数据的前3个字符，利用IF函数判断字符所在的清单章节范围，然后给N列单元格中填入相应的章节名称。

5.4 计量支付台账

计量支付台账如图5-4-1。

	A	B	C	D	E	F	G	H	I	J	K	AB	AC	AD	AE
1	计量支付台账														
2															
3	分部分项		章号	围岩类别	长度	计量编号	项目名称	计量编号&项目名称	设计数量	单价	单位				
4												9	金额(元)	10	金额(元)
427	2	洞身开挖											0	0	0
428	SK80+165-SK80+250		500章	SⅥ		BT165-SW01	开挖硬土	BT165-SW01开挖硬土	9231.85	58.22	m^3		0	0	0
429	SK80+250-SK80+290		500章	SⅤa		BT165-SW02	软石	BT165-SW02软石	4114.4	95.02	m^3		0	0	0
430	SK80+290-SK80+430		500章	SⅣb		BT165-SW03	次坚石	BT165-SW03次坚石	13601	132.05	m^3	2527	333624	0	0
431	SK80+430-SK80+630		500章	SⅤa		BT165-SW04	软石	BT165-SW04软石	20572	95.02	m^3	7535	715957	6172	586425
432	SK80+630-SK80+648		500章	SⅣb		BT165-SW05	次坚石	BT165-SW05次坚石	1748.7	132.05	m^3		0	874	115458

图5-4-1 计量支付台账

计量支付编号的编制是以分部工程名称为单位，在整个项目中各分部工程的编号不能有重复。编号“BT164-X1”的含意：“BT16”代表宝天16标，“4”代表400章，“X1”代表BT16标项目上第1座桥的下部结构，如果是宝天12标，前面4个字符就变成“BT12”，如果是500章的工程量，那第5个字符就变更“5”，如果是400章的上部结构，编号中的“X”就应当变成“S”，编号的前6个字符应按照标段号与章节名编写，第7个及以后的字符用户可以自由设定，设定的原则是要简单明了，不重复，容易理解，如列举的编号中“X”代表下部结构，“X”即为下部结构中“下”字汉语拼音的第1个字符。计量编号需要达到的目的是让【计量编号】与【项目名称】两栏的内容合并成1个字符串后组成的字符在整个计量支付台账表中是唯一的。

本编号对初学者来说创建比较困难，请用户参照样表仔细体会。现在各计量软件都设置了计量编号，这些软件的设置格式在本表中也适用。下面对表中的公式设置和用法进行讲述。

表中H列、计量数量区、BZ、CA列均有公式。

H5公式：=F5&G5

公式作用：把计量编号与项目名称两栏的数据合并成1个字符进行处理，利用这个合成字符的控制，在支表8的O列可以即时提取出计量支付台账表CA列的剩余工程数量，显示出某段工程数量的剩余情况。

BZ5公式：=IF(I5="","",IF(SUM(L5,N5,P5,R5,T5,V5,X5,Z5,AB5,AD5,AF5,AH5,AJ5,AL5,AN5,AP5,AR5,AT5,AV5,AX5,AZ5,BB5,BD5,BF5,BH5,BJ5,BL5,BN5,BP5,BR5,BT5,BV5,BX5)=0,"",SUM(L5,N5,P5,R5,T5,V5,X5,Z5,AB5,AD5,AF5,AH5,AJ5,AL5,AN5,AP5,AR5,AT5,AV5,AX5,AZ5,BB5,BD5,BF5,BH5,BJ5,BL5,BN5,BP5,BR5,BT5,BV5,BX5)))

公式作用：累加每一期的计量数据。计量支付台账表中设置了33个期数的计量空间，可以满足一般项目的需要。BZ5单元格中的合计公式必须用SUM函数合计，不能用累加公式合计，因为在每一期的计量数据中都会出现由公式产生的有格式的空单元格，如果用累加方法，结果会产生“#VALUE!”的错误结果。

CA5公式：=IF(I5="","",SUM(I5)-SUM(BZ5))

公式作用：用设计工程数量减去累计完成工程数量，及时反映出剩余工程数量，在计量过程中随时显示剩余工程数量的多少。

H、BZ、CA列的公式设置好后根据需要向下拖动。

L4公式：=IF(表1!$B$4&"JL-"&L$4<>表1!$H$4,"",IF(SUMIF(表9!$L:$L,$F5&$G5,表9!$E:$E)=0,"",SUMIF(表9!$L:$L,$F5&$G5,表9!$E:$E)))

公式作用：自动填写计量台账的公式，利用L4设置的公式，在做计量报表的过程中就能自动生成台账，省去了计量之后做台账的麻烦。

计量台账并不好做，如果台账做错了，会给以后的计量带来很多的麻烦。工程刚开始的时候，哪里计量，哪里没有计量，人们容易记清，但是在工程进展到后期的时候，就没有几个人明白了。台账做不好，要找出哪里计量，哪里没有计量并不是一件容易的事。另外由于在计量项目中不同部位相同的工程名称很多，出了问题很难找到问题根源。有了自动做台账的功能，做台账就不用费心了，计量完成了，台账也就做好了。

M4公式：=IF(SUM(L5)*SUM($J5)=0,"",SUM(L5)*SUM($J5))

公式作用：金额计算公式。

在计量支付台账中每个分项工程都填写了清单单价，每一项工程计量后可计算出它的金额，然后在表格的后面做汇总，每一期计量做完之后，可以把计量总额与台账中计算的总额进行核对，看有没有问题。

L、M列设置好后，选中L4与M4单元格向右拖动到BY列，然后选中L4到BY4单元格根据需要向下拖动。

以上是计量支付台账的整体设置公式，由于计量支付系统的样表中已有前16期的计量样例数据，如果利用L4和M4单元格的公式对整个台账区进行处理，前16期的台账数据就会清除，这样做出的台账结果就与样表中的计量结果不一样，无法验证系统整体设置的正确性，因此在样表中设置计量支付台账表的公式时，应当从第17期开始，如果是新的计量支付应从第1期开始做计量。公式设置如下：

AR4公式：=IF(支表1!$B$4&"JL-"&AR$4<>支表1!$H$4,"",IF(SUMIF(支表9!$L:$L,$F5&$G5,支表9!$E:$E)=0,"",SUMIF(支表9!$L:$L,$F5&$G5,支表9!$E:$E)))

AS4公式：=IF(SUM(AR5)*SUM($J5)=0,"",SUM(AR5)*SUM($J5))

AR4、AS4列设置好后，选中AR4与AS4单元格向右拖动到BY列，然后选中AR4到BY4单元格向下拖动。

计量支付台账表的难点是支付编号的设置，这项工作需要对工程施工和计量有一定的基础，要把计量支付台账表创建的整齐、美观和具有可操作性，需要用户仔细研究。

计量支付台账表的表头（第4行）标有计量期数，每一期计量完成之后，必须对本期计量数据全部复制，然后在原单元格中进行数值性粘贴消除本期栏内的公式，这样做好的计量台账就不会改变了。计量支付台账表的公式是按照计量期数统计台账的，如果计量期数对不上，所对应的栏内就填写不上数值，如果没有对已完成计量的台账进行数值粘贴处理，新一期的计量开始之后，以前计量过的栏内的计量数值就会消失。

L2586公式：=ROUND(SUM(M5:M2557)/10000,0)

公式作用：计算每期计量总价，便于和计量总价对比。

L2607公式：=ROUND(SUM(M5:M2586),0)

公式作用：为支表2进度计划曲线计算每期进度百分比，设置好后选中L2607和M2607单元格，然后向右拖动到BY列，M2607单元格没有数据也没有公式。

L2608公式：=J2608+L2607

公式作用：计算累计计量金额，为支表7扣除动员预付款设置的，设置好后选中L2608和M2608单元格，然后向右拖动到BY列。

5.5 图名图号

图名图号表如图5-5-1。

	A	B
1	图号图名表	
2		
3	图号	图名
4		
5	S5-2-1	K49+281.571基础及下部结构
6	S5-4-1	SK49+970基础及下部结构
7	S5-4-2	XK49+940基础及下部结构
8	S5-6-1	SK49+424
9	S5-6-2	XK49+425.07
10	S5-7-1	大中桥20m空心板
11	S6-4-6	明洞衬砌(1-4)
12	S6-4-7	SVI衬砌(1-5)

图5-5-1　图名图号表

图名图号表相当于一个图纸目录，按照样表格式创建。在支表8中要填写计量图号，设置了图名图号表，支表8中的图号填写就比较方便了，省去人工输入的麻烦和错误，图号填写完成后，支表8的O列就能自动提取图名，O列图名的作用是为用户方便检查计量的正确性，如果输入的图号有问题，用户在图名中就可以看出来。

5.6 中间计量表（支表8）

支表8　中间计量表如图5-6-1，图5-6-2。

支表8列出了两个附表，在计量过程中，有些项目的税金包含在每个支项的单价中，这样就不产生税金这一项，税金专用的计量表就没有必要单列；有些项目的税金是单列的，如宝天项目，税金是通过清单其他项目的计量金额换算出来的，这种情况就需要增加税金专用的计量表计量了，两个表的格式是一样的，由于税金表专门计算税金的，与其他表的计算方法不一样，故在此进行了单列。

表中的O52、P61、O62有突出显示格式设置，设置如下：

O52格式设置：

（1）【开始】|【条件格式】|【突出显示单元格规则】|【文本包含】|【为包含以下文本的单元格设置格式】|填入“超出设计”|设置为“字体设置为红色，填充设置为浅蓝色”|【确定】。

（2）【开始】|【条件格式】|【突出显示单元格规则】|【文本包含】|【为包含以下文本的单元格设置格式】|填入“没有此项”|设置为“字体设置为红色，填充设置为浅蓝色”|【确定】。

P61格式设置：

（1）【开始】|【条件格式】|【突出显示单元格规则】|【文本包含】|【为包含以下文本的单元格设置格式】|填入“变更已超出设计”|设置为“字体设置为红色，填充设置为浅绿色”|【确定】。

（2）【开始】|【条件格式】|【突出显示单元格规则】|【等于】|【为包含以下文本的单元格设置格式】|填入“变更无此量,请核对后填写!”|设置为“字体设置为红色，填充设置为浅绿色”|【确定】。

O62格式设置：

【开始】|【条件格式】|【突出显示单元格规则】|【文本包含】|【为包含以下文本的单元格设置格式】|填入“超出清单”|设置为“字体设置为红色，填充设置为浅绿色”|【确定】。

	F	G	H	I	J	K	L	M
1	支表8 中间计量表							
2								
3	项目名称:土建工程XXXX合同段					合同号:	BT16	
4	承包单位:建设工程集团公司					编 号:	BT161	
5	监理单位:公路工程咨询监理有限公司					第1页	共117页	
6	支付项目编号	101-1	项目名称			税金		
7	起讫桩号	K79+100-K84+000	部 位					
8	图 号		质检单编号					
9	计量草图及几何尺寸:							
10								
11								
12								
13								
14								
15								
16								
17								
18								
19								
20	承包单位工地负责人:				现场监理:			
21	计算式:							
22	本期工程价款(不含税金、竣工文件编制费、交通保畅费及施工环保费):		11202140.98		元			
23	税金 = 本期工程价款×税率(3.24%):		362949.37		元			
24	占合同工程量 = 税金/合同税金总额:		0.040022		总额			
25								
26								
27								
28								
29								
30	计量单位	总额	工程数量			0.040224		
31	承包人:		监理工程师:					

图5-6-1 支表8 中间计量表税金专用表

支表8　中间计量表

项目名称:土建工程XXXX合同段			合同号: BT16
承包单位:建设工程集团公司			编　号: BT162-T3
监理单位:公路工程咨询监理有限公司			第2页 共117页
支付项目编号	204-1-m	项目名称	利用道渣石方
起讫桩号	K79+100-XK80+050	部　　位	
图　　号	S4-10	质检单编号	
计量草图及几何尺寸:			
承包单位工地负责人:		现场监理:	
计算式:			
路基土石方工程:(11814.9*1) =		11814.9　m^3	
计量单位	m^3	工程数量	11814.9
承包人:		监理工程师:	

图5-6-2　支表8　中间计量表计量通用表

以上的格式设置必须提前进行，公式设置好之后，进行整页复制粘贴操作时，格式设置也跟着粘贴到每页。以上几个设置在前文中都讲过了同样的设置，请参照设置。

支表8的公式设置比较麻烦，大部分公式不能拖动，其他页面的相应设置是通过设置好的页面进行整页复制粘贴完成的。

图5-6-1所示的是专用表，设置完成之后继续对图5-6-2的示例表进行设置，图5-6-2示例表可以进行整表复制粘贴，设置完成之后，选择32～62行（不选择1～31行）复制，然后需要多少页就粘贴多少页。

F3公式：="项目名称:"&设置!B4
F4公式：="承包单位:"&设置!B5
F5公式：="监理单位:"&设置!B6

F3、F4、F5公式作用：从设置页面链接项目名称、承包单位、监理单位名称。

L3公式：=设置!B7

L3公式作用：链接合同号。

A6公式：=IF(G6="",0,(6+25)/31)

公式作用：对G列对应单元格中有数据的单元格进行编号。

B7、C4、E30单元格的值全部等于A6单元格的值，这几列（包括A列）的值为支表9及其他几个支表提取数据设置的控制编号，其他的支表通过控制编号提取数据。

D5公式：=IF(G6="","",C4)

公式作用：对有计量数据的页面进行编号。这个编号值在有计量数据的页面与C4单元格的值是相同的，当G6不等于空时，D5单元格的值就等于C4的值。

K5公式：=IF(G6<>"","第"&A6&"页","")

计算页码公式，在A列中，对G列中有计量支付编号的单元格进行编号，在本单元格中利用A列的数据对有计量数据的页面设置页号。

L5公式：=IF(G6<>"","共"&COUNTIF(D:D,"<179")&"页 ","")

公式作用：对所有有计量数据的页面进行统计。

本样例的支表8共设置了178页，在实际计量中这178页不一定都有数据，L5单元格的公式作用就是统计有计量数据的页面数量，对没有计量数据的页面不统计。公式中出现了“179”这个参数，即这个公式统计的是D列中小于179的数据有多少个，因为总共设置了178页，所以在D列中出现的数据最大不超过179。

K6公式：=IF(G6<>"",VLOOKUP(G6,清单!C:J,COLUMN(清单!D:D)−2,FALSE),"")

公式作用：通过G6单元格的子目号，从清单中提取相应的子目名称。

H22公式：=ROUND(SUM(支表9!G8:G42)+SUM(支表9!G44:G79)+SUM(支表9!G81:G116)+SUM(支表9!G118:G153)+SUM(支表9!G155:G188),2)

公式作用：计算除税金之外的本期所有计量工程款。

H23公式：=ROUND(H22*3.24%,2)

公式作用：计算本期税金总额。

H24公式：=ROUND(H23/清单!I6,6)

公式作用：计算本期税金工程数量，即占合同总额的比例。

G30公式：=IF(G6="","",VLOOKUP(G6,清单!C:J,COLUMN(清单!E:E)−2,FALSE))

公式作用：通过G6单元格中子目号从清单中提取对应的单位。

K30公式：=IF(SUM(支表4!G9)=0,"",支表9!G7/支表4!G9)

公式作用：计算出税金数量。

P4公式：=IF(AND(G7<>"",L4=""),"编号不能为空","")

公式作用：为编号提示公式，L4的编号不能为空。

O6公式：=O30

公式作用：为支表5提取变更数据设置的控制数据，在O30单元格中输入了变更数据，但是在支表5中无法直接提取汇总，故把数据链接到了O6单元格，通过子目号进行汇总。

O7公式：=IF(AND(G6<>"",LEFT(G6,1)<>MID(L4,5,1)),"编号？",IF(OR(LEFT(L4,5)<>"BT165",LEFT(L4,7)="BT165-M"),"",IF(OR(AND(G6<>"",MID(L4,7,1) <>LEFT(G7,1)),AND(G6<>"",ISERR(SEARCH(LEFT(G7,1),G7,2))=TRUE)),"桩号？",IF(AND(MID(G7,3,2)>="52",MID(L4,9,2)<="33"),"编号？",IF(AND(MID(G7,3,2)<"52",MID(L4,9,2)>"33"),"编号?","")))))

公式作用：检查输入的编号和隧道工程输入的桩号是否一致。

O7单元格的公式是专用公式，只有在宝天BT16可用。

公式解释：如果G6单元格（子目号）不等于空并且G6单元格的第1个字符不等于L4单元格（计量编号）中的第5个字符的情况下进入第1个条件，说明输入的编号有问题，O7单元格就等于“编号?”；如果L4单元格中前5个字符不等于“BT165”，或者L4单元格中前7个字符等于“BT165-M”时，O7单元格就等于空；如果G6不等于空并且L4单元格的第7个字符不等于G7单元格的第1个字符，或者G6单元格不等于空并且“SEARCH(LEFT(G7,1),G7,2)”返回值为“#N/A”以外的所有错误值时，O7单元格的值为“桩号?”，说明输入的桩号有问题；如果G7单元格的第3到第4个字符大于等于“52”，并且L4的第9到10个字符小于等于“33”时，O7单元格值等于“编号?”，说明输入的编号有问题；如果G7的第3到第4个字符小于“52”并且L4单元格的第9到10个字符大于“33”时，O7单元格值等于“编号?”，说明输入的编号有问题，否则O7单元格值等于空。“52”和“33”是计量台账中计量编号的数据，不同的项目有不同的编号。

P7公式：=IF(G7<>"",G7,"")

公式作用：从G7单元格中把输入的里程重新录入一遍，作用是便于人工检查桩号输入是否正确而设置的，结果在支表9中使用。

O8公式：=IF(OR(G8="",G6=""),"",IF(ISNA(VLOOKUP(G8,图名图号!

A:B,2,FALSE))=TRUE,"",VLOOKUP(G8,图名图号!A:B,2,FALSE)))

公式作用：通过图号从图名图号表中提取对应图的图纸名称。目的是对所输入的图号进行检查，检查输入的图号是否正确。这个单元格中只能输入一个图号，如果输入的图号多了，本功能失效。

O21公式：=IF(G6="","",IF(COUNTIF(计量支付台账!H:H,L4&K6)=0,"▌●●本部位没有此项，请检查!",IF(VLOOKUP(L4&K6,计量支付台账!H:CA,COLUMN(计量支付台账!CA:CA)-COLUMN(计量支付台账!H:H)+1,FALSE)<-1,"●▌●错误？本段已超出设计:"&-ROUND(VLOOKUP(L4&K6,计量支付台账!H:CA,COLUMN(计量支付台账!CA:CA)-COLUMN(计量支付台账!H:H)+1,FALSE),3),"本段设计量："&VLOOKUP(L4&K6,计量支付台账!H:CA,COLUMN(计量支付台账!I:I)-COLUMN(计量支付台账!H:H)+1,FALSE)&"，剩余量："&ROUND(VLOOKUP(L4&K6,计量支付台账!H:CA,COLUMN(计量支付台账!CA:CA)-COLUMN(计量支付台账!H:H)+1,FALSE),3))))

公式作用：检查本页输入的工程数量是否超出了相应段落或部位的设计工程数量。

在计量支付台账表中输入了每一个分部分项工程的设计工程数量，本公式对计量输入的工程数量及时与对应工程部位的剩余数量进行对比。如果输入计量数量超出设计工程数量或对应编号没有计量所列的项目时将给予对应的提示。

公式解释：如果G6单元格为空，O21单元格的值就等于空；如果L4与K6（支付编号与工程部位）两个单元格的字符合并后在计量支付台账H列中找不到相应的值，说明本次支付编号代表的工程数量输入错误，O21单元格的值就等于"▌●●本部位没有此项，请检查!"；如果"VLOOKUP(L4&K6,支付支付台账!H:CA,COLUMN(支付支付台账!CA:CA)-COLUMN(支付支付台账!H:H)+1,FALSE)"返回值小于"-1"，说明本部分计量已超出设计，O21单元格的值等于："●▌●错误？本段已超出设计:"+"超出数量"，否则，O21单元格的值将显示本段设计工程量与剩余工程量。

O22公式：=IF(AND(OR(LEFT(L4,5)="BT165",LEFT(L4,5)="BT162"),G6<>"",ISERR(SEARCHB("+",G7,1))=FALSE),MID(G7,SEARCHB("K",G7,1)+1,2)&MID(G7,SEARCHB("+",G7,1)+1,SEARCHB("-",G7,1)-SEARCHB

("+",G7,1)-1),"")

公式作用：为路基和隧道工程设计的。路基和隧道工程的计算工程量大部分与长度有关系，这个公式作用是通过G7单元格给定的施工里程提取本项计量的开始里程。

P22公式：=IF(AND(OR(LEFT(L4,5)="BT165",LEFT(L4,5)="BT162"),G6<>"",ISERR(SEARCHB("S",G7,1))= FALSE),MID(G7,SEARCHB("-SK",G7,1)+3,2)&MID(G7,SEARCHB("-",G7,1)+6,LENB(G7)-SEARCHB("-",G7,1)-5),IF(AND(OR(LEFT(L4,5) ="BT165",LEFT(L4,5) ="BT162"),G6<>"",ISERR(SEARCHB("X",G7,1)) =FALSE),MID(G7,SEARCHB("- XK",G7,1) + 3,2)&MID(G7,SEARCHB("-",G7,1)+6,LENB(G7)-SEARCHB("-",G7,1)-5),""))

公式作用：从G7单元格中提取本页路基或隧道计量的结束点里程。

公式中引用了LENB函数，它的功能是返回文本字符串中用于代表字符的字节数。

公式利用了多个函数多次嵌套，设置比较复杂，要理解清楚此公式，首先需要理解公式中出现的每个函数用法。

公式解释：如果L4（编号）单元格的前5个字符等于“BT165”或者等于“BT162”，G6不等于空，并且“ISERR(SEARCHB("S",G7,1))=FALSE”条件成立时，则P22单元格的值等于“MID(G7,SEARCHB("-SK",G7,1)+3,2)&MID(G7,SEARCHB("-",G7,1)+6,LENB(G7)-SEARCHB("-",G7,1)-5)”的计算结果；如果L4单元格的前5个字符等于“BT165”或者等于“BT162”，G6不等于空，并且“ISERR(SEARCHB("X",G7,1))=FALSE”条件成立时，P22单元格的值就等于“MID(G7,SEARCHB("-XK",G7,1)+3,2)&MID(G7,SEARCHB("-",G7,1)+6,LENB(G7)-SEARCHB("-",G7,1)-5)”的计算结果。其中：“ISERR(SEARCHB("S",G7,1))=FALSE”作用是判断G7单元格中有没有“S”字符，如果没有，本条件不成立；“LENB(G7)”作用是返回G7单元格的字符个数；“SEARCHB("S",G7,1)”作用是在G7单元格中查找“S”字符的位置；“MID(G7,SEARCHB("-SK",G7,1)+3,2)”作用是从G7单元格中提取从“-SK”字符之后的两个字符，如：“SK49+632-SK49+940”中的第12～13的字符，即为“49”；“LENB(G7)-SEARCHB("-",G7,1)-5”作用是利用LENB函数获取G7单元格的总字符数，然后减去SEARCHB函数返回“-”字符的位置数，再减去“5”，计算出本单元格尾部的数字个数，然后把结果返回给MID函数，MID函数利用返回的参数从G7单元格提取数据。

O23公式：=IF(OR(O22="",G6=""),"",P22-O22)

公式作用：计算本页计量的施工里程长度。

O24公式：=IF(G6="","",IF(VLOOKUP(G6,清单!C:N,6,FALSE)<100,1, IF(AND(VLOOKUP(G6,清单!C:N,6,FALSE)>100,VLOOKUP(G6,清单!C:N,6, FALSE)<450),2,3)))

公式作用：提示用户在计算工程数量时要保留的小数位数。

公式解释：公式通过判断清单单价，确定小数位数，如果单价小于100，小数位数保留1位，如果单价大于100并小于450，小数位数保留2位，否则小数位数保留3位。

O30变更工程量输入区。

P6公式：=IF(COUNTIF(Q:Q,Q7)>1,"本项在支表8中已存在，是否重复？","")

公式作用：判断计量数据是否重复。

P30公式：=IF(OR(G6="",ISNA(VLOOKUP(G6,支表5!B:N,4,FALSE))= TRUE),"在浅绿色单元格内填入变更工程数量。",IF(AND(支表8!O30<>0, SUM(VLOOKUP(G6,清单!C:I,5,FALSE))=0),"变更无此量,请核对后填写！", IF(VLOOKUP(G6,支表5!B:N,4,FALSE)-VLOOKUP(G6,支表5!B:N,6,FALSE)< 0,"此变更已超计："&VLOOKUP(G6,支表5!B:N,6,FALSE)-VLOOKUP(G6, 支表5!B:N,4,FALSE),"在浅绿色单元格内填入变更工程数量。")))

公式作用：为变更工程数据输入正确与否设置的。

在【变更工程】栏输入了工程数量后，如果没有此项变更，P30单元格将显示“变更无此量,请核对后填写！”；如果输入工程数量已超出变更数量，P30单元格将显示“此变更已超计:”+“超出数量”。

Q6公式：=IF(D5="","",IF(D5<10,"00"&D5,IF(D5<100,"0"&D5,D5)))

为了在使用筛选功能时选出“支付项目编号”行与“工程数量”行而设置的，此公式在系统中可有可无。

Q30、R2到R31单元格的值都来自Q6的值，R列的作用是在筛选过程中把有工程数量的页面筛选出来。在支表8中设置178个页面，在计量过程中有些页面没有数据，这些公式设置可以把没有数据的页面筛选出去。

Q7公式：=L4&G6&K6

公式作用：合并计量报表的“编号:”“支付项目编号”“项目名称”的数值，为P7单元格判断重复设置基础数据。

支表8第1页的设置完成，现在对支表8第2页进行设置，第2页的很多设置与第1页相同，其中有些公式可以通过复制粘贴的方式进行处理。

（1）选中B3:E31→复制→粘贴到第2页相应的位置B34:E62。

（2）选中O3:Q31→复制→粘贴到第2页相应的位置O34:Q62。

（3）选中K5:M6→复制→粘贴到第2页相应的位置K36:M37。

（4）选中G30→复制→粘贴到第2页相应的位置G61。

通用公式处理完成。

F34、F35、F36的数据分别来自第1页相应的链接F3、F4、F5，L34等于L3。

A37公式：=IF(G37="",A6,A6+1)

K37公式：=IF(G37<>"",VLOOKUP(G37,清单!C:K,COLUMN(清单!D:D)-2,FALSE),"")

公式作用：通过计量支付编号从清单中提取对应的项目名称。

K61公式：=IF(G37="","",IF(VLOOKUP(G37,清单!C:I,4,FALSE)<>0,SUM(H53:H60)+SUM(L53:L60),""))

公式作用：汇总计算结果。

在支表8中，“计算式”所占用的F列为计算式输入列，H列为计算结果列，I列为单位列，在数据输入时，输入规则不能打乱。

O62公式：=IF(G37="","",IF(VLOOKUP(G37,支表4!B:N,7,FALSE)<=100,"剩余工程量："&ROUND(VLOOKUP(G37,支表4!B:N,4,FALSE)-VLOOKUP(G37,支表4!B:N,8,FALSE),2),IF(VLOOKUP(G37,支表4!B:N,7,FALSE)>100,"●I●错误！工程量已超出清单。"&ROUND(VLOOKUP(G37,支表4!B:N,4,FALSE)-VLOOKUP(G37,支表4!B:N,8,FALSE),2),"")))

公式作用：在输入计量数据的同时提取相应清单子目的剩余工程数量，以防超出设计情况的发生。

公式功能：及时提醒超出设计的工程量。如果工程量还有剩余，在O62单元格中就显示“剩余工程量”+“剩余数量”；如果超出设计就显示“●▌●错误！工程量已超出清单。”+“超计数量”。

R32到R62公式：=Q37

公式作用：它们的值均来自Q37单元格的值。

H54公式：=ROUND(a,3)

公式中使用了宏公式，“a”为定义的宏名称。

宏公式为：=EVALUATE(MID(支表8!F54,SEARCH("(",支表8!F54,1),
SEARCH("=",支表8!F54,1)-SEARCH("(",支表8!F54,1)))

宏的作用：当F54单元格中输入计算式时，H54单元格就利用F54的计算式计算工程数量。在这个宏公式中引用了EVALUATE、MID与SEARCH函数，MID和SEARCH函数的作用是从F54单元格输入的字符中提取符合宏计算的计算式。EVALUATE函数的作用是将一个EXCEL名称转换为一个对象或一个值，在这里的作用是将读取的计算式转换成EXCEL单元格能够计算的公式。

在F54单元格中输入的计算式的开头必须是“(”，结尾必须是“)=”，并且使用的括弧必须是小写，否则宏命令不能计算。如F54的数据是“路基土石方工程：(11814.9*1)=”，尽管需要计算的计算式前出现了文字说明，只要计算式符合上面说明的要求，宏公式就能计算出正确结果。设置好后根据F列计算式的填写可以复制粘贴到H55到H60单元格。

宏的定义方法：

（1）选中F54单元格。

（2）点击鼠标右键|【定义名称】。

（3）【名称】输入宏公式名称“a”，【引用位置】栏输入“=EVALUATE(MID(支表8!F54,SEARCH("(",支表8!F54,1),SEARCH(" =",支表8!F54,1)-SEARCH("(",支表8!F54,1)))”，如图5-6-3。

（4）单击【确定】按钮。

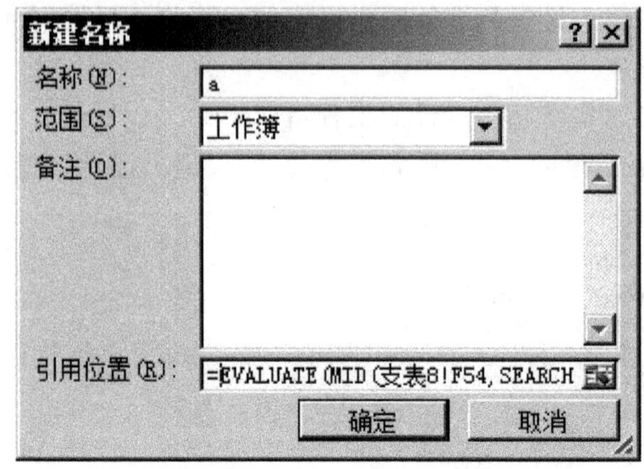

图5-6-3　宏公式定义对话框

支表8从O到R列中除O列的变更输入单元格为本计量支付表必须的设置外，其他单元格中的设置均为计量辅助设置，在新建项目中需要按照项目情况改变公式的相关设置和参数，否则不能使用。辅助功能区的有无不影响计量主程序的计算。

第2页设置完成，选中第2页（A32:R61）后复制，然后进行粘贴，需要多少页粘贴多少页，注意页数要与支表9设置的汇总页数相对应，否则计量数据无法进行正确的汇总计算。

5.7　工程变更一览表（支表5）

支表5　工程变更一览表如图5-7-1。

变更工程一览表通过A列序号的控制，在清单表中把有变更工程量的项目提取到本页对应的列，然后根据B列清单号在支表8中把相应的变更计量数据提取到K列，表中所有数据都是自动生成的，现对表的设置进行说明。

原表中没有序列号设置栏，在支表5中需要用序列号进行数据处理，故在A列设置了序号，设置好后隐藏，这样打印出来的报表不显示序号，维持了原表样式。

B2公式：=支表8!F3
B3公式：=支表8!F4
B4公式：=支表8!F5
K3公式：=支表8!L3
K4公式：=支表1!H4

以上5个单元格的公式全部链接了支表8表头。

	B	C	D	E	F	G	H	I	J	K	L	M	N
1	支表5　工程变更一览表												
2	项目名称:土建工程XXXX合同段												
3	承包单位:建设工程集团公司								合同号:	BT16			
4	监理单位:公路工程咨询监理有限公司								编　号:	BT16JL-17			
5	清单号	项目内容	单位	变更数量	单价（元）	工程量及增减金额（元）、（+、-）						变更令编　号	变更等级
6						到本期末完成		到上期末完成		本期完成			
7						数量	金额	数量	金额	数量	金额		
8	203-2-a	开挖土方	m³	2000	7.73	1814.9	14029.177			1814.9	14029.177	BT16BG001	一般
9	204-1-m	利用隧渣石方	m³	2000	5							BT16BG002	一般
10	204-3	填石路基	m³	1000	5	1000	5000			1000	5000	BT16BG003	一般
11	403-2-a	光圆钢筋(I级)	kg	2000	4.46	1814.9	8094.454			1814.9	8094.454	BT16BG004	一般
12	403-2-b	带肋钢筋(HRB335、HRB400)	kg	2000	4.56	1814.9	8275.944			1814.9	8275.944	BT16BG005	一般
13	410-1-d	C20级片石混凝土	m³	1000	213.04	1000	213040			1000	213040	BT16BG006	一般
14	503-1-b	软石	m³	5000	95.02	5000	475100			5000	475100	BT16BG007	重要
15	503-1-c	次坚石	m³	5000	132.05	5000	660250			5000	660250	BT16BG008	重要
16	503-1-d	坚石	m³	5000	152.05	3629.8	551911.09			3629.8	551911.09	BT16BG009	重要
17	503-2-a	注浆小导管(φ42×4)	m	5000	29.6	1814.9	53721.04			1814.9	53721.04	BT16BG010	重要
18	503-2-b	大管棚(φ89)	m	5000	183.33							BT16BG011	重要
19	503-2-c	超前锚杆(φ22)	m	5000	40.97							BT16BG012	重要
20	503-3-a	C20喷射混凝土	m³	1000	791.46	1000	791460			1000	791460	BT16BG013	重要
150		合　计	元				4252471				4252471		

图5-7-1　支表5　工程变更一览表

B8公式：=IF(ISNA(VLOOKUP(A8,清单!B:J,COLUMN(清单!C:C)-1,FALSE))=TRUE,"",IF(VLOOKUP(A8,清单!B:J,COLUMN(清单!C:C)-1,FALSE)="","",VLOOKUP(A8,清单!B:J,COLUMN(清单!C:C)-1,FALSE)))

公式作用：通过A列序号的控制从清单中提取有变量数量的清单项目。

C8公式：=IF(B8="","",VLOOKUP(B8,清单!C:J,COLUMN(清单!D:D)-2,FALSE))

D8公式：=IF(B8="","",VLOOKUP(B8,清单!C:J,COLUMN(清单!E:E)-2,FALSE))

E8公式：=IF(B8="","",VLOOKUP(B8,清单!C:J,COLUMN(清单!G:G)-2,FALSE))

F8公式：=IF(B8="","",VLOOKUP(B8,清单!C:J,COLUMN(清单!I:I)-2,FALSE))

C8、D8、E8、F8单元格的公式通过B列的控制，从清单中提取相应子目号对应的项目。

G8公式：=SUM(I8)+SUM(K8)

H8公式：=IF(SUM(G8)*SUM(F8)=0,"",SUM(G8)*SUM(F8))

I8公式：=IF(B8="","",IF(SUMIF(支表5附表!A:A,B8,支表5附表!F:F)< >0,SUMIF(支表5附表!A:A,B8,支表5附表!F:F),""))

I8公式作用：从上期的变更计量报表中提取上期末的计量数据。

J8公式：=IF(SUM(I8)*SUM(F8)=0,"",SUM(I8)*SUM(F8))

K8公式：=IF(B8="","",IF(SUMIF(支表8!G:G,B8,支表8!O:O)<>0,SUMIF(支表8!G:G,B8,支表8!O:O),""))

K8公式作用：从支表8中汇总本期计量的变更数据。

L8公式：=IF(SUM(K8)*SUM(F8)=0,"",SUM(K8)*SUM(F8))

M8公式：=IF(B8="","",VLOOKUP(B8,清单!$C:$M,COLUMN(清单!L:L)-2,FALSE))

N8公式：=IF(B8="","",VLOOKUP(B8,清单!$C:$M,COLUMN(清单!M:M)-2,FALSE))

M8、N8两个公式从清单中提取变更编号与变更等级。

以上C到N列第8行的公式设置好之后可以向下拖动到150行。如果不能满足要求时，可在中间插入行，然后通过向下拖动的方式填写公式，并处理好序列号。

H150公式：=IF(SUM(H8:H149)<>0,ROUND(SUM(H8:H149),0),"")

J150公式：=IF(SUM(J8:J149)<>0,ROUND(SUM(J8:J149),0),"")

L150公式：=IF(SUM(L8:L149)<>0,ROUND(SUM(L8:L149),0),"")

以上3个公式是汇总公式，汇总了各阶段的产值。支表5设置完成。

5.8 中间计量支付汇总表（支表9）

支表9 中间计量支付汇总表如图5-8-1。

	A	B	C	D	E	F	G	H	I	J	K	L	M
1	支表9　中间计量支付汇总表												
3	项目名称:土建工程XXXX合同段					合同号:	BT16		辅助功能				
4	承包单位:建设工程集团公司					编　号:	BT16JL-17						
5	监理单位:公路工程咨询监理有限公司					第　页	共　页						
6	清单编号	项目名称	凭证号	单位	数量	单价（元）	金额		桩号	部位	编号	名称	序号
7	101-1	税金	第1页	总额	0.040224165	9068766.89	364784		K79+100-K84+000		BT161	BT161税金	1
8	204-1-m	利用道渣石方	第2页	m³	11814.9	5	59075		K79+100-XK80+050		BT162-T3	BT162-T3利用道渣石方	2
9	204-3	填石路基	第3页	m³	0	5	0		SK79+632-SK79+940		BT162-T6	BT162-T6填石路基	3
10	204-3	填石路基	第4页	m³	7601.6	5	38008		XK79+620-XK79+919		BT162-T7	BT162-T7填石路基	4
11	203-2-a	开挖土方	第5页	m³	4021.8	7.73	31089				BT162-G1	BT162-G1开挖土方	5
12	209-1-a	M10级浆砌片石	第6页	m³	1325.07	141.6	187630		XK79+438-XK79+588.2		BT162-D1	BT162-D1M10级浆砌片石	6
13	403-2-a	光圆钢筋(I级)	第7页	kg	4130.8	4.46	18423		K49+281.E71		BT164-X1	BT164-X1光圆钢筋(I级)	7
14	403-2-b	带肋钢筋(HRB335、HRB400)	第8页	kg	11888.4	4.56	54211		K49+281.E71		BT164-X1	I164-X1带肋钢筋(HRB335、HRB400	8
15	410-2-c	C30级混凝土	第9页	m³	124.83	498.36	62210		K49+281.E71		BT164-X1	BT164-X1C30级混凝土	9
16	403-3-a	光圆钢筋(I级)	第10页	kg	3151.8	4.65	14656		K49+281.E71		BT164-S1	BT164-S1光圆钢筋(I级)	10
17	403-3-b	带肋钢筋(HRB335、HRB400)	第11页	kg	2995.6	4.8	14379		K49+281.E71		BT164-S1	I164-S1带肋钢筋(HRB335、HRB400	11
18	411-8-b	C40级混凝土	第12页	m³	31.696	645.25	20452		K49+281.E71		BT164-S1	BT164-S1C40级混凝土	12

图5-8-1　支表5　工程变更一览表

支表9作用是汇总支表8的计量数据，表中的所有数据自动生成，在主表右侧做了一个辅助功能表，辅助表中I、J列的数据是检查输入错误用的。K、L列是自动做台账用的。M列是序列号，为支表9提取其他表的数据服务的，需要手工输入。

公式设置如下：

A3公式：=支表8!F3
A4公式：=支表8!F4
A5公式：=支表8!F5
G3公式：=支表8!L3
G4公式：=支表1!H4

A3、A4、A5、G3、G45个单元格的公式链接支表8表头的数据。

A7公式：=IF(ISNA(VLOOKUP(M7,支表8!A:M,COLUMN(支表8!G:G),FALSE))=TRUE,"",IF(VLOOKUP(M7,支表8!A:M,COLUMN(支表8!G:G),FALSE)="","",VLOOKUP(M7,支表8!A:M,COLUMN(支表8!G:G),FALSE)))

公式作用：通过M列序号控制从支表8的G列提取对应页面的计量子目号。

B7公式：=IF(A7="","",VLOOKUP(A7,清单!C:J,COLUMN(清单!D:D)-2,FALSE))

公式作用：通过A列的清单子目号从清单中提取相应的子目名称。

C7公式：=IF(ISNA(VLOOKUP(M7,支表8!D:L,COLUMN(支表8!K:K)-3,FALSE))=TRUE,"",VLOOKUP(M7,支表8!D:L,COLUMN(支表8!K:K)-3,FALSE))

公式作用：通过M列序号控制从支表8的K列中提取对应的页号。

D7公式：=IF(A7="","",VLOOKUP(A7,清单!C:J,COLUMN(清单!E:E)-2,FALSE))

E7公式：=IF(ISNA(VLOOKUP(M7,支表8!E:M,COLUMN(支表8!K:K)-4,FALSE))=TRUE,"",VLOOKUP(M7,支表8!E:M,COLUMN(支表8!K:K)-4,FALSE))

E7公式作用：通过M列序号控制从支表8的K列提取对应页号的计量数量。

F7公式：=IF(A7="","",VLOOKUP(A7,清单!C:J,COLUMN(清单!I:I)-2,FALSE))

G7公式：=ROUND(SUM(G8:G192)*0.0324,2)

G7公式作用：计算税金的公式，不能拖动。

G8公式：=IF(OR(E8="",F8=""),"",ROUND(E8*F8,4))

公式作用：金额计算公式，设置好后根据需要向下拖动。

I7公式：=IF(ISNA(VLOOKUP(M7,支表8!B:M,COLUMN(支表8!G:G)-1,FALSE))=TRUE,"",IF(VLOOKUP(M7,支表8!B:M,COLUMN(支表8!G:G)-1,FALSE)=0,"",VLOOKUP(M7,支表8!B:M,COLUMN(支表8!G:G)-1,FALSE)))

公式作用：通过M列序号控制从支表8的G列中提取对应计量数据的里程。

J7公式：=IF(ISNA(VLOOKUP(M7,支表8!B:M,COLUMN(支表8!K:K)-1,FALSE))=TRUE,"",IF(VLOOKUP(M7,支表8!B:M,COLUMN(支表8!K:K)-1,FALSE)=0,"",VLOOKUP(M7,支表8!B:M,COLUMN(支表8!K:K)-1,FALSE)))

公式作用：通过M列序号控制从支表8的K列提取对应计量数据的工程部位。

K7公式：=IF(ISNA(VLOOKUP(M7,支表8!C:M,COLUMN(支表8!L:L)-2,FALSE))=TRUE,"",VLOOKUP(M7,支表8!C:M,COLUMN(支表8!L:L)-2,FALSE))

L7公式：=K7&B7

以上A到G、I到L列的公式设置方式和函数的应用以上章节中多次出现，这里不做解释，这11列公式中，除了G7单元格公式是专用之外，其他公式都是通用的，设置好后根据需要向下拖动。G列的公式从G8单元格中向下拖动。

G193公式：=ROUND(SUM(G7:G184),4),合计公式。

支表9设置完成。

5.9 工程进度表（支表2）

支表2　工程进度表如图5-9-1。

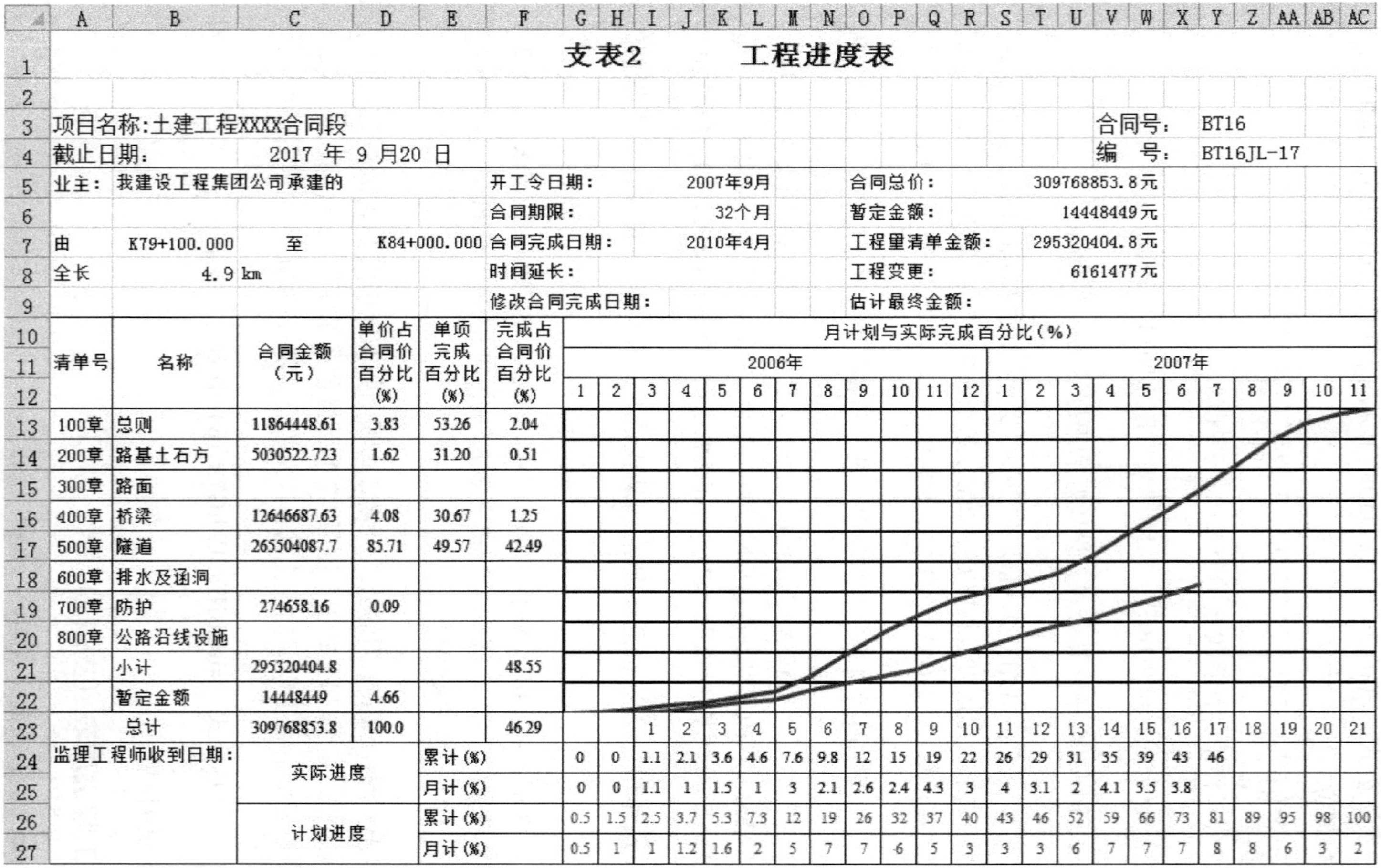

支表2　　工程进度表

项目名称:土建工程XXXX合同段　　　　合同号：BT16

截止日期：　2017 年 9 月20 日　　　　编　号：BT16JL-17

业主：	我建设工程集团公司承建的	开工令日期： 2007年9月	合同总价：	309768853.8元
		合同期限： 32个月	暂定金额：	14448449元
由 K79+100.000	至 K84+000.000	合同完成日期： 2010年4月	工程量清单金额：	295320404.8元
全长	4.9 km	时间延长：	工程变更：	6161477元
		修改合同完成日期：	估计最终金额：	

清单号	名称	合同金额（元）	单价占合同价百分比(%)	单项完成百分比(%)	完成占合同价百分比(%)	月计划与实际完成百分比(%)																						
						2006年												2007年										
						1	2	3	4	5	6	7	8	9	10	11	12	1	2	3	4	5	6	7	8	9	10	11
100章	总则	11864448.61	3.83	53.26	2.04																							
200章	路基土石方	5030522.723	1.62	31.20	0.51																							
300章	路面																											
400章	桥梁	12646687.63	4.08	30.67	1.25																							
500章	隧道	265504087.7	85.71	49.57	42.49																							
600章	排水及涵洞																											
700章	防护	274658.16	0.09																									
800章	公路沿线设施																											
	小计	295320404.8			48.55																							
	暂定金额	14448449	4.66																									
	总计	309768853.8	100.0		46.29			1	2	3	4	5	6	7	8	9	10	11	12	13	14	15	16	17	18	19	20	21
监理工程师收到日期：		实际进度		累计(%)		0	0	1.1	2.1	3.6	4.6	7.6	9.8	12	15	19	22	26	29	31	35	39	43	46				
				月计(%)		0	0	1.1	1	1.5	1	3	2.1	2.6	2.4	4.3	3	4	3.1	2	4.1	3.5	3.8					
		计划进度		累计(%)		0.5	1.5	2.5	3.7	5.3	7.3	12	19	26	32	37	40	43	46	52	59	66	73	81	89	95	98	100
				月计(%)		0.5	1	1	1.2	1.6	2	5	7	7	6	5	3	3	3	6	7	7	7	8	8	6	3	2

图5-9-1　支表2　工程进度表

支表2除了公式设置还有一个进度图表设置，样表中蓝色字体的内容，由用户填写。

首先对支表2的公式设置进行说明，最后对图表设置进行说明。

A3公式：="项目名称:"&设置!B4
Y3公式：=支表8!L3
Y4公式：=支表1!H4
B5公式：="我"&设置!B5&"承建的"
B7公式：=设置!B12
D7公式：=设置!B13
I5公式：=设置!B8
H6公式：=设置!B9
I7公式：=设置!B10
B8公式：=(D7-B7)/1000
R5公式：=C23
R6公式：=C22
T7公式：=C21
T8公式：=SUMPRODUCT(支表5!E:E,支表5!F:F)

公式作用：变更总价计算公式。

C13公式：=IF(SUMIF(支表4!P:P,A13,支表4!G:G)<>0,SUMIF(支表4!P:P,A13,支表4!G:G),"")

C13公式设置好后向下拖动到C20。

C21公式：=SUM(C13:C20)
C22公式：=设置!B11
C23公式：=SUM(C21:C22)
D13公式：=IF(C13<>"",ROUND(C13*100/C$23,2),"")

D13公式设置好后向下拖动到第20行。

D22公式：=ROUND(C22*100/C23,2)
D23公式：=SUM(D13:D22)

E13公式：=IF(支表3!E9="","",ROUND(支表3!E9*100/C13,2))

E13公式作用：计算各章节造价占合同总价百分比的计算公式。E13公式设置好后向下拖动到第20行。

F13公式：=IF(支表3!E9="","",ROUND(支表3!E9*100/支表2!C$23,2))

公式作用：计算各章节完成百分比计算公式。设置好后向下拖动到第20行。

F21公式：=IF(支表4!J275="","",ROUND(支表4!J275*100/支表2!C21,2))

F23公式：=IF(支表4!J275="","",ROUND(支表4!J275*100/支表2!C23,2))

G24公式：=IF(INT(MID($Y$4,8,10))=G23,$F$23,IF(G25="","",F24+G25))

G24单元格公式中引用了INT函数，它是个取整公式。

G25公式：=IF(G23="",0,IF(HLOOKUP(G23,计量支付台账!4:3528,1,FALSE)=G23,IF(HLOOKUP(G23,计量支付台账!4:3528,ROW(计量支付台账!2607:2607)-3,FALSE)/支表2!$C$23*100=0,"",HLOOKUP(G23,计量支付台账!4:3528,ROW(计量支付台账!2607:2607)-3,FALSE)/支表2!$C$23*100),""))

G25公式作用，通过计量台账每一期的汇总值，计算完成百分比。

G26公式：=F26+G27

G29公式：=G26

G24、G25、G26、G29公式设置好后向右拉到AC列。

G30公式：=G24

G30公式设置好后跟随计量期数向右拖动，计量到哪一期就拖到哪一期。这一行的数值必须是计量一期往后延伸一列，否则形象进度表不能正确显示。

B30公式：=TODAY()

公式中使用了TODAY函数，其作用是提取当前日期。

C4公式：=YEAR(B30)&" 年 "&IF(OR(DAY(B30)<10,DAY(B30)>20),MONTH(B30)-1,MONTH(B30))&" 月"&"20 日"

公式作用：获取本月报表的截止日期。设置适用于每月20号作为计量截止日期的情况，对没有规定计量日期的情况不适用。

C4单元格式中引用了YEAR、MONTH、DAY函数，这些函数都是日期函数，它们的作用分别是：YEAR函数的作用是返回设定日期的年份值；MONTH函数的作用是返回设定日期的月份值；DAY函数的作用是返回设定日期的第几天数值。

以上为支表2的公式设置，下面对插入的图表进行说明：

（1）【插入】|【折线图】|【折线图】。

（2）鼠标放在图表框内点击右键|【选择数据】。

（3）【图表区数据区域】填写“支表2!$F$29:$AC$30”，如图5-9-2。

（4）单击【确定】按钮。

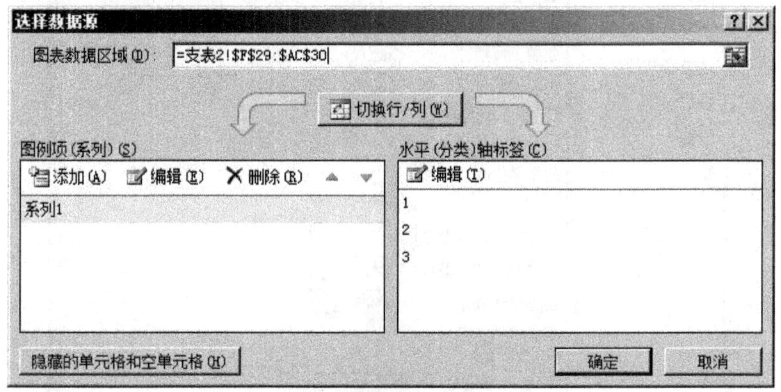

图5-9-2　图表数据源选取对话框

以上操作中如果“水平（分类）轴标签”数量和选取列数对不上号时，可以点击两次“切换行/列”按钮。

（5）选取绘图区的系列1、系列2，删除。

（6）双击图表的纵坐标|【设置坐标轴格式】|【坐标轴选项】。

（7）【最小值】选择“固定”，设置为“0”，【最大值】选择“固定”，设置为“100”，【主要刻度单位】选择“固定”，设置为“10”，如图5-9-3，设置好后【关闭】。

（8）删除纵坐标。

（9）【选取横坐标值】|【点击右键】|【添加主要网络线】。

（10）【选取横坐标值】|【点击右键】|【设置坐标轴格式】|【坐标轴选项】|【位置坐标轴】|点取“在刻度线之上”|【关闭】。

（11）选取图表边框|【点击右键】|【设置图表区域格式】|【填充】|选择“无填充”|【边框颜色】|选中“无线条”|【关闭】。

（12）删除横坐标。

（13）点击绘图区竖线，竖线两端出现小圆圈时点击鼠标右键|【设置网络线格式】|【线条颜色】|【实线】|【线型】|【线宽】|【0.5磅】|【关闭】。

（14）点击绘图区横线，横线两端出现小圆圈时按照（13）的方法设置横线线型。

（15）选中绘图区调整大小，调整图表区大小，然后把图表区调整到需要的大小，调整时注意对准EXCEL表设置的行和列。

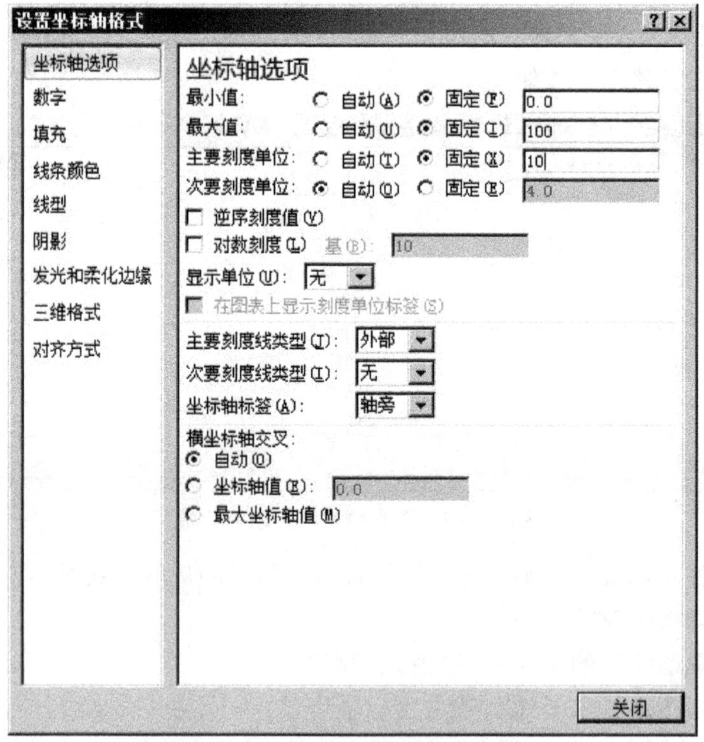

图5-9-3　坐标轴格式设置对话框

EXCEL图表好用，但设置比较麻烦，图表中设置的项目很多，并且选中的区域不同相应设置的内容也不同，用户可以通过本表的样例，在空白表中多做几个图表进行设置，从中可以学到很多内容。

5.10　财务中期支付报表（支表3）

支表3　财务中期支付报表如图5-10-1。

	A	B	C	D	E	F	G
1	支表3　财务中期支付报表						
2							
3			截止日期：	2017 年 9 月20 日			
4	项目名称:土建工程XXXX合同段					合同号：	BT16
5	承包单位:建设工程集团公司					编　号：	BT16JL-17
6	监理单位:公路工程咨询监理有限公司						
7	清单号	项目内容	合同金额（元）		到本期末完成（元）	到上期末完成（元）	本期完成（元）
8			变更前	变更后			
9	100章	总则	11864448.61	11864448.61	6319373	5954589	364784
10	200章	路基土石方	5000062.73	5030522.723	1569500	1253699	315801
11	300章	路面					
12	400章	桥梁	12415607.63	12646687.63	3879200	3650329	228871
13	500章	隧道	259604150.7	265504087.7	131619626	120905546	10714080
14	600章	排水及涵洞					
15	700章	防护	274658.16	274658.16			
16	800章	公路沿线设施					
17		暂定金额	14448449	14448449			
18		小计	303607376.8	309768853.8	143387699.2	131764163.1	11623536
19		工程变更		6161476.99	4252471		4252471
20		价格调整					
21		索赔金额					
22		合计	303607376.8	315930330.8	147640170.2	131764163.1	15876007
23		违约金					
24		迟付款利息					
25		动员预付款					
26		动员预付款扣回					
27		保留金					
28		支付金额			147640170.2	131764163.1	15876007
29	承包人：		驻地监理工程师：			业主：	

图5-10-1　支表3　财务中期支付报表

支表3中价格调整、索赔金额、违约金、迟付款利息、动员预付款、动员预付款扣回、保留金的数据没有固定公式计算，由用户输入。填写方法：增量填正值、减量填负值；其他数据由公式生成，本表主要问题是计算方法，只要掌握了计量数据的计算方法，公式设置就比较简单了。

公式设置如下：

D3公式：=支表2!C4
A4公式：=支表8!F3
A5公式：=支表8!F4
A6公式：=支表8!F5
G4公式：=支表8!L3
G5公式：=支表1!H4

以上是表头链接公式。

C9公式：=IF(SUMIF(清单!N:N,A9,清单!J:J)<>0,SUMIF(清单!N:N,A9,清单!J:J),"")

D9公式：=IF(SUMIF(支表4!P:P,A9,支表4!G:G)<>0,SUMIF(支表4!P:P,A9,支表4!G:G),"")

E9公式：=IF(SUMIF(支表4!P:P,A9,支表4!J:J)<>0,SUMIF(支表4!P:P,A9,支表4!J:J),"")

F9公式：=IF(SUMIF(支表4!P:P,A9,支表4!L:L)<>0,SUMIF(支表4!P:P,A9,支表4!L:L),"")

G9公式：=IF(SUMIF(支表4!P:P,A9,支表4!N:N)<>0,SUMIF(支表4!P:P,A9,支表4!N:N),"")

D9、E9、F9、G9单元格的公式通过SUMIF函数利用A列章节号的控制，在支表4或清单表中汇总相应章节的金额。以上单元格的公式是通用的，设置好后向下拖动到第16行。

C17公式：=设置!B11
D17公式：=IF(C17="","",C17)
C18公式：=SUM(C9:C17)

C18公式设置好后向右拉到G列。

D19公式：=IF(ROUND(D18-C18,2)<>0,ROUND(D18-C18,2),"")

E19公式：=支表5!H150

F19公式：=支表5!J150

G19公式：=支表5!L150

C22公式：=SUM(C18:C21)

C22公式设置好后向右拉到G列。

E22公式：=SUM(E22:E27)

E22公式设置好后向右拉到G列。

支表3设置完成。表中使用的公式在以上章节中有不少同类型的使用样例，这里只列出了公式，没有进行讲述。

5.11 清单中期支付报表（支表4）

支表4 清单中期支付报表如图5-11-1。

	B	C	D	E	F	G	H	I	J	K	L	M	N
1	支表4 清单中期支付报表												
2	项目名称:土建工程XXXX合同段												
3	承包单位:建设工程集团公司						合同号：		BT16				
4	监理单位:公路工程咨询监理有限公司						编　号：		BT16JL-17		第	页　共	页
5	清单编号	项目内容	单位	合同数量			累计完成百分比(%)	到本期末完成		到上期末完成		本期完成	
6				数量	单价	金额(元)		数量	金额(元)	数量	金额(元)	数量	金额(元)
7				A	B	C=AB	D=F/C	E	F=BE	G	H=BG	I	J=BI
83	403-1-b	带肋钢筋(HRB335、HRB400)	kg	102737	4.68	480809	92.47	95001.7	444608	95001.69	444608		
84	403-2	下部结构钢筋											
85	403-2-a	光圆钢筋(I级)	kg	38838	4.46	173218	63.21	24551.1	109498	20420.3	91075	4130.8	18423
86	403-2-b	带肋钢筋(HRB335、HRB400)	kg	127397	4.56	580930	77.79	99103.3	451911	87214.9	397700	11888.4	54211
87	403-3	上部结构钢筋											
88	403-3-a	光圆钢筋(I级)	kg	219595	4.65	1021117	2.87	6303.6	29312	3151.8	14656	3151.8	14656
89	403-3-b	带肋钢筋(HRB335、HRB400)	kg	317039	4.8	1521787	1.89	5991.2	28758	2995.6	14379	2995.6	14379
90	403-3-c	其他钢材	kg	7517.1	5.96	44802							

图5-11-1 支表4 清单中期支付报表

支表4的作用是按照清单的形式汇总计量数据，在A列增加了序号列，序号是为数据提取设置的。在P列增加了一个【章节汇总控制】栏，为支表3进行章节汇总设置的控制列。现对公式进行说明。

B2公式：=支表8!F3

B3公式：=支表8!F4

B4公式：=支表8!F5

J3公式：=支表8!L3

J4公式：=支表1!H4

以上是表头链接。

B8公式：=IF(ISNA(VLOOKUP($A8,清单!$A:$M,COLUMN(清单!C:C),FALSE))=TRUE,"",IF(VLOOKUP($A8,清单!$A:$M,COLUMN(清单!C:C),FALSE)="","",VLOOKUP($A8,清单!$A:$M,COLUMN(清单!C:C),FALSE)))

C8公式：=IF(ISNA(VLOOKUP($A8,清单!$A:$M,COLUMN(清单!D:D),FALSE))=TRUE,"",IF(VLOOKUP($A8,清单!$A:$M,COLUMN(清单!D:D),FALSE)="","",VLOOKUP($A8,清单!$A:$M,COLUMN(清单!D:D),FALSE)))

D8公式：=IF(ISNA(VLOOKUP($A8,清单!$A:$M,COLUMN(清单!E:E),FALSE))=TRUE,"",IF(VLOOKUP($A8,清单!$A:$M,COLUMN(清单!E:E),FALSE)="","",VLOOKUP($A8,清单!$A:$M,COLUMN(清单!E:E),FALSE)))

E8公式：=IF(ISNA(VLOOKUP($A8,清单!$A:$M,COLUMN(清单!H:H),FALSE))=TRUE,"",IF(VLOOKUP($A8,清单!$A:$M,COLUMN(清单!H:H),FALSE)="","",VLOOKUP($A8,清单!$A:$M,COLUMN(清单!H:H),FALSE)))

F8公式：=IF(ISNA(VLOOKUP($A8,清单!$A:$M,COLUMN(清单!I:I),FALSE))=TRUE,"",IF(VLOOKUP($A8,清单!$A:$M,COLUMN(清单!I:I),FALSE)="","",VLOOKUP($A8,清单!$A:$M,COLUMN(清单!I:I),FALSE)))

B8、C8、D8、E8、F8单元格的公式作用是从清单表中提取相应的清单内容。

G8公式：=IF(F8="","",F8*E8)

H8公式：=IF(AND(J8<>"",G8<>""),ROUND(J8*100/G8,2),"")

I8公式：=IF(SUM(K8)+SUM(M8)=0,"",SUM(K8)+SUM(M8))

J8公式：=IF(I8="","",ROUND(I8*F8,4))

K8公式：=IF(SUMIF(支表4附表!A:A,B8,支表4附表!H:H)<>0,SUMIF(支表4附表!A:A,B8,支表4附表!H:H),"")

L8公式：=IF(K8="","",ROUND(K8*F8,4))

M8公式：=IF(SUMIF(支表9!A:A,B8,支表9!E:E),SUMIF(支表9!A:A,B8,支表9!E:E),"")

N8公式：=IF(M8="","",ROUND(M8*F8,4))

P8公式：=IF(LEFT(B8,3)<"100","",IF(LEFT(B8,3)<"200","100章",IF

(LEFT(B8,3) <"300","200 章 ",IF(LEFT(B8,3) <"400","300 章 ",IF(LEFT(B8,3)<"500","400章",IF(LEFT(B8,3)<"600","500章",IF(LEFT(B8,3)<"700","600章",IF(LEFT(B8,3)<"800","700章",""))))))))

P8公式设置与5.3节清单表中N列的作用相同。B到P列的公式是通用的，设置好后向下拖动到274行。

H275公式：=IF(AND(J275<>"",G275<>""),ROUND(J275*100/G275,2),"")

公式作用：计算完成百分比公式。

G275公式：=ROUND(SUM(G9:G274),2)
J275公式：=IF(SUM(J9:J274)<>0,ROUND(SUM(J9:J274),4),"")
L275公式：=IF(SUM(L9:L274)<>0,ROUND(SUM(L9:L274),4),"")
N275公式：=IF(SUM(N9:N274)<>0,ROUND(SUM(N9:N274),4),"")

G275、J275、L275、N275公式为汇总公式，汇总合同总额、到本期完成金额、到上期末完成金额、本期完成金额。

5.12 扣回动员预付款一览表（支表7）

支表7　扣回动员预付款一览表如图5-12-1。

支表7的C9、C10单元格的数据由用户填写，其他部分的数据自动计算。公式设置如下：

A3公式：=支表8!F3
A4公式：=支表8!F4
A5公式：=支表8!F5
D3公式：="合同号："&支表8!L3
D4公式：="编　号："&支表1!H4
C6公式：=支表2!C23
C7公式：=C6*0.3
C8公式：=支表3!E22
C9公式：="第"&INDEX(计量支付台账!4:4,MATCH(C7,计量支付台账!2608:2608,1))+1&"期"

	A	B	C	D
1	支表7　扣回动员预付款一览表			
2				
3	项目名称:土建工程XXXX合同段			合同号：BT16
4	承包单位:建设工程集团公司			编　号：BT16JL-17
5	监理单位:公路工程咨询监理有限公司			
6	A：合同总价(元)			309768853.80
7	B：合同总价的30%（元）			92930656
8	C：到本月末支表3“小计”栏累计完成金额（元）			147640170
9	D：C>B时的时间		第　13　期	
10	E：合同期限（月）			32个月
11	F：已付动员预付款（元）			29532040
12	G：月扣除动员预付款			3175201
13	扣除动员预付款		总计金额（元）　10941903	
14	到上月末完成			131764163
15	本月完成			15876007
16	到本月末完成			147640170

图5-12-1　支表7　扣回动员预付款一览表

C9公式作用：返回支表3“小计”中累计完成金额大于合同总价的30%第1次出现的期数。

C9单元格的公式使用了INDEX函数，INDEX函数的功能是返回表格或区域中的值或值的引用。在公式中的作用是返回第4行指定列的数值，列的指定由MATCH函数返回值决定。

C10公式：=设置!B9

C11公式：=ROUND(支表2!C21*设置!B14,0)

C12公式：=IF(C16<C7,"",IF(AND(C14<C7,C16>C7),ROUND((C16-C7)*设置!$B$15,0),IF(AND((C16-C7)*设置!$B$15>C11,C11-(C14-C7)*设置!$B$15>0),C11-(C14-C7)*设置!$B$15,IF(AND((C16-C7)*设置!$B$15>C11,C11-(C14-C7)*设置!$B$15<=0),"",ROUND(C15*设置!$B$15,0)))))

C12公式作用：计算本期计量返还动员预付款的金额。

公式解释：如果C16小于C7，即累计计量还没有达到合同总价的30%时，C12单元格为空，不扣预付款；如果C14小于C7并且C16大于C7，即上期计量未达到合同价款的30%，当月累计计量大于合同价款的30%时，C12单元格的值就等于“C16-C7”（到本月末完成-合同总价的30%）乘以返还系数；如果“C16-C7”乘以返还系数的值大于C11（已付动员预付款）并且C11减去“C14-C7”乘以返还系数的值大于0时，C12单元格的值等于“C11-(C14-C7)*设置!$B$15”；如果“C16-C7”乘以返还系数的值大于C11并且C11减去“C14-C7”乘以返还系数的值小于0时，C12单元格的值等于空，否则C12单元格的值为“ROUND(C15*设置!$B$15,0)”。

表中动员预付款项在实际计量中可能与公式计算值有差别，这时可以直接把支表3的数据链接过来，不用上面公式。

C13公式：="总计金额（元）"&IF(ROUND((C16-C7)*设置!$B$15,0)>C11,C11,IF(C16<C7,"",ROUND((C16-C7)*设置!$B$15,0)))

公式作用：计算累计返还预付款金额。

C14公式：=支表3!F22
C15公式：=支表3!G22
C16公式：=C14+C15

支表7设置完成。

5.13 附表

本系统中有两个附表，分别是支表4附表和支表5附表，每次计量之前，必须把支表4和支表5的数据复制粘贴到这两个附表中。支表4与支表5中上期未完成的数据来自两个附表。如果在做新的计量之前没有把上期的计量数据复制到附表中，计量数据就不会出现在上期末的计量数据栏内。

注意在粘贴的时候选择只粘贴数据方式，不能粘贴公式。如果粘贴了公式，附表中的数据将随着新一期的计量数据改变，最终的计量数据将出现问题。

计量支付系统设计完成。

第6章 铁路预算编制系统

现在市面上有很多编制预算的软件，它们虽然功能齐全，但使用起来不一定方便。一套预算软件并不便宜，每个项目配套一套预算软件也没有必要，一般在项目上用到预算的地方并不多。

铁路预算编制系统当然不能和预算软件相比，它只能对每一个清单的小项目进行预算。本系统的优点：其一，在项目上使用方便，一般情况下，一个项目新增加的预算项目不多，可以逐项进行预算；其二，分析分包单价，直接从本预算系统中做出来的分包单价不一定合理，但是有了分析出来的数据，再加上作业人员结合工地上的经验加以分析处理，可更加接近实际。分析分包单价也是编制本预算系统的主要目的。

铁路预算编制系统用到的公式大多数在前面章节有类似的出现，在函数方面要讲述的内容到这里已经不多了，大多数公式的使用也很接近，读者可能觉得没有什么新的知识点。但是同一个函数在不同的地方用法不一定相同，灵活应用EXCEL函数并不简单，更重要的是学习本书案例时要学习实现整个系统功能的方法。一个系统讲述完之后，如果学懂了，觉得很简单，如果没有学懂，就觉得很难，特别是在创建一个综合表格的时候，就更不容易了。另外本书所讲述的全部案例均为未经裁剪的实用案例，比通常的教学案例要复杂得多。

铁路预算编制系统中相关基础数据仅录入了铁路隧道工程的隧道定额，在实际工作中用户可根据需要从预算定额中输入数据。数据输入时在相应表的末尾继续录入，不存在前后顺序的问题，但必须按照原有数据的格式进行，要特别注意材料消耗的数据输入方法和格式。

6.1 下拉列表

下拉列表区如图6-1-1。

	A	B	C	D	E	F	G
1	下拉列表选项						
2							
3	单位	人工	计算类别	工程类别	调整系数	价差类别	
4	m^3	新建一般工程	成本分析	路基土方	2004年价差	路基土石方(人力施工)	
5	m	新建隧道工程	造价分析	路基石方	2005年价差	路基土石方(机械施工)	
6	m^2	改建一般工程		站场土方	2006年价差	路基附属土石方	
7	个	改建隧道工程		站场石方	2007年价差	路基加固及防护(不含抛填片石)	
8	kg	新建计算机安装		路基附属土方	2008年价差	挡土墙(浆砌片石)	
9		改建计算机安装		路基附属干砌石	2009年价差	挡土墙(片石砼)	

图6-1-1　下拉列表区

预算中需要用户填写的内容，填写格式要严格按照样例的格式输入。

6.2　价差系数

价差系数表如图6-2-1。

	A	B	C	D	E	F	I	J
1	序号	地　区	首页编号	2004年价差	2006年价差	2007年价差	材料运杂费	降造系数
2								
3		工程类别	2	3	4	5	8	9
4	1	路基土石方(人力施工)	Y200-LJ	1.049	1.452	1.656	21.34	8.5%
5	2	路基土石方(机械施工)	Y200-LJ	1.051	1.449	1.65	21.34	8.5%
6	3	路基附属土石方	Y200-FS	1.038	1.044	1.007	21.34	8.5%
7	4	路基加固及防护(不含抛填片石)	Y200-FS	1.052	1.061	1.122	21.34	8.5%
8	5	挡土墙(浆砌片石)	Y200-FS	1.039	1.05	1.083	21.34	8.5%
9	6	挡土墙(片石砼)	Y200-FS	1.06	1.096	1.129	21.34	8.5%
10	7	挡土墙(钢筋砼)	Y200-FS	1.265	1.283	1.365	21.34	8.5%
11	8	抗滑桩		1.122	1.231	1.284	21.34	8.5%
12	9	深水桥钢筋砼沉井基础墩台及附属工程		1.123	1.16	1.221	21.34	8.5%
13	10	深水桥浮运钢沉井基础墩台及附属工程		1.182	1.194	1.264	21.34	8.5%

图6-2-1　价差系数表

在铁路预算中有基于2000年基价的价差调整，每种工程有相应的价差系数，价差系数是铁路造价信息网公布的数据。另外，增加了材料运杂费与降造系数，这两项也是预算需要的。由于项目不多，故没有单另列表。运杂费在各种预算软件中是通过相应的数据利用预算规则计算出来的，本系统中没有设置计算运杂费表，需要用户根据各项目的实际情况计算，计算方法在预算书中查找。

6.3　材料定额

材料定额表如图6-3-1。

	A	B	C	D	E	F	G	H	I	J	K	M	N
1 2	序号	排号	定额代号	材料名称	单位	基价 （元）	市场单价 （元）	预算单价 （元）	修改单价 （元）	汇总标志	单位重	预算数量	材料汇总
15	12		12	改建计算机安装	工日	41.58		41.58					
16	13		31	电（机械台班用）	kWh	0.55		0.55		'382			
17	14		32	汽油（机械台班用）	kg	3.01		3.01		'092	1		
18	15		33	柴油（机械台班用）	kg	2.7		2.7		'102	1		
19	16		34	液压油（机械台班用）	kg	2.87		2.87			1		
20	17		35	煤（机械台班用）	t	197.3		197.3		'392	1000		
21	18		36	木柴（机械台班用）	kg	0.22		0.22			1		
22	19		37	价购土	m³	2.5		2.5					
23	20		50	水（机械台班用）	t	0.38		0.38		'372	1000		
24	22		52	普通水泥 32.5 级	kg	0.26	0.26	0.26		'01	1		

图6-3-1　材料定额表

材料定额表为基础数据表，表中【定额代号】、【材料名称】、【单位】、【基价】、【修改单价】（I155～214有公式）、【汇总标志】与【单位重】为用户填写的预算定额内容。在基价的F4到F9，F155到F214单元格，D3到N3，I155到I214，【排号】、【市场单价】、【预算单价】、【预算费用】与【材料汇总】中设置了计算公式。

表第3行设置了横向序号，这个序号在以后的计算中应用，可按照样式设置。A列为序号列；B列为排号列，即为有预算工程量的项目编排序号。

D3公式：=COLUMN()-2

设置好后向后拖动到N3列。

B4公式：=IF(N4<>"",ROW(N4)-COUNTIF(N$3:N4,"")-3,"")

公式作用：给N列有汇总标志的单元格添加序号。

F4公式：=IF(预算编辑!H$12="新建一般工程",20.03,IF(预算编辑!H$12="新建隧道工程",21.83,IF(预算编辑!H$12="改建一般工程",21.46,IF(预算编辑!H$12="改建隧道工程",22.46,IF(预算编辑!H$12="新建路基、小桥涵、房屋、临时工程",17.81,IF(预算编辑!H$12="改建路基、小桥涵、房屋、临时工程",17.17,""))))))

F列4～9行为土建人工费项目。在铁路预算中，如果是隧道工程，做预算时套用的是路基的预算，人工费就要修改成隧道工费标准，故在预算人工费时设置公式要进行处理。公式中“20.03、21.83、21.46、22.46、17.81、17.17”为铁路各项预算的人工费标准。F4单元格的公式设置好后向下拖动到第9行。本列9行以后的数据来自预算，用户按照预算定额填写。

G4公式：=IF(ISNA(VLOOKUP(C4,单价修改!B:E,设置中转!$C$35,FALSE))=TRUE,"",VLOOKUP(C4,单价修改!B:E,设置中转!$C$35,FALSE))

公式作用：从单价修改表中提取相应的数据，铁路预算中主材是市场调查价，本列可通过单价修改表提取相应材料的市场单价。

H4公式：=IF(G4<>"",G4,IF(I4<>"",I4,F4))

公式作用：处理预算单价。

材料定额表中有市场单价，也有修定单价，用H4单元格公式处理后就以市场单价为最终单价参与预算。如果没有市场单价，用H4单元格公式处理后就以基价为最终单价参与预算。

B4、G4、H4公式设置好后根据需要向下拖动。

M16公式：=IF(SUMIF(造价计算!F:F,C16,造价计算!K:K)=0,"",IF(SUMIF(造价计算!F:F,C16,造价计算!K:K)-SUMIF(造价计算!F:F,C16,造价计算!N:N)=0,SUMIF(造价计算!F:F,C16,造价计算!Q:Q),""))

公式作用：汇总预算中需要用价差系数调整预算单价的材料费用。

N4公式：=IF(SUMIF(造价计算!F:F,C4,造价计算!W:W)=0,"",SUMIF(造价计算!F:F,C4,造价计算!W:W))

公式作用：从造价计算表中汇总本次预算中对应材料的用量。

F155公式：=IF(ISNA(VLOOKUP(C155,机械定额!B:AB,设置中转!C$38,FALSE))=TRUE,"",ROUND(VLOOKUP(C155,机械定额!B:AB,设置中转!C$38,FALSE),2))

公式作用：从机械定额表格中提取机械基期单价。

I155公式：=IF(ISNA(VLOOKUP(C155,机械定额!B:AB,设置中转!C$37,FALSE))=TRUE,"",ROUND(VLOOKUP(C155,机械定额!B:AB,设置中转!C$37,FALSE),2))

公式作用：从机械定额中提取对应机械的编制期单价。

在铁路预算中，机械的单价是随着水、电、煤等相关材料的单价变动的，所以只要是机械类必须设置如上公式提取修改后的单价。

M16、N14、F155、I155公式设置好后根据需要向下拖动。

O4公式：=IF(预算编辑!H$15="新建一般工程",20.03,IF(预算编辑!H$15="新建隧道工程",21.83,IF(预算编辑!H$15="改建一般工程",21.46,IF(预算编辑!H$15="改建隧道工程",22.46,IF(预算编辑!H$15="新建路基、小桥涵、房屋、临时工程",17.81,IF(预算编辑!H$15="改建路基、小桥涵、房屋、临时工程",17.17,""))))))

公式作用：分析机械工工资标准。

在铁路预算中，机械工工资标准与工程类别有关系，在预算中需要单独分析单价。设置好后向下拖动到O9单元格。

6.4 预算定额

预算定额表如图6-4-1。

	A	B	C	D	E	F
1–2	序号	定额编号	定额名称	单位	工作内容	重量
3			2	3	4	
4	1	SY-1	单线隧道开挖 隧长≤1000m Ⅰ级围岩	10m³	脚手架搭拆，测量、钻眼、爆破、找顶、防尘	0.022
5	2	SY-2	单线隧道开挖 隧长≤1000m Ⅱ级围岩	10m³	脚手架搭拆，测量、钻眼、爆破、找顶、防尘	0.018
6	3	SY-3	单线隧道开挖 隧长≤1000m Ⅲ级围岩	10m³	脚手架搭拆，测量、钻眼、爆破、找顶、防尘	0.013
7	4	SY-4	单线隧道开挖 隧长≤1000m Ⅳ级围岩	10m³	脚手架搭拆，测量、钻眼、爆破、找顶、防尘	0.007
8	5	SY-5	单线隧道开挖 隧长≤1000m Ⅴ级围岩	10m³	脚手架搭拆，测量、钻眼、爆破、找顶、防尘	0.005
9	6	SY-6	单线隧道开挖 隧长≤1000m Ⅵ级围岩	10m³	脚手架搭拆，测量、钻眼、爆破、找顶、防尘	0.001
10	7	SY-7	单线隧道开挖 隧长≤2000m Ⅰ级围岩	10m³	脚手架搭拆，测量、钻眼、爆破、找顶、防尘	0.022
11	8	SY-8	单线隧道开挖 隧长≤2000m Ⅱ级围岩	10m³	脚手架搭拆，测量、钻眼、爆破、找顶、防尘	0.018
12	9	SY-9	单线隧道开挖 隧长≤2000m Ⅲ级围岩	10m³	脚手架搭拆，测量、钻眼、爆破、找顶、防尘	0.013
13	10	SY-10	单线隧道开挖 隧长≤2000m Ⅳ级围岩	10m³	脚手架搭拆，测量、钻眼、爆破、找顶、防尘	0.007

图6-4-1　预算定额表

表中没有公式，用户按照格式从预算定额中输入相应定额编号和对应数据。

6.5 机械定额

机械定额表如图6-5-1。

	A	B	C	D	E	F	G	H	I	J	K	L	M	N	O	P	Q	R	S	T	U	V	W	X	Y	Z	AA	AB	AC
1											32			33			35			31			50						
2	序号	电算代号	机械台班名称	基本折旧费	大修理费	经常修理费	安拆及进出场费	2人工(工日)	基期全额	编制期全额	汽油	基期全额	编制期全额	柴油	基期全额	编制期全额	煤	基期全额	编制期全额	电	基期全额	编制期全额	水	基期全额	编制期全额	其他费用	基期单价	编制期价	汇总标志
3				（元）	（元）	（元）	（元）		（元）	（元）	(kg)	（元）	（元）	(kg)	（元）	（元）	(t)	（元）	（元）	(kW·h)	（元）	（元）	(t)	（元）	（元）	（元）	（元）	（元）	
4		1	2	3	4	5	6	7	8	9	10	11	12	13	14	15	16	17	18	19	20	21	22	23	24	25	26	27	28
5	1	19249	架梁起重机		1748.9																					1748.9	1748.9	
6	2	19362	载货汽车加挂车 ≤10t	51.95	9.47	53.13		1.25	27.29	31.44	42	126.42	126.42													99.3	367.56	371.71	37
7	3	19526	砼内部振动器 d≤50mm	2.28		2.96													4	2.2	2.2					7.44	7.44	55
8	4	19527	砼内部振动器 d≤75mm	4.18		5.43													5.4	2.97	2.97					12.58	12.58	55
9	5	19528	砼外部振动器	2.26		3.39													4	2.2	2.2					7.85	7.85	55
10	6	19529	砼附着振动器	2.4		3.6													5.4	2.97	2.97					8.97	8.97	55
11	7	19699	水底电缆挖冲机	136.13	7.03	14.06		17.5	382.03	440.13	11.8	35.52	35.52	514	1387.8	1387.8											1962.57	2020.67	
12	8	19711	浮箱 KC（一班制）	12.79	4.13	3.3																					20.22	20.22	67
13	9	19712	浮箱 KC（二班制）	6.4	2.06	1.65																					10.11	10.11	67
14	10	19713	浮箱 KC（三班制）	4.26	1.38	1.1																					6.74	6.74	67
15	11	19714	浮箱 TF（一班制）	9.14	2.88	2.3																					14.32	14.32	67
16	12	19715	浮箱 TF（二班制）	4.57	1.44	1.15																					7.16	7.16	67
17	13	19716	浮箱 TF（三班制）	3.05	0.96	0.77																					4.78	4.78	67
18	14	19765	乙炔发生器 ≤3m/h	2.98		5.96																					8.94	8.94	
19	15	19766	乙炔发生器 ≤5m/h	6.09		12.18																					18.27	18.27	
20	16	19802	铺轨机 25m	1992.19	732	1830		6.25	136.44	157.19				84	226.8	226.8											4917.43	4938.18	70
21	17	19827	长轨线路铺砟机	1724.44	533.33	656		3.75	81.86	94.31				158.38	454.63	454.63											3450.26	3462.71	
22	18	19828	长轨压接焊作业线	13800.05	3374.07	5331.03		6.25	136.44	157.19										1955	1075.3	1075.3					23716.84	23737.59	
23	19	19829	长轨铺轨机	8869.21	2925.93	5383.71		3.75	81.86	94.31				616	1663.2	1663.2											18923.91	18936.36	70
24	20	19832	轨道打磨列车	27542.61	5565.31	10240.17		7.5	163.73	188.63				1152.6	3112	3112											46623.84	46648.74	
25	21	19835	架桥机 ≤450t	5341.47	878.4	1133.14		5	109.15	125.75				546.91	1476.7	1476.7											8938.82	8955.42	71
26	22	19837	箱梁运输车 ≤200t（桥下）	694.52	214.8	257.76		3.75	81.86	94.31																	1248.94	1261.39	
27	23	19838	箱梁运输车 ≤200t（桥上）	538.03	166.4	199.68		3.75	81.86	94.31																	985.97	998.42	
28	24	19839	箱梁运输车 ≤450t	5380.27	1997.33	5492.67		2.5	54.58	62.88				506.4	1367.3	1367.3											14292.13	14300.43	

图6-5-1　机械定额表

在预算中，机械单价有基期单价和编制期单价，机械所用的材料在编制期有调查价，编制期的单价是利用材料单价的变化进行调整的，表中I、L、O、R、U、X、Y列设置了材料费用计算公式，没有设置公式的单元格数据来自预算定额，如果有新增加的项目用户按照表中格式进行填写。

表格的第4行从B4到AC4设置了横向序列号。表中的公式设置如下：

I5公式：=IF(OR(ISNA(VLOOKUP(设置中转!$B$41,材料定额!$C:$AA,13,FALSE))=TRUE,H5=""),"",ROUND(VLOOKUP(设置中转!$B$41,材料定额!$C:$AA,13,FALSE)*H5,2))

公式作用：计算基期人工费用。

J5公式：=IF(OR(ISNA(VLOOKUP(设置中转!$B$22,材料定额!$C:$AA,6,FALSE))=TRUE,H5=""),"",ROUND(VLOOKUP(设置中转!$B$22,材料定额!$C:$AA,6,FALSE)*H5,2))

公式作用：计算编制期人工费用。

I5、J5公式设置好后根据需要向下拖动。

L5公式：=IF(OR(ISNA(VLOOKUP(K$1,材料定额!$C:$AA,4,FALSE))=TRUE,K5=""),"",ROUND(VLOOKUP(K$1,材料定额!$C:$AA,4,FALSE)*K5,2))

公式作用：计算基期对应材料费用。

M5公式：=IF(OR(ISNA(VLOOKUP(K$1,材料定额!$C:$AA,6,FALSE))=TRUE,K5=""),"",ROUND(VLOOKUP(K$1,材料定额!$C:$AA,6,FALSE)*K5,2))

公式作用：计算编制期对应材料费用。

L5与M5单元格设置好后向下拖动到需要的行，对这两列的公式整体复制，然后在O5、R5、U5、X5单元格进行粘贴。

AA4公式：=ROUND(SUM(D5,E5,F5,G5,I5,L5,O5,R5,U5,X5,Z5),2)

AB5公式：=ROUND(SUM(D5,E5,F5,G5,J5,M5,P5,S5,V5,Y5,Z5),2)

以上两个公式分别是汇总基期和编制期机械的机械单价。

机械定额表设置完成。

6.6 定额消耗

定额消耗表如图6-6-1。

	A	B	C	D	E	F	G
1	定额编号	序号	定额编号	检索号	定额代号	消耗数量	重复检验
2				1	2	3	4
3	SY-1	1	SY-1	1SY-1	2	7.2	
4		2	SY-1	2SY-1	1592	3.61	
5		3	SY-1	3SY-1	4570	7.94	
6		4	SY-1	4SY-1	4572	8.51	
7		5	SY-1	5SY-1	4588	8.85	
8		6	SY-1	6SY-1	4593	9.85	
9		7	SY-1	7SY-1	7112	1.59	
10		8	SY-1	8SY-1	18951	13.01	
11		9	SY-1	9SY-1	18992	3	
12		10	SY-1	10SY-1	19061	1.492	
13		11	SY-1	11SY-1	19062	0.224	
14		12	SY-1	12SY-1	19064	0.224	
15		13	SY-1	13SY-1	19106	0.188	
16		14	SY-1	14SY-1	19108	0.231	
17	SY-2	1	SY-2	1SY-2	2	6.55	

图6-6-1　定额消耗表

定额消耗即预算中对应的定额代号所需要的材料和消耗数量。所需要的材料只填写代号和数量，不填写名称。表中设置了【序号】、【定额编号】与【检索号】列，给定额编号中的每种材料增加了检索号，单元格中设置了公式；A、E、F列中的数据来源于预算。

第2行从D列开始设置了横向序号，D2公式：=COLUMN()-3，设置好后向右拉到G列。

从第3行开始，公式设置如下：

B3公式：=IF(A3<>"",1,B2+1)

公式作用：给定额编号中的每项材料添加一个序号。

C3公式：=IF(A3<>"",A3,IF(B3<>"",C2,""))

公式作用：给定额编号包含的每项材料的前面添加对应的定额编号。

D3公式：=IF(C3<>"",B3&C3,"")

公式作用：给每个定额编号所包含的材料添加唯一的检索号。

G3公式：=IF(A3="","",IF(COUNTIF(A:A,A3)>1,"重复",""))

公式作用：定额编号重复输入检查。

以上公式设置好后根据需要向下拖动。需要新增加项目时，按照样表中的格式最后填写。

6.7 工程取费

工程取费表如图6-7-1。

在预算中要用到各地的取费系数和运杂费率等，可根据预算定额填写。

6.8 设置中转

设置中转表如图6-8-1。

预算相关设置在预算编辑表中进行，中转表的功能是重新提取预算编辑表中【类别】栏内设置好的数据和相关的定额参数。样表中红色（书中为灰色）的数据为用户输入的内容，其他部分由设置好的公式计算生成，表中公式设置不多，需要一个一个地进行设置。

B3公式：=预算编辑!H10

B6公式：=IF(B3=B5,"",预算编辑!H11)

B22公式：=IF(预算编辑!H12="","",VLOOKUP(预算编辑!H12,B42:C49,2,FALSE))

B23公式：=IF(B3=B5,"",预算编辑!H13)

B24公式：=预算编辑!H14

B41公式：=IF(预算编辑!H15="","",VLOOKUP(预算编辑!H15,B42:C49,2,FALSE))

C25公式：=HLOOKUP(B25,预算定额!1:3,3,FALSE)

C26公式：=HLOOKUP(B26,预算定额!1:3,3,FALSE)

C27公式：=HLOOKUP(B27,材料定额!1:3,3,FALSE)

C28公式：=HLOOKUP(B28,材料定额!1:3,3,FALSE)

C29公式：=HLOOKUP(B29,材料定额!1:3,3,FALSE)

C30公式：=HLOOKUP(B30,材料定额!1:3,3,FALSE)

C31公式：=HLOOKUP(B31,材料定额!1:3,3,FALSE)

C32公式：=HLOOKUP(B32,材料定额!1:3,3,FALSE)

	A	B	C	D	E	F	G	H	I	J	K	L	M	N	O	P	Q	R	S	T	U
1–2	工　程　取　费																	运杂费率表			
3–5	取费项目	造价分析路基土方	造价分析路基石方	造价分析站场土方	造价分析站场石方	造价分析路基附属土方	造价分析路基附属干砌石	造价分析路基附属圬工	造价分析大桥	造价分析中桥	造价分析小桥涵	造价分析道床底渣	造价分析隧道L≤3km	造价分析隧道L>3km	造价分析明洞、棚洞	造价分析线路有关工程	成本分析	取费名称	单位	费率	是否计费
6	1	2	3	4	5	6	7	8	9	10	11	12	13	14	15	16	17				
7	冬季施工增加费	11.18	3.21	11.18	3.21	11.18	3.21	4.5	4.5	4.5	4.5	1.49	1.3	1.3	1.3	0.1		外来材料运杂费	t	21.34	是
8	雨季施工增加费	0.32	0.2	0.32	0.2	0.32	0.2	0.2	0.04	0.04	0.04		0.02	0.02	0.02			水泥运杂费	t	21.34	否
9	夜间施工增加费	0.3	0.3	0.3	0.3	0.3	0.3	0.3	0.22	0.22	0.22	0.09	0.3	0.3	0.3	0.09		沙子运杂费	t	27.5	是
10	风沙地区施工增加费																	碎石运杂费	t	6.49	是
11	高原地区施工人工增加费																	片石运杂费	t	6.34	是
12	高原地区施工机械增加费																	卵石运杂费	t	6.49	是
13	原始森林地区施工增加费																	砖瓦运杂费	t	23.4	是
14	行车干扰增加费																	石灰运杂费	t	21.36	是
15	生产用工具用具等三项费用	1	1	1	1	1	1	1	1	1	1	1	1	1	1	1		黏土运杂费	t		是
16	临时设施及小型临时设施费	1.18	1.18	1.18	1.18	1.25	1.18	1.18	3.6	2.4	2.4	2.31	3.6	3.6	3.6	2.22		精制砂运杂费	t		是
17	现场管理费	3.97	4.46	3.97	4.46	6.46	4.46	4.46	4.19	5.47	5.47	2.88	3.67	3.67	3.67	0.32	5	粉煤灰运杂费	t		是
18	企业管理费	2.51	2.81	2.51	2.81	3.59	2.81	2.81	2.33	3.39	3.39	1.6	2.43	2.43	2.43	0.18		木枕运杂费	t	83	是
19	劳动保险费	1.62	2.28	1.62	2.28	2.01	2.28	2.28	2.49	2.59	2.59	2.23	2.81	2.81	2.81	1.39		块石运杂费	t	6.34	是
20	财务费用																	轨料运杂费	t	97.48	是
21	八. 计划利润	4.1	4.1	4.1	4.1	3.5	4.1	4.1	4.6	4.6	4.2	3.9	5	5	5	4.2		砼桩杆运杂费	t	67.04	是
22	九. 税　　金	3.285	3.285	3.285	3.285	3.285	3.285	3.285	3.285	3.285	3.285	3.285	3.285	3.285	3.285	3.285		木电杆运杂费	t	81.2	是
23	施工机械调遣费																	道渣运杂费	t	32.87	是

图6-7-1　工程取费表

	A	B	C
1	设置中转		
2			
3	计算类别	造价分析	
6	工程类别	隧道 L>3km	
22	工资类别	2	
23	取费类别	隧道 L>3km	
24	调整系数	2004年价差	
25	预算定额	定额名称	2
26		单位	3
27	材料定额	材料名称	2
28		单位	3
29		预算单价	6
30		基价	4
31		汇总标志	8
32		单位重	9
33	单价修定	单 价(用于单价修定单价列)	5
34	定额消耗	消耗数量	3
35		单 价	4
36		定额代号	2
37	机械定额	编制期价	27
38		基期单价	26
39		单价	11
40		合价	13
41	机械工类别	2	
42		新建一般工程	1
43		新建隧道工程	2
44		改建一般工程	3
45		改建隧道工程	4
46		新建路基、小桥涵、房屋及临时工程	5
47		改建路基、小桥涵、房屋及临时工程	6
48		新建计算机安装	11
49		改建计算机安装	12

图6-8-1 设置中转表

C33公式：=HLOOKUP(B3,单价修改!B1:H3,3,FALSE)

C34公式：=HLOOKUP(B34,定额消耗!1:2,2,FALSE)

C35公式：=HLOOKUP(B35,单价修改!1:3,3,FALSE)

C36公式：=HLOOKUP(B36,定额消耗!1:2,2,FALSE)

C37公式：=HLOOKUP(B37,机械定额!B:AL,4,FALSE)

C38公式：=HLOOKUP(B38,机械定额!B:AL,4,FALSE)

C39公式：=IF(B3=B4,11,14)

C40公式：=IF(B3=B4,13,17)

C25到C38公式是为系统计算表中部分VLOOKUP函数设置的col_index_num参数（第3个参数），这些公式都是提取指定区域横向序列号的公式。

6.9 单价修改

单价修改表如图6-9-1。

	A	B	C	D	E	F	G	H
1 2	序号	定额代号	材料机械名称	单位	单价 （元）	造价分析 （元）	成本分析 （元）	检验
3			2	3	4	5	6	7
4	1	1	新建一般工程	工日	23.35	23.35	25.94	
5	2	2	新建隧道工程	工日	25.15	25.15	27.94	
6	3	3	改建一般工程	工日	24.44	24.44	24.44	
7	4	4	改建隧道工程	工日	25.44	25.44	25.44	
8	5	5	新建路基、小桥涵、房屋、临时工程	工日	20.75	20.75	20.75	
9	6	6	改建路基、小桥涵、房屋、临时工程	工日	19.33	19.33	19.33	
10	7	271	黏土	m^3	8.5	8.5	20	
11	8	1201	圆钢 Q235-A Φ6	kg	2.31	2.31	4.8	
12	9	297	片石	m^3	27	27	50	

图6-9-1 单价修改表

单价修改表是在预算中需要用到市场调查价的材料单价处理表。表格中只要填写定额代号的对应行，【成本分析】栏和【造价分析】栏中就必须输入相应的单价。在预算分析中，单价修改表的数据优先调用。如果【成本分析】栏有单价而【造价分析】栏没有单价，在造价分析中调用到相应的材料时基价就变为0，将导致错误的计算结果。

表的第3行从C列开始到H列，设置了横向编号。

C3公式：=COLUMN()-1

设置好后向右拖动到H列。

C4公式：=IF(B4="","",VLOOKUP(B4,材料定额!C:D,设置中转!$C$27,FALSE))

D4公式：=IF(B4="","",VLOOKUP(B4,材料定额!C:E,设置中转!$C$28,FALSE))

以上两个公式作用：通过定额代号从材料定额中提取相应的材料名称和单位。

E4公式：=IF(OR(B4="",设置中转!$B$3=""),"",IF(VLOOKUP(B4,B:R,设置中转!$C$33,FALSE)=0,"",VLOOKUP(B4,B:R,设置中转!$C$33,FALSE)))

公式作用：通过设置中转表的控制，把所列材料的单价处理成预算需要的单价，即如果是造价分析，本单元格的值就调用造价分析栏的单价，如果是成本分析，本单元格的值就调用成本分析栏的单价。

H4公式：=IF(COUNTIF(B:B,B4)>1,"重复","")

公式作用：检查修改单价有没有重复项。

以上公式设置好后根据需要向下拖动。

6.10 预算编辑

预算编辑表如图6-10-1。

	A	B	C	D	E	F	G	H	I
1	编辑预算								
2									
3	序号	定额编号	定额名称	单位	数量		名称	类别	
4	1	SY-1	单线隧道开挖 隧长≤1000m Ⅰ级围岩	10m³	9		编制单位：	T03标段项目部	
5	2	SY-2	单线隧道开挖 隧长≤1000m Ⅱ级围岩	10m³	10		建设名称：	岢岚一瓦塘地方铁路 T03标	
6	3	SY-3	单线隧道开挖 隧长≤1000m Ⅲ级围岩	10m³	2		工程名称：	隧道	
7	4	SY-4	单线隧道开挖 隧长≤1000m Ⅳ级围岩	10m³	5		项目名称：	超前小导管	
8	5						工程数量：	100	
9	6						单　　位：	m²	
10	7						计算类别：	造价分析	
11	8						工程类别：	隧道 L>3km	
12	9						工资类别：	新建隧道工程	
13	10						取费类别：	隧道 L>3km	
14	11						调整系数：	2004年价差	
15	12						机械工类别：	新建隧道工程	

图6-10-1 预算编辑表

预算编辑的输入方法与预算软件相似。编辑前，首先在【类别】栏输入预算的相关设置，然后在B、E列输入定额编号与数量。【定额名称】与【单位】两栏的数据根据定额代号由公式提取。

表的H列的第9行到第15行中设置了下拉列表输入方式，防止由用户输入时出现格式上的错误导致整个表无法计算。

H9下拉列表格式设置：

（1）选中H9。

（2）EXCEL菜单|【数据】|【数据有效性】|【数据有效性】。

（3）【允许】栏选取“序列”，【来源】栏填写“=下拉列表!A4:A27”，如图6-

10-2。

（4）点击【确定】按钮。

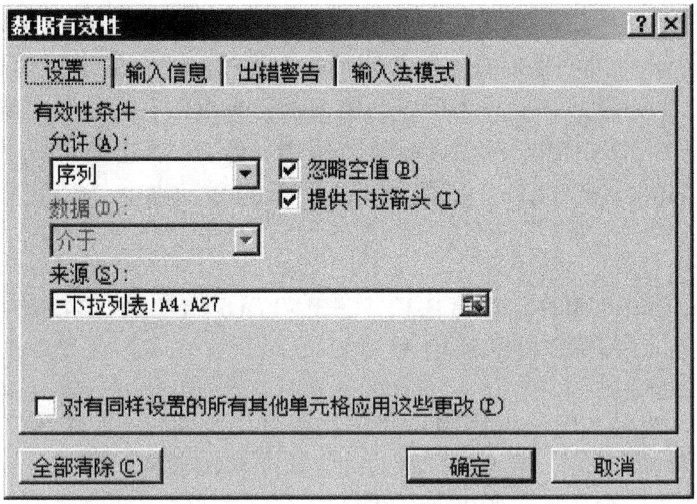

图6-10-2　单位栏下拉列表设置对话框

H10格式到H15格式步骤与H9相同，数据来源分别是：

H10："=下拉列表!C4:C5"
H11："=下拉列表!D4:D21"
H12："=下拉列表!B4:B21"
H13："=下拉列表!F4:F43"
H14："=下拉列表!E4:E20"
H15："=下拉列表!B4:B21"

C列与D列公式如下：

C4公式：=IF(B4="","",IF(ISERROR(SEARCHB("～*",B4,1))=TRUE,VLOOKUP(B4,预算定额!B:E,2,FALSE),VLOOKUP(LEFT(B4,SEARCHB("～*",B4,1)-1),预算定额!B:E,2,FALSE)))

公式中引用了ISERROR函数和"～*"字符。ISERROR函数的作用是判断SEARCHB函数的返回值是否为任意错误值（"#N/A""#VALUE!""#REF!""#DIV/0!""#NUM!""#NAME?"或"#NULL!"）。"～*"字符的作用是利用SEARCHB函数在指定的字符中查找"*"字符。由于"*"字符在EXCEL表中为通配符，不能直接以"*"形式查找它本身，在函数中设置成"～*"格式，它的作用就变成了查找“*”字符了。

公式解释：如果B4（定额编号）单元格的值等于空，C4（定额名称）单元格的值就等于空。如果SEARCHB函数在B4单元格中查找不到“*”字符，C4单元格的值等于“VLOOKUP(B4,预算定额!B:E,2,FALSE)”的返回值；否则C4单元格的值等于“VLOOKUP(LEFT(B4,SEARCHB("～*",B4,1)-1),预算定额!B:E,2,FALSE)”的返回值。SEARCHB("～*",B4,1)函数作用，在B4中查找“*”的位置。LEFT(B4,SEARCHB("～*",B4,1)-1)函数作用，返回B4单元格中“*”之前的所有字符。

D4公式：=IF(B4="","",IF(ISERROR(SEARCHB("～*",B4,1))=TRUE,VLOOKUP(B4,预算定额!B:E,3,FALSE),VLOOKUP(LEFT(B4,SEARCHB("～*",B4,1)-1),预算定额!B:E,3,FALSE)))

C4、D4两单元格公式作用：让用户能直观检查C列的定额代号是否正确和看到相应定额的单位。由于本系统对计算机要求比较高，目前一般办公电脑还不方便本系统的自动计算，所以此公式目前还起不到实质性的作用。以后电脑配置高了，本系统就可以设置成自动计算，公式设置的功能就起到应有的作用了。

以上两单元格的公式是通用的，设置好之后根据需要向下拖动。

6.11 造价计算

造价计算表如图6-11-1。

此表由两部分构成，前面是直接工程费计算表，总共设置了1202行，后面是综合费用计算表，也就是预算软件中所说的结尾方案。整个预算系统处理数据的核心部分就是这个表，也是处理难度最大的部分。表中R和T列是用户输入区，即人工干预进行材料数量修改和材料代换的部分，材料消耗数量调整在R列进行，材料代换在T列进行。每一次新的预算开始时，要把R与T列的数据根据需要重新处理。

	A	B	F	H	I	J	K	L	M	N	O	Q
1-2	工程造价分析表											
3	项目名称:		超前小导管		编制单位:		T03标段项目部					
4	自动编号	定额编号	定额代号	项 目 名 称 或 费 用 名 称	单位	数量	基 期			编 制 期		
5-6							单 价(元)	价 值(元)	合 价(元)	单 价(元)	价 值(元)	合 价(元)
7	1	SY-1		单线隧道开挖 隧长≤1000m Ⅰ级围岩	10m³	9	567.46		5107	599.7		5397.3
8			2	新建隧道工程	工日	7.2	21.83	157.18	1415	25.15	181.1	1629.9
9			1592	合金工具钢 空心	kg	3.61	5.2	18.77	169	5.2	18.8	169.2
10			4570	岩石硝铵炸药 2号	kg	7.94	4.27	33.9	305	4.49	35.7	321.3
11			4572	乳胶炸药 RJ-2	kg	8.51	4.48	38.12	343	4.71	40.1	360.9
12			4588	导爆索 爆速6000~7000m/s	m	8.85	1.37	12.12	109	1.37	12.1	108.9
13			4593	非电毫秒雷管 导爆管长6m	发	9.85	2.07	20.39	184	2.07	20.4	183.6
14			7112	合金钻头 Φ43	个	1.59	28.84	45.86	413	28.84	45.9	413.1
15			18951	其他材料费	元	13.01	1	13.01	117	1	13	117
16			18992	水	t	3	0.38	1.14	10	0.38	1.1	9.9
17			19061	气腿式凿岩机	台班	1.492	9.76	14.56	131	9.76	14.6	131.4
18			19062	气动锻钎机 d≤90mm	台班	0.224	150.85	33.79	304	159.15	35.6	320.4
19			19064	钻头磨床	台班	0.224	45.11	10.1	91	49.26	11	99
20			19106	电动空气压缩机 ≤9m/min	台班	0.188	298.86	56.19	506	303.01	57	513
21			19108	电动空气压缩机 ≤20m/min	台班	0.231	486.29	112.33	1011	490.44	113.3	1019.7
22												
23	2	SY-2		单线隧道开挖 隧长≤1000m Ⅱ级围岩	10m³	10	508.5		5085	537.6		5376
24			2	新建隧道工程	工日	6.55	21.83	142.99	1430	25.15	164.7	1647

图6-11-1　造价计算表

A3公式：=个别概算!B5&""&个别概算!D5

K3公式：=预算编辑!H4

A3、K3中的公式为表头链接公式。

S1公式：=个别概算!G3&个别概算!J3

公式作用:提取预算数量和单位。

R3公式：=IF(OR(S1<>"",S1<>0),"单价:"&ROUND(SUM(Q7:Q1200)/个别概算!G3/2,1)&"元/"&个别概算!J3,"")

公式作用：计算预算项目的成本单价。

S1、R3公式为辅助公式，可以取消。

A7公式：=IF(X7<>"",ROW(X7)-COUNTIF($X$7:X7,"")-6,"")

公式作用：为X列有数据的单元格排序，控制B列提取数据。

B7公式：=IF(A7<>"",VLOOKUP(A7,预算编辑!A:E,2,FALSE),"")

C7公式：=IF(B7="",C6+1,0)

C7公式作用：给B列定额编号不为空的空单元格设置序号，为其他工作表提取对应的定额消耗设置控制数据。

D7公式：=IF(B7<>"",IF(ISERROR(SEARCHB(" ~ *",B7,1))=TRUE,B7,LEFT(B7,SEARCHB(" ~ *",B7,1)-1)),D6)

公式作用:为其他列提取定额消耗的控制数据。

E7公式：=IF(C7=0,D7,IF(ISNA(VLOOKUP(C7&D7,定额消耗!D:G,设置中转!$C$36,FALSE))=TRUE,"",C7&D7))

公式作用：合并C列与D列相应单元格的字符。

F7公式：=IF(AND(E7<>"",T7<>""),T7,IF(ISNA(VLOOKUP(E7,定额消耗!D:G,设置中转!$C$36,FALSE))=TRUE,"",IF(VLOOKUP(E7,定额消耗!D:G,设置中转!$C$36,FALSE)="","",VLOOKUP(E7,定额消耗!D:G,设置中转!$C$36,FALSE))))

公式作用：通过E列控制，提取相应定额材料消耗中的定额代号。

公式解释：如果E7单元格的值不等于空并且U7（定额代号调整，在U列进行了材料代换时）也不等于空的情况下，F7单元格的值等于T7；如果“ISNA(VLOOKUP(E7,定额消耗!D:G,设置中转!$C$36,FALSE))=TRUE”成立，说明在定额消耗表的D列没有E7对应的编号，F7单元格的值等于空；如果“VLOOKUP(E7,定额消耗!D:G,设置中转!$C$36,FALSE)=""”函数返回值为空，说明在定额消耗表的E列没有E7单元格对应的定额代号，F7单元格的值等于空，否则F7单元格的值等于“VLOOKUP(E7,定额消耗!D:G,设置中转!$C$36,FALSE)”的返回值。

G7公式：=IF(B7<>"",A7&B7,IF(H7<>"",G6,""))

公式作用：为相应定额编号的材料消耗设置汇总标志。

H7公式：=IF(B7<>"",IF(ISERROR(SEARCHB("～*",B7,1))=TRUE,VLOOKUP(B7,预算定额!B:E,设置中转!$C$25,FALSE),VLOOKUP(LEFT(B7,

SEARCHB("～*",B7,1)-1),预算定额!B:E,设置中转!$C$25,FALSE)),IF(OR(F7="",ISNA(VLOOKUP(F7,材料定额!C:H,2,FALSE))=TRUE),"",VLOOKUP(F7,材料定额!C:M,设置中转!$C$27,FALSE)))

公式作用：提取相应定额编号的项目名称或相应定额代号的材料名称。

公式解释：如果B7（定额编号）单元格的值不等于空且“ISERROR(SEARCHB("～*",B7,1))=TRUE”成立时，H7单元格的值等于“VLOOKUP(B7,预算定额!B:E,设置中转!$C$25,FALSE)”的返回值，否则H7单元格的值等于“VLOOKUP(LEFT(B7,SEARCHB("～*",B7,1)-1)",预算定额!B:E,设置中转!$C$25,FALSE)”的返回值；如果F7（定额代号）单元格的值等于空或者“ISNA(VLOOKUP(F7,材料定额!C:H,2,FALSE))=TRUE”条件成立时，H7单元格等于空，否则H7单元格的值等于“VLOOKUP(F7,材料定额!C:M,设置中转!$C$27,FALSE)”的返回值。

I7公式：=IF(B7<>"",IF(ISERROR(SEARCHB("～*",B7,1))=TRUE,VLOOKUP(B7,预算定额!B:E,设置中转!$C$26,FALSE),VLOOKUP(LEFT(B7,SEARCHB("～*",B7,1)-1),预算定额!B:E,设置中转!$C$26,FALSE)),IF(OR(F7="",ISNA(VLOOKUP(F7,材料定额!C:H,设置中转!$C$28,FALSE))=TRUE),"",VLOOKUP(F7,材料定额!C:H,设置中转!$C$28,FALSE)))

公式作用：提取相应定额编号或定额代号的单位。

J7公式：=IF(B7<>"",VLOOKUP(A7,预算编辑!A:E,5,FALSE),IF(AND(F7<>"",R7<>""),R7,IF(F7="","",IF(ISNA(VLOOKUP(E7,定额消耗!$D:$G,设置中转!$C$34,FALSE))=TRUE,"",IF(VLOOKUP(E7,定额消耗!$D:$G,设置中转!$C$34,FALSE)="","",VLOOKUP(E7,定额消耗!$D:$G,设置中转!$C$34,FALSE))))))

公式作用：提取预算数量或者定额消耗数量。

公式解释：如果B7单元的值不等于空，J7单元格的值就等于VLOOKUP函数从预算编辑表中返回的相应定额编号的预算数量；如果F7单元格的值不等于空并且R7（定额代号调整，进行了材料代换）单元格的值不等于空，J4单元格的值等于R7（预算调整值）；如果F7单元格的值等于空，则J7单元格的值等于空；如果“ISNA(VLOOKUP(E7,定额消耗!$D:$G,设置中转!$C$34,FALSE))=TRUE”条件成立，则J7单元格的值等于空；如果VLOOKUP函数返回值等于空，则J7单元格的值等于空，否则J7单元格的值就等于VLOOKUP函数的返回值。

K7公式：=IF(B7<>"",SUMIF(G:G,A7&B7,L:L),IF(OR(F7="",ISNA(VLOOKUP(F7,材料定额!C:H,设置中转!$C$30,FALSE))=TRUE),"",VLOOKUP(F7,材料定额!C:H,设置中转!$C$30,FALSE)))

公式作用：计算基期相应定额编号的基价或者提取相应定额代号的基价。

L7公式：=IF(OR(F7="",J7="",B7<>""),"",IF(ISERR(SEARCHB("～*",G7,1))=TRUE,ROUND(K7*J7,2),ROUND(K7*J7*MID(G7,SEARCHB("～*",G7,1)+1,6),2)))

公式作用：计算基期单位定额材料的价值。

M7公式：=IF(AND(O7="",J7<>"",K7<>""),ROUND(SUM(J7)*SUM(K7),0),IF(AND(G7<>"",O7<>""),ROUND(SUM(L7)*SUM(P7),0),""))

公式作用：计算基期预算数量的定额合价或定额材料的合价。

N7公式：=IF(B7<>"",SUMIF(G:G,A7&B7,O:O),IF(OR(F7="",ISNA(VLOOKUP(F7,材料定额!C:H,设置中转!$C$29,FALSE))=TRUE),"",VLOOKUP(F7,材料定额!C:H,设置中转!$C$29,FALSE)))

公式作用：计算编制期相应定额编号的基价或者提取相应定额代号的基价。

O7公式：=IF(OR(F7="",J7="",B7<>""),"",IF(ISERR(SEARCHB("～*",G7,1))=TRUE,ROUND(N7*J7,1),ROUND(N7*J7*MID(G7,SEARCHB("～*",G7,1)+1,6),1)))

公式作用：计算编制期单位定额材料的价值。

P7公式：=IF(AND(O7="",J7<>""),J7,IF(O7<>"",P6,""))

公式作用：处理预算数量到有定额代号的对应行。

Q7公式：=IF(AND(O7="",J7<>"",N7<>""),ROUND(SUM(J7)*SUM(N7),2),IF(AND(G7<>"",O7<>""),ROUND(SUM(O7)*SUM(P7),2),""))

公式作用：计算编制期预算数量的定额合价或定额材料的合价。

U7公式：=IF(F7="","",VLOOKUP(F7,材料定额!C:AY,设置中转!$C$31,FALSE))

公式作用：提取对应定额代号的汇总标志。

V7公式：=IF(F7="","",IF(OR(ISNA(VLOOKUP(F7,材料定额!C:AY,设置中转!$C$32,FALSE))=TRUE,VLOOKUP(F7,材料定额!C:AY,设置中转!$C$32,FALSE) =""),"",IF(ISERR(SEARCHB("～*",G7,1)) =TRUE,ROUND(J7*P7*VLOOKUP(F7,材料定额!C:AY,设置中转!$C$32,FALSE)/1000,2),ROUND(J7*P7*VLOOKUP(F7,材料定额!C:AY,设置中转!$C$32,FALSE)*MID(G7,SEARCHB("～*",G7,1)+1,6)/1000,2))))

公式作用：计算相应定额编号所对应材料的重量。

W7公式：=IF(OR(SUM(J7)*SUM(P7) =0,F7=""),"",IF(ISERR(SEARCHB("～*",G7,1)) =TRUE,ROUND(SUM(J7)*SUM(P7),3),ROUND(SUM(J7)*SUM(P7)*MID(G7,SEARCHB("～*",G7,1)+1,6),2)))

W7公式作用：计算相应定额编号下对应定额代号的材料数量。

X7公式：=IF(AND(H6="",X6<>1,SUM($X$6:X6)<COUNTIF(预算编辑!B:B,"<>")-1),1,"")

公式作用：当公式中的AND条件成立时，本单元格就等于“1”，否则等于空。

本设置是控制B列提取定额编号使用的，每项定额材料消耗提取完成之后，表中就会出现一个空行，空行下面进行下一个定额编号及材料消耗的提取，直到提取完预算编辑表中的所有定额编号及定额消耗表中相应的材料消耗。

从A7到X7单元格设置公式均可向下拖动，向下拖动时把A列的公式向下拖动到A1300，其他列的公式拖动到1200行。

下面是结尾方案的公式，相关计算规则请参考预算编制办法。

B1203公式：=IF(AND(H1203<>"",M1203<>""),ROW(M1203)-COUNTIF(M$1203:M1203,"")-ROW(B$1202),"")

公式作用：为M列有数据的单元格编号。设置好后向下拖动到1300行。

J1210公式：=IF(OR(K1210="",SUM(材料定额!M16:M154)=0,K1210=""),"",ROUND(SUM(材料定额!M16:M154),0))

公式作用：计算按照价差系数调整的材料费用。这个公式根据实际情况设定，材料多了，汇总的单元格相应增加，但不能把机械的数量汇总进去。

J1213公式：=IF(K1213="","",IF(SUM(V7:V1200)- SUM(J1214:J1264) < 0.001,"",SUM(V7:V1200)-SUM(J1214:J1264)))

公式作用：计算外来材料重量。

J1214公式：=IF(OR(K1214="",O1214=""),"",IF(SUMIF(U:U,"´01",V:V)=0,"",SUMIF(U:U,"´01",V:V)))

J1215公式：=IF(K1215="","",IF(SUMIF(U:U,"´115",V:V)=0,"",SUMIF(U:U,"´115",V:V)))

J1216公式：=IF(K1216="","",IF(SUMIF(U:U,"´111",V:V)=0,"",SUMIF(U:U,"´111",V:V)))

J1217公式：=IF(K1217="","",IF(SUMIF(U:U,"´113",V:V)=0,"",SUMIF(U:U,"´113",V:V)))

J1218公式：=IF(K1218="","",IF(SUMIF(U:U,"´112",V:V)+SUMIF(U:U,"´122",V:V)=0,"",SUMIF(U:U,"´112",V:V)+SUMIF(U:U,"´122",V:V)))

J1219公式：=IF(K1219="","",IF(SUMIF(U:U,"´117",V:V)=0,"",SUMIF(U:U,"´117",V:V)))

J1220公式：=IF(K1220="","",IF(SUMIF(U:U,"´116",V:V)=0,"",SUMIF(U:U,"´116",V:V)))

J1221公式：=IF(K1221="","",IF(SUMIF(U:U,"´118",V:V)=0,"",SUMIF(U:U,"´118",V:V)))

J1222公式：=IF(K1222="","",IF(SUMIF(U:U,"´119",V:V)=0,"",SUMIF(U:U,"´119",V:V)))

J1223公式：=IF(K1223="","",IF(SUMIF(U:U,"´11a",V:V)=0,"",SUMIF(U:U,"´11a",V:V)))

J1224公式：=IF(K1224="","",IF(SUMIF(U:U,"´451",V:V)+SUMIF(U:U,"´452",V:V)+SUMIF(U:U,"´453",V:V)=0,"",SUMIF(U:U,"´451",V:V)+SUMIF

(U:U,"´452",V:V)+SUMIF(U:U,"´453",V:V)))

J1225公式：=IF(K1225="","",IF(SUMIF(U:U,"´114",V:V)=0,"",SUMIF(U:U,"´114",V:V)))

J1226公式：=IF(K1226="","",IF(SUMIF(U:U,"´4101",V:V)+SUMIF(U:U,"´4102",V:V) + SUMIF(U:U,"´4103",V:V) + SUMIF(U:U,"´4109",V:V) + SUMIF(U:U,"´4110",V:V)+SUMIF(U:U,"´4111",V:V)+SUMIF(U:U,"´4112",V:V)+SUMIF(U:U,"´4117",V:V)+SUMIF(U:U,"´4118",V:V)+SUMIF(U:U,"´4119",V:V) =0,"",SUMIF(U:U,"´4101",V:V) + SUMIF(U:U,"´4102",V:V) + SUMIF(U:U,"´4103",V:V)+SUMIF(U:U,"´4109",V:V)+SUMIF(U:U,"´4110",V:V)+SUMIF(U:U,"´4111",V:V)+SUMIF(U:U,"´4112",V:V)+SUMIF(U:U,"´4117",V:V)+SUMIF(U:U,"´4118",V:V)+SUMIF(U:U,"´4119",V:V)))

J1227公式：=IF(K1227="","",IF(SUMIF(U:U,"´07",V:V)=0,"",SUMIF(U:U,"´07",V:V)))

J1228公式：=IF(K1228="","",IF(SUMIF(U:U,"´34",V:V)+SUMIF(U:U,"´33",V:V)+SUMIF(U:U,"´32",V:V)=0,"",SUMIF(U:U,"´34",V:V)+SUMIF(U:U,"´33",V:V)+SUMIF(U:U,"´32",V:V)))

J1229公式：=IF(K1229="","",IF(SUMIF(U:U,"´121",V:V)+SUMIF(U:U,"´123",V:V)=0,"",SUMIF(U:U,"´121",V:V)+SUMIF(U:U,"´123",V:V)))

J1230公式：=IF(K1230="","",IF(SUMIF(U:U,"´461",V:V)+SUMIF(U:U,"´462",V:V)+SUMIF(U:U,"´463",V:V)+SUMIF(U:U,"´464",V:V)+SUMIF(U:U,"´465",V:V) + SUMIF(U:U,"´466",V:V) =0,"",SUMIF(U:U,"´461",V:V) + SUMIF(U:U,"´462",V:V)+SUMIF(U:U,"´463",V:V)+SUMIF(U:U,"´464",V:V)+SUMIF(U:U,"´465",V:V)+SUMIF(U:U,"´466",V:V)))

J1231公式：=IF(K1231="","",IF(SUMIF(U:U,"´021",V:V)+SUMIF(U:U,"´022",V:V) + SUMIF(U:U,"´023",V:V) =0,"",SUMIF(U:U,"´021",V:V) + SUMIF(U:U,"´022",V:V)+SUMIF(U:U,"´023",V:V)))

J1232公式：=IF(K1232="","",IF(SUMIF(U:U,"´051",V:V)+SUMIF(U:U,"´052",V:V) + SUMIF(U:U,"´053",V:V) =0,"",SUMIF(U:U,"´051",V:V) + SUMIF(U:U,"´052",V:V)+SUMIF(U:U,"´053",V:V)))

J1233公式：=IF(K1233="","",IF(SUMIF(U:U,"´06",V:V)=0,"",SUMIF(U:U,"´06",V:V)))

J1234公式：=IF(K1234="","",IF(SUMIF(U:U,"´081",V:V)+SUMIF(U:U,"´082",V:V) + SUMIF(U:U,"´084",V:V) =0,"",SUMIF(U:U,"´081",V:V) +

SUMIF(U:U,"´082",V:V)+SUMIF(U:U,"´084",V:V)))

J1235 公式： =IF(K1235="","",IF(SUMIF(U:U,"´091",V:V)+SUMIF(U:U,"´092",V:V)+SUMIF(U:U,"´101",V:V)+SUMIF(U:U,"´102",V:V)=0,"",SUMIF(U:U,"´091",V:V)+SUMIF(U:U,"´092",V:V)+SUMIF(U:U,"´101",V:V)+SUMIF(U:U,"´102",V:V)))

J1236 公式： =IF(K1236="","",IF(SUMIF(U:U,"´13",V:V)=0,"",SUMIF(U:U,"´13",V:V)))

J1237 公式： =IF(K1237="","",IF(SUMIF(U:U,"´16101",V:V)+SUMIF(U:U,"´16102",V:V)+SUMIF(U:U,"´16103",V:V)+SUMIF(U:U,"´16104",V:V)+SUMIF(U:U,"´16105",V:V)+SUMIF(U:U,"´16106",V:V)+SUMIF(U:U,"´16107",V:V)+SUMIF(U:U,"´16108",V:V)+SUMIF(U:U,"´16109",V:V)+SUMIF(U:U,"´16110",V:V)+SUMIF(U:U,"´16111",V:V)+SUMIF(U:U,"´16112",V:V)=0,"",SUMIF(U:U,"´16101",V:V)+SUMIF(U:U,"´16102",V:V)+SUMIF(U:U,"´16103",V:V)+SUMIF(U:U,"´16104",V:V)+SUMIF(U:U,"´16105",V:V)+SUMIF(U:U,"´16106",V:V)+SUMIF(U:U,"´16107",V:V)+SUMIF(U:U,"´16108",V:V)+SUMIF(U:U,"´16109",V:V)+SUMIF(U:U,"´16110",V:V)+SUMIF(U:U,"´16111",V:V)+SUMIF(U:U,"´16112",V:V)))

J1238 公式： =IF(K1238="","",IF(SUMIF(U:U,"´16201",V:V)+SUMIF(U:U,"´16203",V:V)+SUMIF(U:U,"´16205",V:V)+SUMIF(U:U,"´16209",V:V)+SUMIF(U:U,"´16211",V:V)+SUMIF(U:U,"´16213",V:V)+SUMIF(U:U,"´16214",V:V)=0,"",SUMIF(U:U,"´16201",V:V)+SUMIF(U:U,"´16203",V:V)+SUMIF(U:U,"´16205",V:V)+SUMIF(U:U,"´16209",V:V)+SUMIF(U:U,"´16211",V:V)+SUMIF(U:U,"´16213",V:V)+SUMIF(U:U,"´16214",V:V)))

J1239 公式： =IF(K1239="","",IF(SUMIF(U:U,"´163",V:V)=0,"",SUMIF(U:U,"´163",V:V)))

J1240 公式： =IF(K1240="","",IF(SUMIF(U:U,"´19",V:V)=0,"",SUMIF(U:U,"´19",V:V)))

J1241 公式： =IF(K1241="","",IF(SUMIF(U:U,"´20",V:V)=0,"",SUMIF(U:U,"´20",V:V)))

J1242 公式： =IF(K1242="","",IF(SUMIF(U:U,"´21",V:V)=0,"",SUMIF(U:U,"´21",V:V)))

J1243 公式： =IF(K1243="","",IF(SUMIF(U:U,"´22",V:V)=0,"",SUMIF(U:U,"´22",V:V)))

J1244公式：=IF(K1244="","",IF(SUMIF(U:U,"´23",V:V)=0,"",SUMIF(U:U,"´23",V:V)))

J1245公式：=IF(K1245="","",IF(SUMIF(U:U,"´26",V:V)=0,"",SUMIF(U:U,"´26",V:V)))

J1246公式：=IF(K1246="","",IF(SUMIF(U:U,"´27",V:V)=0,"",SUMIF(U:U,"´27",V:V)))

J1247公式：=IF(K1247="","",IF(SUMIF(U:U,"´28",V:V)=0,"",SUMIF(U:U,"´28",V:V)))

J1248公式：=IF(K1248="","",IF(SUMIF(U:U,"´29",V:V)=0,"",SUMIF(U:U,"´29",V:V)))

J1249公式：=IF(K1249="","",IF(SUMIF(U:U,"´31",V:V)=0,"",SUMIF(U:U,"´31",V:V)))

J1250公式：=IF(K1250="","",IF(SUMIF(U:U,"´33",V:V)=0,"",SUMIF(U:U,"´33",V:V)))

J1251公式：=IF(K1251="","",IF(SUMIF(U:U,"´34",V:V)=0,"",SUMIF(U:U,"´34",V:V)))

J1252公式：=IF(K1252="","",IF(SUMIF(U:U,"´35",V:V)=0,"",SUMIF(U:U,"´35",V:V)))

J1253公式：=IF(K1253="","",IF(SUMIF(U:U,"´371",V:V)+SUMIF(U:U,"´372",V:V)=0,"",SUMIF(U:U,"´371",V:V)+SUMIF(U:U,"´372",V:V)))

J1254公式：=IF(K1254="","",IF(SUMIF(U:U,"´391",V:V)+SUMIF(U:U,"´392",V:V)=0,"",SUMIF(U:U,"´391",V:V)+SUMIF(U:U,"´392",V:V)))

J1255公式：=IF(K1255="","",IF(SUMIF(U:U,"´40",V:V)=0,"",SUMIF(U:U,"´40",V:V)))

J1256公式：=IF(K1256="","",IF(SUMIF(U:U,"´60",V:V)=0,"",SUMIF(U:U,"´60",V:V)))

J1257公式：=IF(K1257="","",IF(SUMIF(U:U,"´6101",V:V)+SUMIF(U:U,"´6102",V:V) + SUMIF(U:U,"´6103",V:V) + SUMIF(U:U,"´6104",V:V) + SUMIF(U:U,"´6105",V:V) =0,"",SUMIF(U:U,"´6101",V:V) + SUMIF(U:U,"´6102",V:V) + SUMIF(U:U,"´6103",V:V) + SUMIF(U:U,"´6104",V:V) + SUMIF(U:U,"´6105",V:V)))

J1258公式：=IF(K1258="","",IF(SUMIF(U:U,"´6201",V:V)+SUMIF(U:U,"´6202",V:V) + SUMIF(U:U,"´6203",V:V) + SUMIF(U:U,"´6204",V:V) =0,"",

SUMIF(U:U,"´6201",V:V)+SUMIF(U:U,"´6202",V:V)+SUMIF(U:U,"´6203",V:V)+SUMIF(U:U,"´6204",V:V)))

J1259 公式：=IF(K1259="","",IF(SUMIF(U:U,"´64",V:V)=0,"",SUMIF(U:U,"´64",V:V)))

J1260 公式：=IF(K1260="","",IF(SUMIF(U:U,"´63",V:V)=0,"",SUMIF(U:U,"´63",V:V)))

J1261 公式：=IF(K1261="","",IF(SUMIF(U:U,"´65",V:V)=0,"",SUMIF(U:U,"´65",V:V)))

J1262 公式：=IF(K1262="","",IF(SUMIF(U:U,"´9901",V:V)=0,"",SUMIF(U:U,"´9901",V:V)))

J1263 公式：=IF(K1263="","",IF(SUMIF(U:U,"´9902",V:V)=0,"",SUMIF(U:U,"´9902",V:V)))

J1264 公式：=IF(K1264="","",IF(SUMIF(U:U,"´9903",V:V)=0,"",SUMIF(U:U,"´9903",V:V)))

J1214 到 J1264 单元格的公式为汇总材料重量的公式，SUMIF 函数的第 2 个参数为材料汇总标志，这个标志在材料定额中可以查到。

J1267 公式：=IF(K1267="","",IF(M1203="",SUM(M1266),SUM(M1203)))

J1268 公式：=IF(K1268="","",IF(M1203="",SUM(M1266),SUM(M1203)))

J1269 公式：=IF(K1269="","",IF(M1203="",SUM(M1266),SUM(M1203)))

J1270 公式：=IF(K1270="","",IF(M1203="",SUM(M1208),SUM(M1204)))

J1271 公式：=IF(K1271="","",IF(M1203="",SUM(M1208),SUM(M1204)))

J1272 公式：=IF(K1272="","",IF(M1203="",SUM(M1212),SUM(M1206)))

J1273 公式：=IF(K1273="","",IF(M1203="",SUM(M1208,M1212),SUM(M1204,M1206)))

J1274 公式：=IF(K1274="","",IF(M1203="",SUM(M1208,M1212),SUM(M1204,M1206)))

J1276 公式：=IF(K1276="","",IF(M1203="",SUM(M1266),SUM(M1203)))

J1278 公式：=IF(K1278="","",IF(M1203="",SUM(M1277,M1266),SUM(M1277,M1203)))

J1279 公式：=IF(K1279="","",IF(M1203="",SUM(M1277,M1266),SUM(M1277,M1203)))

J1287公式：=IF(K1287="","",IF(M1203="",SUM(M1277,M1266),SUM(M1277,M1203)))

J1288公式：=IF(K1288="","",IF(M1203="",SUM(M1277,M1266),SUM(M1277,M1203)))

J1291公式：=IF(K1291="","",IF(M1203="",SUM(M1277,M1266),SUM(M1277,M1203)))

J1297公式：=IF(K1297="","",IF(M1203="",SUM(M1286,M1292)-SUM(M1265,M1278),SUM(M1203,M1277,M1279,M1292)))

J1298公式：=IF(K1298<>"",SUM(M1286,M1292,M1297),"")

J1299公式：=IF(K1299<>"",SUM(M1286,M1292,M1297,M1298),"")

J1267到J1299单元格的公式为相关取费计算，具体计算方法见预算编制办法。

K1210公式：=IF(OR(设置中转!B6="",设置中转!B24=""),"",VLOOKUP(设置中转!B23,价差系数!B:J,HLOOKUP(设置中转!B24,价差系数!B1:J3,3,FALSE),FALSE))

公式作用：从价差系数表中提取相应预算的价差系数。

K1213公式：=IF(VLOOKUP(H1213,工程取费!R:U,3,FALSE)=0,"",VLOOKUP(H1213,工程取费!R:U,3,FALSE))

公式作用：从工程取费表中提取相应材料的运杂费费率。公式设置好后向下拖动到1264行。

K1267公式：=IF(OR(H1267="",设置中转!B$3=""),"",IF(VLOOKUP(H1267,工程取费!A:T,HLOOKUP(设置中转!B$3&设置中转!B$6,工程取费!A$3:AM$7,4,FALSE),FALSE)=0,"",VLOOKUP(H1267,工程取费!A:T,HLOOKUP(设置中转!B$3&设置中转!B$6,工程取费!A$3:AM$7,4,FALSE),FALSE)))

公式作用：从工程取费表中提取相应取费系数。公式设置好后复制本单元格，然后粘贴到K1268到K1276、K1278到K1284、K1287到K1291、K1293到K1299单元格中。

M1203公式：=IF(O1203="","",SUM(M1204,M1205,M1206))

M1204公式：=IF(O1204="","",IF(ROUND(SUMIF(F:F,"<31",M:M),0)=0,"",ROUND(SUMIF(F:F,"<31",M:M),0)))

M1204公式作用：利用材料定额中定额代号的规则汇总预算基期的人工费。

M1205公式：=IF(O1205="","",IF(ROUND((SUMIF(F:F,"<19000",M:M)-SUMIF(F:F,"<31",M:M)+SUMIF(F:F,">40000",M:M)),0)=0,"",ROUND((SUMIF(F:F,"<19000",M:M)-SUMIF(F:F,"<31",M:M)+SUMIF(F:F,">40000",M:M)),0)))

公式作用：利用材料定额中定额代号的规则汇总预算基期的材料费。“1900”“31”“40000”为定额代号，公式中利用定额代号设置汇总范围。

M1206公式：=IF(O1206="","",IF(ROUND(SUMIF(F:F,"<40000",M:M)-SUMIF(F:F,"<19000",M:M),0)=0,"",ROUND(SUMIF(F:F,"<40000",M:M)-SUMIF(F:F,"<19000",M:M),0)))

公式作用：利用材料定额中定额代号的规则汇总预算基期的机械使用费。

M1207公式：=SUM(M1208,M1211,M1212)

M1208公式：=IF(ROUND(SUMIF(F:F,"<31",Q:Q),0)=0,"",ROUND(SUMIF(F:F,"<31",Q:Q),0))

M1208公式作用：汇总编制期的人工费。

M1209公式：=IF(K1210="","",IF(ROUND((SUMIF(F:F,"<19000",Q:Q)-SUMIF(F:F,"<31",Q:Q)+SUMIF(F:F,">40000",Q:Q))-SUM(J1210),0)=0,"",ROUND((SUMIF(F:F,"<19000",Q:Q)-SUMIF(F:F,"<31",Q:Q)+SUMIF(F:F,">40000",Q:Q))-SUM(J1210),0)))

公式作用：汇总编制期按调查价计算费用的材料费。

M1210公式：=IF(OR(J1210="",SUM(材料定额!M16:M154)=0,K1210=""),"",ROUND(SUM(材料定额!M16:M154)*K1210,0))

公式作用：汇总编制期按调价差系数计算费用的材料费。

M1211公式：=IF(AND(K1210<>"",SUM(M1209,M1210)<>0),SUM(M1209,M1210),IF(ROUND((SUMIF(F:F," <19000",Q:Q)- SUMIF(F:F," <31",Q:Q) + SUMIF(F:F," >40000",Q:Q)),0) =0,"",ROUND((SUMIF(F:F," <19000",Q:Q)-SUMIF(F:F,"<31",Q:Q)+SUMIF(F:F,">40000",Q:Q)),0)))

公式作用：汇总编制期的材料费。

M1212公式：=IF(ROUND(SUMIF(F:F,"<40000",Q:Q)-SUMIF(F:F,"<19000",Q:Q),0) =0,"",ROUND(SUMIF(F:F," <40000",Q:Q)- SUMIF(F:F," <19000",Q:Q),0))

公式作用：汇总编制期的机械使用费。

M1213公式：=IF(OR(J1213="",O1213="否",K1213="",设置中转!$B$6=""),"",ROUND(K1213*J1213,0))

公式设置好后向下拖动到1264行。

M1265公式：=IF(SUM(M1213:M1264)=0,"",SUM(M1213:M1264))
M1266公式：=ROUND(SUM(M1207,M1265),1)
M1267公式：=IF(K1267<>"",ROUND(J1267*K1267/100,0),"")

M1267公式设置好后向下拖动到1276行，然后复制本单元格粘贴到M1278、M1279、M1287、M1288、M1291、M1297到M1299中。

M1277公式：=IF(SUM(M1267:M1276)=0,"",SUM(M1267:M1276))
M1285公式：=IF(SUM(M1278:M1279)=0,"",SUM(M1278:M1279))
M1286公式：=SUM(M1285,M1277,M1266)
M1292公式：=IF(SUM(M1287:M1291)=0,"",SUM(M1287:M1291))
M1300公式：=ROUND(SUM(M1286,M1292,M1297,M1298,M1299),0)
N1203公式：=IF(SUM(K1203)=0,"",K1203)

N1203公式设置好后向下拖动到1300行。

O1203公式：=IF(设置中转!$B$3=设置中转!$B$4,1,"")

公式作用：给造价分析设置的汇总标志。

O1203公式设置好后向下拖动到1206行。

O1213公式：=IF(VLOOKUP(H1213,工程取费!R:U,4,FALSE)=0,"",VLOOKUP(H1213,工程取费!R:U,4,FALSE))

O1213公式设置好后向下拖动到1264行

Q1203公式：=IF(SUM(M1203)=0,"",M1203)

公式作用：把结尾方案M列的计算结果提取到Q列，提供给个别概算表提取结尾数据。

X1203公式：=IF(B1203="","",B1203)

Q1203、X1203公式设置好后向下拖动到1300行。

造价分析表公式设置完成。

6.12　个别概算

个别概算表如图6-12-1。

	B	C	D	E	F	G	H I	J	K
1–2	**个别概算表**								
3	建设名称:		岢岚—瓦塘地方铁路 T03标		工程数量	100 m²			
4	工程名称:		隧道		预算价值	17072 元			
5	项目名称:		超前小导管		预算指标	170.72 元/m²			
6	定额编号或序号		工作项目或费用名称	单位	数量	费用(元)		重量(t)	
7						单价/系数	合价	单重	合重
8	SY-1		单线隧道开挖 隧长≤1000m Ⅰ级围岩	10m³	9	567.46	5107	0.022	0.198
9	SY-2		单线隧道开挖 隧长≤1000m Ⅱ级围岩	10m³	10	508.5	5085	0.018	0.18
10	SY-3		单线隧道开挖 隧长≤1000m Ⅲ级围岩	10m³	2	399.51	799	0.013	0.026
11	SY-4		单线隧道开挖 隧长≤1000m Ⅳ级围岩	10m³	5	374.7	1874	0.007	0.035
12	1		一、工料机基价	元			12869		0.439
13	2		其中:(1)人工费	元			3879		
14	3		(2)材料费	元			3980		
15	4		(3)机械使用费	元			5010		
16	5		二、工料机编制期价	元			13811		
17	6		其中:(一)人工费	元			4468		
18	7		材料费(按调查价计算)	元			1635		
19	8		材料费(按价差系数计算)	元	2424	1.074	2604		
20	9		(二)材料费	元			4239		
21	10		(三)机械使用费	元			5104		
22	11		外来材料运杂费	t	0.43	21.34	9		
23	12		三、运杂费	元			9		
24	13		四、直接费	元			13820		
25	14		冬季施工增加费	%	12869	1.3	167		
26	15		雨季施工增加费	%	12869	0.02	3		
27	16		夜间施工增加费	%	12869	0.3	39		
28	17		生产用工具用具等三项费用	%	12869	1	129		
29	18		五、其他直接费				338		
30	19		临时设施及小型临时设施费	%	13207	3.6	475		
31	20		现场管理费	%	13207	3.67	485		
32	21		六、现场经费	元			960		
33	22		(Σ四~六)直接工程费	元			15118		
34	23		企业管理费	%	13207	2.43	321		
35	24		劳动保险费	%	13207	2.81	371		
36	25		七、间接费	元			692		
37	26		八、计划利润	%	14384	5	719		
38	27		九、税　金	%	16529	3.285	543		
39	28		个别概算价值	元			17072		

图6-12-1　个别概算表

以上几个工作表是整个预算的过程表，个别概算表是预算的结果，其结果是造价计算表的结尾方案数据，表隐藏的A列为序列号。

D3公式：=""&预算编辑!H5

D4公式：=""&预算编辑!H6

D5公式：=""&预算编辑!H7

G3公式：=预算编辑!H8

G4公式：=VLOOKUP(" 个别概算价值",C8:I149,6,FALSE)&" 元"

G5公式：=ROUND(VLOOKUP(" 个别概算价值",C8:I149,6,FALSE)/G3,2)&" 元/"&J3

J3公式：=预算编辑!H9

以上7个公式是表头链接公式。

M4公式：=IF(ISNA(VLOOKUP("其中：（一）人工费",C8:I149,6,FALSE))=TRUE,"",ROUND(VLOOKUP("其中：（一）人工费",C8:I149,6,FALSE)/G3,1))

M5公式：=IF(ISNA(VLOOKUP("　　（二）材料费",C8:I149,6,FALSE))=TRUE,"",ROUND(VLOOKUP("　　（二）材料费",C8:I149,6,FALSE)/G3,1))

M6公式：=IF(ISNA(VLOOKUP("　　（三）机械使用费",C8:I149,6,FALSE))=TRUE,"",ROUND(VLOOKUP("　　（三）机械使用费",C8:I149,6,FALSE)/G3,1))

以上3个公式提取单项预算的人、材、机费用。

N4公式：=IF(M4="","","元/"&J3)

N5公式：=IF(M5="","","元/"&J3)

N6公式：=IF(M6="","","元/"&J3)

以上3个公式给人、材、机转换预算单位。

B8公式：=IF(OR(ISNA(VLOOKUP(A8,造价计算!A:Y,1,FALSE))=TRUE,ISNA(VLOOKUP(A8,造价计算!A:Y,2,FALSE)) =TRUE),"",IF(ISNA(VLOOKUP(A8,造价计算!A:Y,1,FALSE))=TRUE,"",IF(OR(VLOOKUP(A8,造价计算!A:Y,2,FALSE)="",ISNA(VLOOKUP(A8,造价计算!A:Y,2,FALSE))=TRUE),"",IF(SUMIF(造价计算!G:G,A8&VLOOKUP(A8,造价计算!A:Y,2,FALSE),造价计算!R:R)+SUMIF(造价计算!G:G,A8&VLOOKUP(A8,造价计算!A:Y,2,FALSE),造价计算!T:T)-VLOOKUP(A8,造价计算!A:Y,18,FALSE)>0,VLOOKUP(A8,造价计算!A:Y,2,FALSE)&"*T",VLOOKUP(A8,造价计算!A:Y,2,FALSE)))))

公式作用：从造价计算表中提取定额编号及结尾方案序号。公式中增加了显示替换功能的公式，如果在造价计算表中修改了定额消耗（R或T列填写了数据），公式计算结果在相应的定额编号后面加入"*T"字符，以表示本定额已进行了材料或数量代换。

C8公式：=IF(ISNA(VLOOKUP(A8,造价计算!A:Y,8,FALSE))=TRUE,"",VLOOKUP(A8,造价计算!A:Y,8,FALSE))

E8公式：=IF(OR(ISNA(VLOOKUP(A8,造价计算!A:Y,1,FALSE))=TRUE,ISNA(VLOOKUP(A8,造价计算!A:Y,9,FALSE))=TRUE),"",IF(ISNA(VLOOKUP(A8,造价计算!A:Y,1,FALSE))=TRUE,"",IF(OR(VLOOKUP(A8,造价计算!A:Y,9,FALSE) ="",ISNA(VLOOKUP(A8,造价计算!A:Y,9,FALSE)) =TRUE),"",VLOOKUP(A8,造价计算!A:Y,9,FALSE))))

F8公式：=IF(OR(ISNA(VLOOKUP(A8,造价计算!A:Y,1,FALSE))=TRUE,ISNA(VLOOKUP(A8,造价计算!A:Y,10,FALSE))=TRUE),"",IF(ISNA(VLOOKUP(A8,造价计算!A:Y,1,FALSE))=TRUE,"",IF(OR(VLOOKUP(A8,造价计算!A:Y,10,FALSE) ="",ISNA(VLOOKUP(A8,造价计算!A:Y,10,FALSE)) =TRUE),"",VLOOKUP(A8,造价计算!A:Y,10,FALSE))))

G8公式：=IF(OR(ISNA(VLOOKUP(A8,造价计算!A:Y,1,FALSE))=TRUE,ISNA(VLOOKUP(A8,造价计算!A:Y,设置中转!$C$39,FALSE))=TRUE),"",IF(ISNA(VLOOKUP(A8,造价计算!A:Y,1,FALSE))=TRUE,"",IF(OR(VLOOKUP(A8,造价计算!A:Y,设置中转!$C$39,FALSE)="",ISNA(VLOOKUP(A8,造价计算!A:Y,设置中转!$C$39,FALSE))=TRUE),"",VLOOKUP(A8,造价计算!A:Y,设置中转!$C$39,FALSE))))

H8公式：=IF(ISNA(VLOOKUP(A8,造价计算!A:Y,设置中转!$C$40,FALSE))=TRUE,"",VLOOKUP(A8,造价计算!A:Y,设置中转!$C$40,FALSE))

C8、E8、F8、G8、H8的公式作用：利用A列的序号和造价计算表A列编号对应的关系提取相应的值。

J8公式：=IF(OR(B8="",LEFT(B8,1)="1",LEFT(B8,1)="2",LEFT(B8,1)="3",LEFT(B8,1) ="4",LEFT(B8,1) ="5",LEFT(B8,1) ="6",LEFT(B8,1) ="7",LEFT(B8,1) ="8",LEFT(B8,1) ="9"),"",IF(ISERROR(SEARCHB(" ～*",B8,1)) = TRUE,VLOOKUP(B8,预算定额!B:F,5,FALSE),VLOOKUP(LEFT(B8,SEARCHB("～*",B8,1)-1),预算定额!B:F,5,FALSE)))

公式作用：利用B列的控制数据从预算定额中提取对应定额编号的预算重量。公式中"OR(B8="",LEFT(B8,1)="1",LEFT(B8,1)="2",LEFT(B8,1)="3",LEFT(B8,1)="4",LEFT(B8,1)="5",LEFT(B8,1)="6",LEFT(B8,1)="7",LEFT(B8,1)="8",LEFT(B8,1)="9")"的作用是判断B列单元格中的数据是否为数字，如果是数字，J8单元格的值就等于空。因为当B8单元格中出现数字时，提取的内容已经是结尾方案的内容，在预算定额中没有重量。

K8公式：=IF(C8=造价计算!$H$1203,SUM(K$8:K8),IF(J8="","",IF(ISERROR(SEARCHB("～*",B8,1))=TRUE,ROUND(J8*F8,3),IF(MID(B8,SEARCHB("～*",B8,1)+1,6)<>"T",ROUND(J8*F8*MID(B8,SEARCHB("～*",B8,1)+1,6),3),ROUND(J8*F8,3)))))

K9公式：=IF(C9=造价计算!$H$1203,SUM(K$8:K8),IF(J9="","",IF(ISERROR(SEARCHB("～*",B9,1))=TRUE,ROUND(J9*F9,3),IF(MID(B9,SEARCHB("～*",B9,1)+1,6)<>"T",ROUND(J9*F9*MID(B9,SEARCHB("～*",B9,1)+1,6),3),ROUND(J9*F9,3)))))

K8、K9两个公式作用：计算预算定额材料的重量和汇总本次预算的总重。K8和K9两个公式设置基本是相同的，不同之处就是在K9之后"SUM(K$8:K8)"这个函数中的参数有点区别，即在K8与K9单元格中"SUM(K$8:K8)"公式没有变化，在K9之后，随着公式的拖动，本函数的参数下限随着发生变化。

L8公式：=IF(ISERR(SEARCHB("～*",B8,1))=TRUE,IF(ISNA(VLOOKUP(B8,预算定额!B:J,4,FALSE))=TRUE,"",VLOOKUP(B8,预算定额!B:J,4,FALSE)),IF(ISNA(VLOOKUP(MID(B8,1,SEARCHB("～*",B8,1)-1),预算定额!B:J,4,FALSE))=TRUE,"",VLOOKUP(MID(B8,1,SEARCHB("～*",B8,1)-1),预算定额!B:J,4,FALSE)))

公式作用：从预算定额中提取相应的工作内容。

B8、C8、E8、F8、G8、H8、J8、K8、K9、L8单元格的公式设置好后根据需要向下拖动。

个别概算表设置完成。

6.13 材料汇总

材料汇总表如图6-13-1。

	A	B	C	D	E	F	G	H
1	序号	电算代号	材料名称	消耗数量	单位	单价(元)	金额(元)	备注
2	1	2	新建隧道工程	177.65	工日	25.15	4467.5	44.68
3	2	1592	合金工具钢 空心	61.37	kg	5.2	319.2	3.19
4	3	4570	岩石硝铵炸药 2号	171.27	kg	4.49	769.3	7.69
5	4	4572	乳胶炸药 RJ-2	183.62	kg	4.71	865.3	8.65
6	5	4588	导爆索 爆速6000～7000m/s	242.61	m	1.37	332.3	3.32
7	6	4591	非电毫秒雷管 导爆管长4m	68.3	发	1.59	108.5	1.09
8	7	4592	非电毫秒雷管 导爆管长5m	19.96	发	1.83	36.6	0.37
9	8	4593	非电毫秒雷管 导爆管长6m	187.15	发	2.07	387.6	3.88
10	9	7112	合金钻头 Φ43	29.82	个	28.84	860.4	8.6
11	10	18951	其他材料费	353.22	元	1	353.2	3.53
12	11	18992	水	71	t	0.38	26.5	0.27

图6-13-1　材料汇总表

在铁路预算中，要根据市场情况调整材料价差，这就需要材料数量。材料汇总表的设置就是提取预算中的所有材料用量，便于材料价差计算。另外，材料消耗在向下分包单价分析中有很大的用处，有了这个材料消耗表，用户可以很清楚地知道单价中包含的项目，分析处理向下分包单价。

表中A列为序号列，提取材料消耗数量的原理是：在材料定额中汇总本次预算每一项材料的用量，然后进行编号，利用材料定额的编号通过A列序号的控制，再利用VLOOKUP函数提取相应数据。

B2公式：=IF(ISNA(VLOOKUP(A2,材料定额!B:AA,2,FALSE))=TRUE,"",VLOOKUP(A2,材料定额!B:AA,2,FALSE))

C2公式：=IF(ISNA(VLOOKUP(A2,材料定额!B:AA,3,FALSE))=TRUE,"",VLOOKUP(A2,材料定额!B:AA,3,FALSE))

D2公式：=IF(ISNA(VLOOKUP(A2,材料定额!B:AA,13,FALSE))=TRUE,"",VLOOKUP(A2,材料定额!B:AA,13,FALSE))

E2公式：=IF(ISNA(VLOOKUP(A2,材料定额!B:AA,4,FALSE))=TRUE,"",VLOOKUP(A2,材料定额!B:AA,4,FALSE))

F2公式：=IF(ISNA(VLOOKUP(A2,材料定额!B:AA,7,FALSE))=TRUE,"",VLOOKUP(A2,材料定额!B:AA,7,FALSE))

B2到F2列的公式作用：利用A列的序号控制，提取相应的材料名称、消耗数量、单位和单价。

G2公式：=IF(OR(B2="",SUMIF(造价计算!F:F,B2,造价计算!Q:Q)=0),

"",SUMIF(造价计算!F:F,B2,造价计算!Q:Q))

公式作用：利用B列定额代号的控制，汇总对应的材料金额。

H2公式：=IF(G2="","",ROUND(G2/个别概算!$G$3,2))

公式作用：计算每项材料在本项预算中的金额。

至此，预算编制系统的全部设置完成。由于预算系统的复杂性，本章内容不好理解，学习之前要好好学习铁路预算。

第7章　道路坐标计算系统

在路桥施工中，线路的坐标计算是比较麻烦的，大多数测量人员用fx-4800等级别的计算器计算坐标，速度既慢，在参数反复输入的过程中又难免出现错误。特别是工程刚开工的时候，每一个坐标点的计算对测量人员来说都是一个严峻的考验，业内没有合适的验证办法，现场没有相对的参照物，很多测量人员都对放样点坐标的正确性持怀疑态度。在正常施工过程中，即使测量人员很仔细，但是坐标计算出现问题的情况还是杜绝不了。如果是遇到像互通立交这样复杂的路段，每条线路都有自己的曲线类型设计参数，坐标计算的难度就更大，尽管计算成果已经找人复核了，但测量人员还是很担心自己的计算结果。

针对以上情况，笔者利用EXCEL编写了坐标计算系统用来解决施工测量中的困难。计算坐标之前，在参数计算表中输入整条线路的曲线类型参数就可以进行任意数量、任意里程的坐标数据计算，结合工程上常用的AutoCAD制图软件对计算结果进行内业检查，全面排查错误的坐标数据。

说明：

1.本系统设计中没有考虑二次缓和曲线，故对缓和曲线顺接第2个缓和曲线的线路不能计算。

2.本程序对线路中的长短链不能处理，只要线路中出现长短链线路，必须重新建立表格，在长短链处把线路分成两条线路计算。

关于坐标计算的相关计算公式如下：

（1）直线计算公式

$$X = X_0 + (L_1 - L_0)\cos(\alpha)$$

$$Y = Y_0 + (L_1 - L_0)\sin(\alpha)$$

（2）圆曲线计算公式分以下两种情况

①左偏

$$X = X_0 + 2R\sin\left(\frac{L}{2R}\right)\cos\left(\alpha - \frac{L}{2R}\right)$$

$$Y=Y_0+2R\sin\left(\frac{L}{2R}\right)\sin\left(\alpha-\frac{L}{2R}\right)$$

②右偏

$$X=X_0+2R\sin\left(\frac{L}{2R}\right)\cos\left(\alpha+\frac{L}{2R}\right)$$

$$Y=Y_0+2R\sin\left(\frac{L}{2R}\right)\sin\left(\alpha+\frac{L}{2R}\right)$$

（3）缓和曲线初始计算公式

$$X_1=I-\frac{I^3}{40R^2}+\frac{I^5}{3456R^4}-\frac{I^7}{599040R^6}+\frac{I^9}{4352\times40320R^8}-\frac{I^{11}}{21504\times3628800R^{10}}$$

$$Y_1=\frac{I^2}{6R}-\frac{I^4}{336R^3}+\frac{I^6}{42240R^5}-\frac{I^8}{9676800R^7}+\frac{I^{10}}{3530096640R^9}-\frac{I^{12}}{47104\times39916800R^{11}}$$

（4）缓和曲线坐标转换公式分以下4种情况：

①缓和曲线小里程点接直线且向右偏

$$X=X_0+X_1\cos(-\beta)+Y_1\sin(-\beta)$$

$$Y=Y_0-X_1\sin(-\beta)+Y_1\cos(-\beta)$$

②缓和曲线小里程点接圆曲线且向右偏

$$X=X_0+X_1\cos(-\beta)+Y_1\sin(-\beta)$$

$$Y=Y_0+X_1\sin(-\beta)-Y_1\cos(-\beta)$$

③缓和曲线小里程点接直线且向左偏

$$X=X_0+X_1\cos(-\beta)-Y_1\sin(-\beta)$$

$$Y=Y_0-X_1\sin(-\beta)-Y_1\cos(-\beta)$$

④缓和曲线小里程点接圆曲线且向左偏

$$X=X_0+X_1\cos(-\beta)-Y_1\sin(-\beta)$$

$$Y=Y_0+X_1\sin(-\beta)+Y_1\cos(-\beta)$$

注：X_0，Y_0为上一点坐标；L_1为计算点里程；L_0为上一点里程；α为计算点切线方位角；R为圆曲线半径；L为曲线长度；I为缓和曲线长度；β为缓和曲线起点方位角。

以上是系统计算时用到的坐标计算公式，公式中除了缓和曲线的初始计算公式没有进行坐标转换外，其他公式都是带坐标转换的公式，计算出来的坐标即为实际放样的坐标。下面对表格进行设计。

7.1 曲线参数

曲线参数表如图7-1-1。

	A	B	C	D	E	F	G	H	I	J	K	L	M	N	O	P	Q	R	S	T	U	V	W	X	Y	Z	AA	AB	AC
1	曲线参数												缓和曲线参数处理																
2																													
3	序号	曲线起点			方位角(弧度)	修正后			曲线类型	起点里程或线段长度(m)	半径(m)	转向	判断系数	曲线参数	转角(弧度)	缓和曲线坐标													
4		里程	X(m)	Y(m)		X(m)	Y(m)	方位角(弧度)								X1	1	2	3	4	5	6	Y1	1	2	3	4	5	6
5	1	K43+009.442	3095787.871	537979.93	4.685651	3095787.871	537979.93	4.6856505		43009.442																			
6	2	K43+009.442	3095787.871	537979.93	4.685651				直线	0			3	0.8															
7	3	K43+009.442	3095787.871	537979.93	4.685651				缓和曲线	0		左	0	0	0		0	0	0	0	0	0							
8	4	K43+455.972	3095656.188	537559.197	4.132475				圆曲线	446.53	807.212	左	1	-807.21	-0.55318														
9	5	K43+589.666	3095576.895	537451.606	4.049663				缓和曲线	133.694		左	0	328.51	-0.08281	133.6	133.7	-0.09	3E-05	0	0	0	3.689	3.69	-0	0	0	0	0
10	6	K43+592.056	3095575.425	537449.722	4.049663				直线	2.39			3	0.8															
11	7	K43+592.058	3095576.211	537449.107	4.049659	3095576.211	537449.107	4.0496593		43592.058																			
12	8	K43+773.158	3095464.785	537306.343	4.049659				直线	181.1			3	0.8															
13	9	K43+949.488	3095359.756	537164.758	4.12313				缓和曲线	176.33		右	0	460	0.073471	176.2	176.3	-0.1	2E-05	0	0	0	4.317	4.318	-0	0	0	0	0
14	10	K44+564.668	3095160.899	536589.705	4.63578				圆曲线	615.18	1200	右	1	1200	0.51265														
15	11	K44+740.998	3095156.03	536413.477	4.709251	3095156.03	536413.477		缓和曲线	176.33		右	0	460	0.073471	176.2	176.3	-0.1	2E-05	0	0	0	4.317	4.318	-0	0	0	0	0
16	12	K44+740.998	3095156.03	536413.477	4.709251				直线	0			3	0.8															
17	13	K44+917.328	3095151.16	536237.256	4.63578				缓和曲线	176.33		左	0	460	-0.07347	176.2	176.3	-0.1	2E-05	0	0	0	4.317	4.318	-0	0	0	0	0
18	14	K45+323.148	3095052.92	535845.497	4.297597				圆曲线	405.82	1200	左	1	-1200	-0.33813														
19	15	K45+323.148	3095052.92	535845.497	4.297597				缓和曲线	0		左	0	0	0		0	0	0	0	0	0							
20	16	K45+323.148	3095052.007	535845.897	4.297598	3095052.007	535845.897	4.2975984		45323.148																			
21	17	K45+323.148	3095052.007	535845.897	4.297598				直线	0			3	0.8															
22	18	K45+323.148	3095052.007	535845.897	4.297598				缓和曲线	0		左	0	0	[illegible]		0	0	0	0	0	0							
23	19	K45+362.338	3095035.63	535810.295	4.264912				圆曲线	39.19	1199	左	1	-1199	-0.03269														
24	20	K45+538.818	3094951.578	535655.165	4.191317				缓和曲线	176.48		左	0	460	-0.0736	176.4	176.5	-0.1	2E-05	0	0	0	4.328	4.329	-0	0	0	0	0

图7-1-1　曲线参数表

曲线参数表不仅是平面曲线参数输入表，也是对应区间参数处理计算表，表中F、G、H、I、J、K、L列的参数为图纸中的曲线参数，其余列的数据均是根据所给定的参数处理计算的数据。

参数表中用户输入的数据必须按照表中样例格式输入。

表中A、F、G、H、I、J、K、L列为手工输入列，没有公式，B到F，M到AC列设置了计算公式，具体公式如下：

B5公式：=IF(AND(I5="",J5<>""),J5,IF(J5="","",ROUND(B4+J5,3)))

公式作用：通过I、J列给定参数计算曲线起点里程。ROUND(B4+J5,3)的作用是对计算结果保留3位小数。

C5公式：=IF(J5="","",IF(F5<>"",F5,IF(I5="直线",ROUND(SUM(C4)+(B5-B4)*COS(SUM(E4)),3),IF(AND(I5="圆曲线",L5="右"),ROUND(SUM(C4)+2*SUM(K5)*SIN(J5/(2*K5))*COS(SUM(E4)+J5/(2*K5)),3),IF(AND(I5="圆曲线",L5="左"),ROUND(SUM(C4)+2*SUM(K5)*SIN(J5/(2*K5))*COS(SUM(E4)-J5/(2*K5)),3),IF(AND(I5="缓和曲线",L5="右",I4="直线"),ROUND(SUM(C4)+SUM(P5)*COS(SUM(-E3))+SUM(W5)*SIN(SUM(-E3)),3),IF(AND(I5="缓和曲线",L5="右",I4="圆曲线"),ROUND(SUM(C4)+SUM(P5)*COS(SUM(E6))+SUM(W5)*SIN(SUM(E6)),3),IF(AND(I5="缓和曲线",L5="左",I4="直线"),ROUND(SUM(C4)+SUM(P5)*COS(SUM(-E4))-SUM(W5)*SIN(SUM(-E4)),3),IF(AND(I5="缓和曲线",L5="左",I4="圆曲线"),ROUND(SUM(C4)+SUM(P5)*COS(SUM(E6))-SUM(W5)*SIN(SUM(E6)),3),"")))))))))

公式作用：通过给定参数计算曲线终点*X*坐标。

本表中除第5行计算的是起点坐标外，其他行计算的数据均为对应曲线的终点坐标。

平面曲线坐标计算存在7种情况：直线坐标计算有1种计算模式；圆曲线左右偏的时候计算方法有2种计算模式，即左偏、右偏计算模式；缓和曲线根据接头曲线类型和左右偏向有4种计算模式，即起始点接直线且右偏，起始点接直线且左偏，起始点接圆曲线且左偏，起始点接圆曲线且右偏计算模式。

当缓和曲线起点接圆曲线时，坐标计算是从大桩号向小桩号方向计算的，其他情况是从小桩号向大桩号方向计算的。

公式解释：如果J5（起点里程或线段长度）等于空，B5（里程）等于空；

如果F5（控制点X坐标）不等于空，C5等于F5；如果I5（曲线类型）单元格值等于“直线”，C5等于“ROUND(SUM(C4)+(B5−B4)*COS(SUM(E4)),3)”（直线计算公式）；如果I5单元格的值为“圆曲线”并且L5单元格的值为“右”，C5等于“ROUND(SUM(C4)+2*SUM(K5)*SIN(J5/(2*K5))*COS(SUM(E4)+J5/(2*K5)),3)”（圆曲线右偏计算公式）；如果I5单元格的值为“圆曲线”并且L5单元格的值为“左”，C5等于“ROUND(SUM(C4)+2*SUM(K5)*SIN(J5/(2*K5))*COS(SUM(E4)−J5/(2*K5)),3)”（圆曲线左偏计算公式）；如果I5单元格的值为“缓和曲线”，L5单元格的值为“右”，I4单元格的值为“直线”，C5等于“ROUND(SUM(C4)+SUM(P5)*COS(SUM(−E3))+SUM(W5)*SIN(SUM(−E3)),3)”（缓和曲线小里程端接直线且右偏计算公式）；如果I5单元格的值为“缓和曲线”，L5单元格的值为“右”，I4单元格的值为“圆曲线”，C5等于“ROUND(SUM(C4)+SUM(P5)*COS(SUM(E6))+SUM(W5)*SIN(SUM(E6)),3)”（缓和曲线小里程端接圆曲线且右偏计算公式）；如果I5单元格的值为“缓和曲线”，L5单元格的值为“左”，I4单元格的值为“直线”，C5等于“ROUND(SUM(C4)+SUM(P5)*COS(SUM(−E4))−SUM(W5)*SIN(SUM(−E4)),3)”（缓和曲线小里程端接直线且左偏计算公式）；如果I5单元格的值为“缓和曲线”，L5单元格的值为“左”，I4单元格的值为“圆曲线”，C5等于“ROUND(SUM(C4)+SUM(P5)*COS(SUM(E6))−SUM(W5)*SIN(SUM(E6)),3)”（缓和曲线小里程端接圆曲线且左偏计算公式）；否则B5等于空。

D5公式：=IF(J5="","",IF(G5<>"",G5,IF(I5="直线",ROUND(SUM(D4)+(B5−B4)*SIN(SUM(E4)),3),IF(AND(I5="圆曲线",L5="右"),ROUND(SUM(D4)+2*SUM(K5)*SIN(J5/(2*K5))*SIN(SUM(E4)+J5/(2*K5)),3),IF(AND(I5="圆曲线",L5="左"),ROUND(SUM(D4)+2*SUM(K5)*SIN(J5/(2*K5))*SIN(SUM(E4)−J5/(2*K5)),3),IF(AND(I5="缓和曲线",L5="右",I4="直线"),ROUND(SUM(D4)−SUM(P5)*SIN(SUM(−E3))+SUM(W5)*COS(SUM(−E3)),3),IF(AND(I5="缓和曲线",L5="右",I4="圆曲线"),ROUND(SUM(D4)+SUM(P5)*SIN(SUM(E6))−SUM(W5)*COS(SUM(E6)),3),IF(AND(I5="缓和曲线",L5="左",I4="直线"),ROUND(SUM(D4)−SUM(P5)*SIN(SUM(−E4))−SUM(W5)*COS(SUM(−E4)),3),IF(AND(I5="缓和曲线",L5="左",I4="圆曲线"),ROUND(SUM(D4)+SUM(P5)*SIN(SUM(E6))+SUM(W5)*COS(SUM(E6)),3),"")))))))))

公式作用：通过给定参数计算曲线终点*Y*坐标。公式用法与C5单元格公式类似。

E5公式：=IF(J5="","",IF(H5="",ROUND(SUM(E4,O5),6),ROUND(H5,6)))

公式作用：计算切线方位角。利用ROUND函数保留小数点后6位。

M5公式：=IF(I5="直线",3,IF(I5="缓和曲线",0,IF(I5="圆曲线",1,"")))

公式作用：为了方便计算，每种曲线给定一个数字判断参数。
这里设置直线为“3”，缓和曲线为“0”，圆曲线为“1”。

N5公式：=IF(J5="","",IF(I5="直线",0.8,IF(AND(I5="缓和曲线",I6="圆曲线"),ROUND(SQRT(J5*K6),2),IF(AND(I5="缓和曲线",I4="圆曲线"),ROUND(SQRT(J5*K4),2),IF(AND(I5="圆曲线",L5="左"),-K5,IF(AND(I5="圆曲线",L5="右"),K5,""))))))

公式作用：计算曲线参数。
圆曲线的参数左偏为负、右偏为正，直线的参数设定为“0.8”。

O5公式：=IF(J5="","",IF(I5="直线","",IF(AND(I5="缓和曲线",I6="圆曲线",L5="右",K6<>""),ROUND(J5/K6/2,6),IF(AND(I5="缓和曲线",I6="圆曲线",L5="左",K6<>""),-ROUND(J5/K6/2,6),IF(AND(I5="缓和曲线",I4="圆曲线",L5="右",K4<>""),ROUND(J5/K4/2,6),IF(AND(I5="缓和曲线",I4="圆曲线",L5="左",K4<>""),-ROUND(J5/K4/2,6),IF(AND(I5="圆曲线",L5="右",K5<>""),ROUND(J5/K5,6),IF(AND(I5="圆曲线",L5="左",K5<>""),-ROUND(J5/K5,6),""))))))))

公式作用：计算曲线的转角。

在方位角计算过程中，直线有1种模式；圆曲线的曲线方位角有2种模式，即左偏和右偏两种计算模式；缓和曲线根据接头曲线类型和左右偏向有4种计算模式，即起始点接直线且右偏，起始点接直线且左偏，起始点接圆曲线且左偏，起始点接圆曲线且右偏计算模式。

P5公式：=IF(ROUND(SUM(Q5:V5),3)=0,"",ROUND(SUM(Q5:V5),3))

公式作用：缓和曲线坐标转换前X坐标合计公式。

Q到V列为缓和曲线X坐标分项计算数据（这里只计算到第6项，满足一般道路的坐标计算），在P列合并了计算结果。

Q5公式：=IF($I5<>"缓和曲线","",IF($J5="","",IF(AND($I5="缓和曲线",$I6="圆曲线",$K6<>""),ROUND((-1)^(Q$4-1)*$J5^(2*Q$4-1)/((FACT(2*Q$4-2)*(4*Q$4-3)*2^(2*Q$4-2)*$K6^(2*Q$4-2))),6),IF(AND($I5="缓和曲线",$I4="圆曲线",$K4<>""),ROUND((-1)^(Q$4-1)*$J5^(2*Q$4-1)/((FACT(2*Q$4-2)*(4*Q$4-3)*2^(2*Q$4-2)*$K4^(2*Q$4-2))),6),""))))

公式作用：缓和曲线X坐标第1项。

坐标转换前缓和曲线坐标计算分两种情况，一种是缓和曲线大里程方向接圆曲线,坐标计算从小里程方向向前推算；一种是缓和曲线小里程方向接圆曲线，坐标计算从大里程向小里程推算。

R5公式：=IF($I5<>"缓和曲线","",IF($J5="","",IF(AND($I5="缓和曲线",$I6="圆曲线",$K6<>""),ROUND((-1)^(R$4-1)*$J5^(2*R$4-1)/((FACT(2*R$4-2)*(4*R$4-3)*2^(2*R$4-2)*$K6^(2*R$4-2))),6),IF(AND($I5="缓和曲线",$I4="圆曲线",$K4<>""),ROUND((-1)^(R$4-1)*$J5^(2*R$4-1)/((FACT(2*R$4-2)*(4*R$4-3)*2^(2*R$4-2)*$K4^(2*R$4-2))),6),""))))

公式中引用了FACT函数，其作用是返回给定数的阶乘，一个数的阶乘等于1×2×3×⋯×n。

公式作用：缓和曲线X坐标第2项。

S5公式：=IF($I5<>"缓和曲线","",IF($J5="","",IF(AND($I5="缓和曲线",$I6="圆曲线",$K6<>""),ROUND((-1)^(S$4-1)*$J5^(2*S$4-1)/((FACT(2*S$4-2)*(4*S$4-3)*2^(2*S$4-2)*$K6^(2*S$4-2))),6),IF(AND($I5="缓和曲线",$I4="圆曲线",$K4<>""),ROUND((-1)^(S$4-1)*$J5^(2*S$4-1)/((FACT(2*S$4-2)*(4*S$4-3)*2^(2*S$4-2)*$K4^(2*S$4-2))),6),""))))

公式作用：缓和曲线X坐标第3项。

T5公式：=IF($I5<>"缓和曲线","",IF($J5="","",IF(AND($I5="缓和曲线",$I6="圆曲线",$K6<>""),ROUND((-1)^(T$4-1)*$J5^(2*T$4-1)/((FACT(2*T$4-2)*(4*T$4-3)*2^(2*T$4-2)*$K6^(2*T$4-2))),6),IF(AND($I5="缓和曲线",$I4="圆曲线",$K4<>""),ROUND((-1)^(T$4-1)*$J5^(2*T$4-1)/((FACT(2*T$4-2)*(4*T$4-3)*2^(2*T$4-2)*$K4^(2*T$4-2))),6),""))))

公式作用：缓和曲线*X*坐标第4项。

U5公式：=IF($I5<>"缓和曲线","",IF($J5="","",IF(AND($I5="缓和曲线",$I6="圆曲线",$K6<>""),ROUND((-1)^(U$4-1)*$J5^(2*U$4-1)/((FACT(2*U$4-2)*(4*U$4-3)*2^(2*U$4-2)*$K6^(2*U$4-2))),6),IF(AND($I5="缓和曲线",$I4="圆曲线",$K4<>""),ROUND((-1)^(U$4-1)*$J5^(2*U$4-1)/((FACT(2*U$4-2)*(4*U$4-3)*2^(2*U$4-2)*$K4^(2*U$4-2))),6),""))))

公式作用：缓和曲线*X*坐标第5项。

V5公式：=IF($I5<>"缓和曲线","",IF($J5="","",IF(AND($I5="缓和曲线",$I6="圆曲线",$K6<>""),ROUND((-1)^(V$4-1)*$J5^(2*V$4-1)/((FACT(2*V$4-2)*(4*V$4-3)*2^(2*V$4-2)*$K6^(2*V$4-2))),6),IF(AND($I5="缓和曲线",$I4="圆曲线",$K4<>""),ROUND((-1)^(V$4-1)*$J5^(2*V$4-1)/((FACT(2*V$4-2)*(4*V$4-3)*2^(2*V$4-2)*$K4^(2*V$4-2))),6),""))))

公式作用：缓和曲线*X*坐标第6项。

W5公式：=IF(ROUND(SUM(X5:AB5),3)=0,"",ROUND(SUM(X5:AB5),3))

公式作用：缓和曲线坐标转换前*Y*坐标合计公式。

X5公式：=IF($P5="","",IF($J5="","",IF(AND($I5="缓和曲线",$I6="圆曲线"),ROUND((-1)^(X$4-1)*$J5^(2*X$4)/((FACT(2*X$4-1)*(4*X$4-1)*2^(2*X$4-1)*$K6^(2*X$4-1))),6),IF(AND($I5="缓和曲线",$I4="圆曲线"),ROUND((-1)^(X$4-1)*$J5^(2*X$4)/((FACT(2*X$4-1)*(4*X$4-1)*2^(2*X$4-1)*$K4^(2*X$4-1))),6),""))))

公式作用：缓和曲线*Y*坐标第1项。

Y5公式：=IF($P5="","",IF($J5="","",IF(AND($I5="缓和曲线",$I6="圆曲线"),ROUND((-1)^(Y$4-1)*$J5^(2*Y$4)/((FACT(2*Y$4-1)*(4*Y$4-1)*2^(2*Y$4-1)*$K6^(2*Y$4-1))),6),IF(AND($I5="缓和曲线",$I4="圆曲线"),ROUND((-1)^(Y$4-1)*$J5^(2*Y$4)/((FACT(2*Y$4-1)*(4*Y$4-1)*2^(2*Y$4-1)*$K4^(2*Y$4-1))),6),""))))

公式作用：缓和曲线Y坐标第2项。

Z5公式：=IF($P5="","",IF($J5="","",IF(AND($I5="缓和曲线",$I6="圆曲线"),ROUND((-1)^(Z$4-1)*$J5^(2*Z$4)/((FACT(2*Z$4-1)*(4*Z$4-1)*2^(2*Z$4-1)*$K6^(2*Z$4-1))),6),IF(AND($I5="缓和曲线",$I4="圆曲线"),ROUND((-1)^(Z$4-1)*$J5^(2*Z$4)/((FACT(2*Z$4-1)*(4*Z$4-1)*2^(2*Z$4-1)*$K4^(2*Z$4-1))),6),""))))

公式作用：缓和曲线Y坐标第3项。

AA5公式：=IF($P5="","",IF($J5="","",IF(AND($I5="缓和曲线",$I6="圆曲线"),ROUND((-1)^(AA$4-1)*$J5^(2*AA$4)/((FACT(2*AA$4-1)*(4*AA$4-1)*2^(2*AA$4-1)*$K6^(2*AA$4-1))),6),IF(AND($I5="缓和曲线",$I4="圆曲线"),ROUND((-1)^(AA$4-1)*$J5^(2*AA$4)/((FACT(2*AA$4-1)*(4*AA$4-1)*2^(2*AA$4-1)*$K4^(2*AA$4-1))),6),""))))

公式作用：缓和曲线Y坐标第4项。

AB5公式：=IF($P5="","",IF($J5="","",IF(AND($I5="缓和曲线",$I6="圆曲线"),ROUND((-1)^(AB$4-1)*$J5^(2*AB$4)/((FACT(2*AB$4-1)*(4*AB$4-1)*2^(2*AB$4-1)*$K6^(2*AB$4-1))),6),IF(AND($I5="缓和曲线",$I4="圆曲线"),ROUND((-1)^(AB$4-1)*$J5^(2*AB$4)/((FACT(2*AB$4-1)*(4*AB$4-1)*2^(2*AB$4-1)*$K4^(2*AB$4-1))),6),""))))

公式作用：缓和曲线Y坐标第5项。

AC5公式：=IF($P5="","",IF($J5="","",IF(AND($I5="缓和曲线",$I6="圆曲线"),ROUND((-1)^(AC$4-1)*$J5^(2*AC$4)/((FACT(2*AC$4-1)*(4*AC$4-1)*2^(2*AC$4-1)*$K6^(2*AC$4-1))),6),IF(AND($I5="缓和曲线",$I4="圆曲线"),ROUND((-1)^(AC$4-1)*$J5^(2*AC$4)/((FACT(2*AC$4-1)*(4*AC$4-1)*2^(2*AC$4-1)*$K4^(2*AC$4-1))),6),""))))

公式作用：缓和曲线Y坐标第6项。

以上是曲线参数表的公式设置，设置完成之后，选中B5到AC5列，光标移至AC5单元格右下角，待出现黑色实线十字光标后压住左键，需要多少行向下拖动多少行。向下拖动完成后在表格的F到L列按照样例格式输入相应的计算参数。

7.2 坐标计算

坐标计算表如图7-2-1。

曲线参数数据录入完成之后，在坐标计算表中就可以计算曲线参数范围内任意里程幅宽的路线坐标，这就省去了用计算器反复输入参数的麻烦，比计算机软件更简单方便，只要把设计好的表格拷贝到电脑里就可以方便应用，不需要安装。数据计算完成后，把计算结果处理成TXT文件，以点的形式导入到AutoCAD中可以随时检查结果的正确性。

坐标计算表中B到F列为坐标计算时输入的相关参数，A、G到AL列设置了计算公式。表中A到M列为结果输出列，N到A列为对应参数提取处理部分，表格设计完成之后就隐藏了，隐藏部分如图7-2-2。

A4公式：=IF(B5<>"",ROW(B5)-COUNTIF($B$5:B5,"")-4,"")

公式作用：给B列有数据的单元格添加序号。

G5公式：=IF(B5="","",IF(T5="直线",ROUND(Q5+(B5-P5)*COS(S5),3),IF(T5="圆曲线",ROUND(Q5+2*U5*SIN(X5/(2*U5))*COS(S5+X5/(2*U5)),3),IF(AND(T5="缓和曲线",W5="右",X5>0),ROUND(Q5+SUM(Y5)*COS(S5)-SUM(AF5)*SIN(S5),3),IF(AND(T5="缓和曲线",W5="右",X5<0),ROUND(Q5+SUM(Y5)*COS(S5)+SUM(AF5)*SIN(S5),3),IF(AND(T5="缓和曲线",W5="左",X5>0),ROUND(Q5+SUM(Y5)*COS(S5)+SUM(AF5)*SIN(S5),3),IF(AND(T5="缓和曲线",W5="左",X5<0),ROUND(Q5+SUM(Y5)*COS(S5)-SUM(AF5)*SIN(S5),3),"")))))))

公式作用：计算给定里程的中桩*X*坐标。计算方法与曲线参数中C列类似。

	A	B	C	D	E	F	G	H	I	J	K	L	M
1	坐标计算												
2													
3	编号	里程	左侧		右侧		中桩坐标(m)		方位角(弧度)	左桩坐标(m)		右桩坐标(m)	
4			偏距(m)	偏角(°)	偏距(m)	偏角(°)	X	Y		X	Y	X	Y
5	1	K43+100.000	9.6	90	9.6	90	3095780.382	537889.73	4.573465	3095770.874	537891.059	3095789.89	537888.401
6	2	K43+300.000	2.9	55	2.9	55	3095728.557	537697.091	4.325698	3095726.984	537699.527	3095730.13	537694.655
7	3	K43+500.000	-2.9	60	-2.9	60	3095631.179	537522.967	4.012413	3095632.166	537520.24	3095630.192	537525.694
8	4	K43+700.000	-9.6	35	-9.6	35	3095509.797	537364.015	4.049659	3095509.299	537354.428	3095510.295	537373.602
9	5	K43+900.000	9.6	30	9.6	30	3095388.021	537205.377	4.011642	3095389.713	537214.827	3095386.329	537195.927
10	6	K44+100.000	2.9	40	2.9	40	3095284.166	537034.718	4.248557	3095283.493	537037.539	3095284.839	537031.897
11	7	K44+300.000	-2.9	25	-2.9	25	3095209.975	536849.237	4.415223	3095210.377	536846.365	3095209.573	536852.109
12	8	K44+500.000	-9.6	65	-9.6	65	3095167.583	536654.019	4.58189	3095175.682	536648.864	3095159.484	536659.174
13	9	K44+700.000	9.6	70	9.6	70	3095156.213	536454.475	4.705279	3095147.216	536457.822	3095165.21	536451.128
14	10	K44+900.000	2.9	80	2.9	80	3095152.366	536254.543	4.649512	3095149.547	536255.225	3095155.185	536253.861
15	11	K45+100.000	-2.9	45	-2.9	45	3095123.397	536056.884	4.483553	3095124.929	536054.422	3095121.865	536059.346

图7-2-1　坐标计算表

	N	O	P	Q	R	S	T	U	V	W	X	Y	Z	AA	AB	AC	AD	AE	AF	AG	AH	AI	AJ	AK	AL
1	对应参数提取表											对应缓和曲线数处理表													
2																									
3	对应序号	控制点序号	控制点里程(m)	控制点坐标(m)		方位角(弧度)	曲线参数			偏向	曲线长(m)	缓和曲线坐标													
4				X	Y		曲线类型	参数	长度(m)			X	1	2	3	4	5	6	Y	1	2	3	4	5	6
5	3	3	43009.442	3095787.87	537979.93	4.685651	圆曲线	-807.212	446.53	左	90.558														
6	3	3	43009.442	3095787.87	537979.93	4.685651	圆曲线	-807.212	446.53	左	290.558														
7	4	5	43589.666	3095576.9	537451.606	4.049663	缓和曲线	328.51	133.694	左	-89.666	-89.7	-89.7	0.012	-0	0	0	0	-1.11	-1.11	1E-04	0	0	0	0
8	7	7	43592.058	3095576.21	537449.107	4.049659	直线	0.8	181.1		107.942														
9	8	8	43773.158	3095464.79	537306.343	4.049659	缓和曲线	460	176.33	右	126.842	126.8	126.8	-0.02	1E-06	0	0	0	1.607	1.607	-0	0	0	0	0
10	9	9	43949.488	3095359.76	537164.758	4.12313	圆曲线	1200	615.18	右	150.512														
11	9	9	43949.488	3095359.76	537164.758	4.12313	圆曲线	1200	615.18	右	350.512														
12	9	9	43949.488	3095359.76	537164.758	4.12313	圆曲线	1200	615.18	右	550.512														
13	10	11	44740.998	3095156.03	536413.477	4.709251	缓和曲线	460	176.33	右	-40.998	-41	-41	7E-05	0	0	0	0	-0.05	-0.05	0	0	0	0	0
14	12	12	44740.998	3095156.03	536413.477	4.709251	缓和曲线	460	176.33	左	159.002	158.9	159	-0.06	9E-06	0	0	0	3.165	3.166	-0	0	0	0	0
15	13	13	44917.328	3095151.16	536237.256	4.63578	圆曲线	-1200	405.82	左	182.672														
16	13	13	44917.328	3095151.16	536237.256	4.63578	圆曲线	-1200	405.82	左	382.672														
17	19	20	45538.818	3094951.58	535655.165	4.191317	缓和曲线	460	176.48	左	-38.818	-38.8	-38.8	5E-05	0	0	0	0	-0.05	-0.05	0	0	0	0	0
18	20	20	45538.818	3094951.58	535655.165	4.191317	直线	0.8	340		161.182														
19	22	22	45878.818	3094782.32	535360.288	4.191317	圆曲线	2500	526.02	右	21.182														
20	22	22	45878.818	3094782.32	535360.288	4.191317	圆曲线	2500	526.02	右	221.182														
21	22	22	45878.818	3094782.32	535360.288	4.191317	圆曲线	2500	526.02	右	421.182														
22	24	24	46404.838	3094570.21	534879.99	4.401725	直线	0.8	118.07		95.162														

图7-2-2　坐标计算表隐藏列

H5公式：=IF(B5="","",IF(T5="直线",ROUND(R5+(B5-P5)*SIN(S5),3),IF(T5="圆曲线",ROUND(R5+2*U5*SIN(X5/(2*U5))*SIN(S5+X5/(2*U5)),3),IF(AND(T5="缓和曲线",W5="右",X5>0),ROUND(R5+SUM(Y5)*SIN(S5)+SUM(AF5)*COS(S5),3),IF(AND(T5="缓和曲线",W5="右",X5<0),ROUND(R5+SUM(Y5)*SIN(S5)-SUM(AF5)*COS(S5),3),IF(AND(T5="缓和曲线",W5="左",X5>0),ROUND(R5+SUM(Y5)*SIN(S5)-SUM(AF5)*COS(S5),3),IF(AND(T5="缓和曲线",W5="左",X5<0),ROUND(R5+SUM(Y5)*SIN(S5)+SUM(AF5)*COS(S5),3),"")))))))

公式作用：计算给定里程的中桩Y坐标。计算方法与曲线参数中D列类似。

I5公式：=IF(B5="","",IF(T5="直线",S5,IF(AND(T5="圆曲线",W5="右"),S5+ROUND((B5-P5)/U5,6),IF(AND(T5="圆曲线",W5="左"),S5+ROUND((B5-P5)/U5,6),IF(AND(T5="缓和曲线",W5="右",X5>0),S5-ROUND((B5-P5)^2/U5^2/2,6),IF(AND(T5="缓和曲线",W5="右",X5<0),S5-ROUND((B5-P5)^2/U5^2/2,6),IF(AND(T5="缓和曲线",W5="左",X5>0),S5-ROUND((B5-P5)^2/U5^2/2,6),IF(AND(T5="缓和曲线",W5="左",X5<0),S5-ROUND((B5-P5)^2/U5^2/2,6),""))))))))

公式作用：计算给定里程的切线方位角。

根据曲线性质，有7种计算模式：直线有1种模式；圆曲线的曲线方位角有2种模式，即左偏和右偏2种计算模式；缓和曲线根据接头曲线类型和左右偏向有4种计算模式，即起始点接直线且右偏，起始点接直线且左偏，起始点接圆曲线且左偏，起始点接圆曲线且右偏计算模式。

J5公式：=IF(OR(C5="",D5="",G5=""),"",ROUND(SUM(G5)-C5*COS((I5+D5*PI()/180)),3))

公式作用：计算给定里程的左桩X坐标。

H5公式：=IF(OR(C5="",D5="",H5=""),"",ROUND(SUM(H5)-C5*SIN((I5+D5*PI()/180)),3))

公式作用：计算给定里程的左桩Y坐标。

L5公式：=IF(OR(E5="",F5="",G5=""),"",ROUND(SUM(G5)+E5*COS((I5+F5*PI()/180)),3))

公式作用：计算给定里程的右桩X坐标。

M5公式：=IF(OR(E5="",F5="",H5=""),"",ROUND(SUM(H5)+E5*SIN((I5+F5*PI()/180)),3))

公式作用：计算给定里程的右桩Y坐标。

以上4列对应的计算公式分别是：

左桩：

$$X=X_0-d\times\cos\left(\alpha+\frac{\beta\times\pi}{180}\right)$$

$$Y=Y_0-d\times\sin\left(\alpha+\frac{\beta\times\pi}{180}\right)$$

右桩：

$$X=X_0+d\times\cos\left(\alpha+\frac{\beta\times\pi}{180}\right)$$

$$Y=Y_0+d\times\sin\left(\alpha+\frac{\beta\times\pi}{180}\right)$$

注：X_0为中桩坐标；d为偏距；α为切线方位角（弧度）；β为夹角（偏角，度）。

N5公式：=IF(B5="","",IF(ISNA(MATCH(B5,曲线参数!B:B,1))=TRUE,"",IF(B5>曲线参数!$B$5+SUM(曲线参数!J$5:J$3000),"",MATCH(B5,曲线参数!B:B,1)-4)))

公式作用：查找给定里程所在的区间参数序号。

坐标计算的方法：首先查找给定里程所在的参数区间，然后根据计算模式提取对应的参数。

O5公式：=IF(N5="","",IF(AND(T5="缓和曲线",VLOOKUP(N5,曲线参数!A:AK,COLUMN(曲线参数!I:I),FALSE)="直线"),N5,IF(AND(T5="缓和曲线",VLOOKUP(N5+2,曲线参数!A:AK,COLUMN(曲线参数!I:I),FALSE)="直线"),N5+1,N5)))

公式作用：提取给定里程所在的线段区间控制点参数的序号。

P5公式：=IF(N5="","",VLOOKUP(O5,曲线参数!A:AK,COLUMN(曲线参数!B:B),FALSE))

公式作用：通过O列的参数序号提取控制点里程。

Q5公式：=IF(N5="","",IF(SUM(VLOOKUP(O5,曲线参数!A:AK,COLUMN(曲线参数!C:C),FALSE))=0,"",VLOOKUP(O5,曲线参数!A:AK,COLUMN(曲线参数!C:C),FALSE)))

公式作用：通过O列的参数序号提取控制点*X*坐标。

R5公式：=IF(N5="","",IF(SUM(VLOOKUP(O5,曲线参数!A:AK,COLUMN(曲线参数!D:D),FALSE))=0,"",VLOOKUP(O5,曲线参数!A:AK,COLUMN(曲线参数!D:D),FALSE)))

公式作用：通过O列的参数序号提取控制点*Y*坐标。

S5公式：=IF(N5="","",IF(SUM(VLOOKUP(O5,曲线参数!A:AK,COLUMN(曲线参数!E:E),FALSE))=0,"",VLOOKUP(O5,曲线参数!A:AK,COLUMN(曲线参数!E:E),FALSE)))

公式作用：通过O列的参数序号提取控制点切线方位角。

T5公式：=IF(N5="","",VLOOKUP(N5+1,曲线参数!A:AK,COLUMN(曲线参数!I:I),FALSE))

公式作用：通过N列的序号提取控制点的曲线类型。
注意，VLOOKUP的第一个参数是“N5+1”。

U5公式：=IF(N5="","",IF(SUM(VLOOKUP(N5+1,曲线参数!A:AK,COLUMN(曲线参数!N:N),FALSE))=0,"",VLOOKUP(N5+1,曲线参数!A:AK,COLUMN(曲线参数!N:N),FALSE)))

公式作用：通过N列的序号提取控制点的曲线参数。

V5 公式：=IF(N5="","",VLOOKUP(N5+1,曲线参数!A:AK,COLUMN(曲线参数!J:J),FALSE))

公式作用：通过N列的序号提取对应的曲线长度。

W5 公式：=IF(N5="","",IF(VLOOKUP(N5+1,曲线参数!A:AK,COLUMN(曲线参数!L:L),FALSE)="","",VLOOKUP(N5+1,曲线参数!A:AK,COLUMN(曲线参数!L:L),FALSE)))

公式作用：通过N列的序号提取对应的曲线偏向。

X5公式：=IF(N5="","",ROUND(B5-P5,3))

公式作用：计算从计算里程点到控制参数点的曲线长度。

Y5公式：=IF(ROUND(SUM(Z5:AE5),3)=0,"",ROUND(SUM(Z5:AE5),3))

公式作用：汇总缓和曲线*X*坐标各项的计算结果。

Z5公式：=IF($T5<>"缓和曲线","",IF($B5="","",ROUND((-1)^(Z$4-1)*$X5^(2*Z$4-1)/((FACT(2*Z$4-2)*(4*Z$4-3)*2^(2*Z$4-2)*($U5^2/$X5)^(2*Z$4-2))),6)))

AA5公式：=IF($T5<>"缓和曲线","",IF($B5="","",ROUND((-1)^(AA$4-1)*$X5^(2*AA$4-1)/((FACT(2*AA$4-2)*(4*AA$4-3)*2^(2*AA$4-2)*($U5^2/$X5)^(2*AA$4-2))),6)))

AB5公式：=IF($T5<>"缓和曲线","",IF($B5="","",ROUND((-1)^(AB$4-1)*$X5^(2*AB$4-1)/((FACT(2*AB$4-2)*(4*AB$4-3)*2^(2*AB$4-2)*($U5^2/$X5)^(2*AB$4-2))),6)))

AC5公式：=IF($T5<>"缓和曲线","",IF($B5="","",ROUND((-1)^(AC$4-1)*$X5^(2*AC$4-1)/((FACT(2*AC$4-2)*(4*AC$4-3)*2^(2*AC$4-2)*($U5^2/$X5)^(2*AC$4-2))),6)))

AD5公式：=IF($T5<>"缓和曲线","",IF($B5="","",ROUND((-1)^(AD$4-1)*$X5^(2*AD$4-1)/((FACT(2*AD$4-2)*(4*AD$4-3)*2^(2*AD$4-2)*($U5^2/$X5)^(2*AD$4-2))),6)))

AE5公式：=IF($T5<>"缓和曲线","",IF($B5="","",ROUND((-1)^(AE$4-1)*$X5^(2*AE$4-1)/((FACT(2*AE$4-2)*(4*AE$4-3)*2^(2*AE$4-2)*($U5^

2/$X5)^(2*AE$4-2))),6)))

以上6个公式分别计算了缓和曲线*X*坐标的前6项，算法与曲线参数Q到V列相同。

AF5公式：=IF(ROUND(SUM(AG5:AK5),3)=0,"",ROUND(SUM(AG5:AK5),3))

公式作用：汇总缓和曲线*Y*坐标各项计算结果。

AG5公式：=IF($T5<>"缓和曲线","",IF($B5="","",ROUND((-1)^(AG$4-1)*$X5^(2*AG$4)/((FACT(2*AG$4-1)*(4*AG$4-1)*2^(2*AG$4-1)*($U5^2/$X5)^(2*AG$4-1))),6)))

AH5公式：=IF($T5<>"缓和曲线","",IF($B5="","",ROUND((-1)^(AH$4-1)*$X5^(2*AH$4)/((FACT(2*AH$4-1)*(4*AH$4-1)*2^(2*AH$4-1)*($U5^2/$X5)^(2*AH$4-1))),6)))

AI5公式：=IF($T5<>"缓和曲线","",IF($B5="","",ROUND((-1)^(AI$4-1)*$X5^(2*AI$4)/((FACT(2*AI$4-1)*(4*AI$4-1)*2^(2*AI$4-1)*($U5^2/$X5)^(2*AI$4-1))),6)))

AJ5公式：=IF($T5<>"缓和曲线","",IF($B5="","",ROUND((-1)^(AJ$4-1)* $X5^(2*AJ $4)/((FACT(2*AJ $4- 1)*(4*AJ $4- 1)*2^(2*AJ $4- 1)*($U5^2/$X5)^(2*AJ$4-1))),6)))

AK5公式：=IF($T5<>"缓和曲线","",IF($B5="","",ROUND((-1)^(AK$4-1)*$X5^(2*AK$4)/((FACT(2*AK$4-1)*(4*AK$4-1)*2^(2*AK$4-1)*($U5^2/$X5)^(2*AK$4-1))),6)))

AL5公式：=IF($T5<>"缓和曲线","",IF($B5="","",ROUND((-1)^(AL$4-1)*$X5^(2*AL$4)/((FACT(2*AL$4-1)*(4*AL$4-1)*2^(2*AL$4-1)*($U5^2/$X5)^(2*AL$4-1))),6)))

以上6个公式分别计算了缓和曲线*Y*坐标的前6项，算法与曲线参数X到AC列相同。

选中G5到AL列，光标移至AL单元格左下角，待出现黑色实线十字光标后压住鼠标左键，需要多少行就向下拖动多少行。

坐标计算表的公式设置完成。相对前面几个计算系统来说，本系统主要侧重坐标计算方法的讲述。对于这些有数学公式计算的程序来说，只要做好初期的框架设计，内容编写就相对简单一些，只要对道路坐标计算熟悉了，本章节的内容理解相对就简单一些。

至此，本书的所有内容全部讲述完成。相对于计算机语言来说，EXCEL对处理常用数据有它的优势：第一，函数量少，学习简单，几个公式反复使用就能处理常用数据，只要用心，在处理数据的过程中边学边做，很快就能上手；第二，设计程序比计算机语言简单，每个小格子可以看成一个小的编程体（公式嵌套），设计中出现错误容易发现；第三，应用方便，每个计算机语言从程序设计到安装应用都比较麻烦，而用EXCEL表格就不存在安装麻烦的问题，表格设计好后，只要有电脑就能应用。